# L.R.S.

-

## Lingua Rei Publicae Secundae

Die Sprache der Zweiten Republik

Volkhard Hanns: L.R.S.-Lingua Rei Publicae
Secundae. Die Sprache der Zweiten Republik. 2.
überarbeitete Auflage. Kiel 2014.

ISBN 9781493737246

**Inhalt**

> „Und nichts führt uns dichter an die
> Seele des Volkes heran als die Sprache."
> Victor Klemperer, LTI

# I. Einleitung

Legastheniker haben ein schweres Los: Sie müssen sich jeden Tag mit eigentlich vertrauten Zeichen intensiv und mit viel Mühe auseinandersetzen, um diesen Informationen abzuringen bzw. eigene Botschaften zu übermitteln. Ähnlich ergeht es jedem von uns bezüglich des öffentlichen Sprachgebrauchs. Um diesen in all seinen Facetten vollständig zu erfassen, muss man sich jeden Tag zwingen, aufmerksam den Akteuren zu lauschen, deren Beiträge in den Medien zu studieren sowie die mediale Verzerrung selbst nicht auszublenden.

Mit dieser Arbeit wird der Versuch unternommen, die politische Sprache der Bundesrepublik Deutschland zu analysieren, ihre Strukturen und Mechanismen offen zu legen. Es gilt, im täglichen Leben nicht nur politische Aussagen aufzunehmen, sondern Sprache zu reflektieren.

Die zugegebenermaßen etwas sperrige Formulierung des Titels lehnt sich an Klemperers Lingua Tertii Imperii, kurz LTI[1], an, einer gelungenen Analyse der Sprache des so genannten Dritten Reiches. Andererseits ergab sich aus der lateinischen Abkürzung eine ungewollte Anspielung auf die Begrifflichkeit „Lese-Rechtschreibschwäche", die metaphorisch aber dann doch passt, sind wir doch im politischen Sprachgebrauch alle so etwas wie Legastheniker. Außerdem wird heutzutage alles etikettiert. Und mit diesem Titel bekommt hier die Sprache selbst ihren Markennamen, ihr Etikett verpasst. Daher wird für den öffentlichen und speziell den politischen Sprachgebrauch der BRD, also die Sprache der Zweiten Republik, im Folgenden die Abkürzung L.R.S. verwendet.

Die L.R.S. ist aber nicht um ihrer selbst Willen Gegenstand dieser Arbeit, vielmehr wird der Versuch gewagt, anhand der Sprache ein wenngleich unvollständiges, so doch aber umfassendes Panoptikum der politischen Verfasstheit der gegenwärtigen deutschen Republik zu erarbeiten. Mit der deutschen Sprache existiert eine Chronistin, die unbestechlich und unnahbar die gesellschaftlichen Prozesse einer Nation durch die Geschichte hindurch begleitet und dokumentiert. In unseren Nachrichten, Gesprächen, in unseren Briefen, Büchern, selbst in unseren Träumen, in unseren tiefsten Geheimnissen ist sie das Medium von Kommunikation und Selbstreflexion. Überall ist sie anwesend und

---

[1] Victor Klemperer: „Lingua Tertii Imperii"- Die Sprache des Dritten Reiches. Eine glänzende Analyse nationalsozialistischen Sprachgebrauchs, der übrigens auch bei Nichtnazis vorzufinden war.

protokolliert gleichzeitig all das, was wir zu wissen glauben oder zu verdrängen suchen. Manches ist uns nicht bewusst, dennoch findet dies bei ihr den entsprechenden Niederschlag.

So sagt es einiges über unsere Gesellschaft und über die Politik aus, wenn soziale Kürzungen als *Reform,* dann aber Reformgegner als *Blockierer* bezeichnet werden. Idealisten werden zu *Gutmenschen* desavouiert, andere mindestens zu *Wutbürgern* degradiert. Politik und Gesellschaft spiegeln sich immer in der Sprache.

Gleichzeitig beeinflusst Sprache, vor allem im medialen Zeitalter, die gesellschaftliche Entwicklung. War in der Wilhelminischen Ära die deutsche Sprache militaristisch und ständeorientiert geprägt, intolerant sowie stark nationalistisch, so gestaltete sich die Sprache des so genannten Dritten Reiches stärker rassistisch und noch nationalistischer.

Die alte BRD und die DDR waren sprachlich geprägt von den Siegermächten und den oktroyierten politischen Systemen, deswegen gab es im Osten *Kollektive* sowie *Brigaden* und im Westen *Teams.* L.R.S. ist von historischen Zwängen der Vergangenheit befreit, aber doch nicht losgelöst davon. Hinzu treten die Bestimmungsfaktoren, welche völlig neu unser Miteinander prägen, was ihren sprachlichen Widerhall findet.

Die folgende Analyse gegenwärtigen öffentlichen Sprachgebrauchs erfolgt, um die Gesellschaft der zweiten deutschen Demokratie aus einem einerseits ungewohnten, andererseits aber täglich vertrauten Blickwinkel taxieren zu können.

Bei der vorliegenden Sekundärliteratur ist augenfällig, dass es erstens im Prinzip wenig Arbeiten gibt, die sich dem gesamten inhaltlichen Komplex stellen, und zweitens, dass sich entweder Linguisten oder Politiker/ Politikwissenschaftler zum Thema einlassen, worunter die Verknüpfung zwischen Sprachwissenschaft und Politikwissenschaft/ Politik oft leidet, was singuläre Betrachtungsweisen und punktuell sogar monokausale Erklärungsmuster befördert.[2]

Diese Arbeit unternimmt den Versuch, diese Trennung von Politik und Sprachwissenschaft zumindest teilweise zu überwinden, um somit Informationen und Erklärungsansätze für den gegenwärtigen politischen Sprachgebrauch in Deutschland sowie über die Verfasstheit unserer Gesellschaft liefern zu können.

---

[2] Die Bemerkung soll keine Leistung herabwürdigen, aber Linguisten haben oft wenige Einblicke in die Strukturen nichtöffentlicher Politikbereiche. Politikern geht es umgedreht genauso, lexikologische Kenntnisse sind z.B. kaum zu erwarten. Woher auch?

## II. Sprache in unserer Gesellschaft – Bestimmungs- und Verbreitungsfaktoren

Sprache wird heute in erster Linie medial vermittelt. Private oder gruppenspezifische Bestimmungsfaktoren treten weiter in den Hintergrund. Stattdessen bestimmen mediale Mechanismen alle öffentlich relevanten Bereiche unserer Gesellschaft. Sämtliche Institutionen des gesellschaftlichen Lebens sind von der Notwendigkeit und dem Anspruch gezeichnet, medial ihre Arbeit zu präsentieren. Dies gilt für politische Gremien, vom Stadtrat bis zum Bundestag, für wirtschaftliche Verbände und Betriebe, sei es der Gewerbeverein einer Kleinstadt oder der BDI, für wohltätige Verbände wie die Arbeiterwohlfahrt, Amnesty International usw. Letztlich stehen auch Privatpersonen unter zumindest sozialem Druck, sich stets und ständig medial zu zeigen: auf der privaten Homepage oder über so genannte soziale Internet-Netzwerke bei diversen Anbietern, in Schulzeitungen oder Vereinszeitschriften. Das gesamte Land, die gesamte Bevölkerung ist hiervon betroffen, manche nicht selten mehrfach in verschiedenen Funktionen.

In der kleinsten Gemeindevertretung schielen die *Bürgervertreter* auf die anwesenden Lokalreporter, da diese über den Erfolg des jeweiligen Auftrittes entscheiden. Erscheine ich am nächsten Tag mit Namen oder gar Zitat im lokalen Blatt? Wird mein Antrag zitiert? Komme ich auf ein Foto? Bin ich gut getroffen? Auf der lokalen Ebene sieht das z.B. so aus:

> *Als in einem Kieler Stadtteil ein Leuchtturm, der ehemals in der Förde die Schiffe sicher zum Nord-Ostsee-Kanal geleitet hatte, auf einem Parkplatz als Wahrzeichen eingeweiht wurde, hat die anwesende Lokalreporterin der Kieler Nachrichten den Ortsbeiratsvorsitzenden des Stadtteils zu seinen Gedanken befragt. Der Vorsitzende holte tief Luft, erzählte offensichtlich nicht spontan von seinen Erinnerungen, der Bedeutung des Stadtteils, dem Engagement des Ortsbeirats, seiner Partei und natürlich seiner Person, der kulturellen Bedeutung des Kieler Nordens usw., bis er endlich von der Journalistin mit den Worten gestoppt wurde: „Reden Sie sich nicht heiß!" Der Vorsitzende atmete aus und resignierte: „Ich sehe schon, Sie haben Ihren Bleistift bereits eingesteckt!"*

Für diese teilweise zwanghafte Präsentation gibt es unterschiedliche Ursachen. Aspekte wie Werbung, welche ökonomische Interessen widerspiegeln, sind natürlich ein wesentlicher Teil des Kausalzusammenhangs. Wirtschaftlicher Erfolg ist letztlich für jegliche Institution wichtig, die nicht von öffentlichen Mitteln unterhalten wird. Aber auch bei öffentlichen Gremien ist eine gelungene Außendarstellung oftmals wichtiger oder - besser - wird als wichtiger angesehen als die inhaltliche Arbeit. Die öffentliche Präsentation eines Gremiums oder einer Einzelperson vermittelt einen Eindruck über den Erfolg ihrer Arbeit. Die erfolgreiche Präsentation wird in einer Mediengesellschaft zum untrennbaren Bestandteil der inhaltlichen Arbeit. Da jeder erfolgreich sein möchte bzw. sein muss, ergibt sich für ihn oder sie die Notwendigkeit, sich medial zu präsentieren.

So kommt es, dass der mediale Markt mit Informationen, auch und gerade internen, überschwemmt wird. Interna werden ungehemmt verbreitet, teilweise ungeprüft. Gesetzentwürfe, Diskussionsvorlagen, Besetzungslisten von Schattenkabinetten, Redebeiträge aus vertraulichen Parteisitzungen, Auszüge aus Regierungserklärungen und unzählige weitere Interna finden ihren Weg in die Medien, kaum, dass sie intern angesprochen, geschweige denn, abgeklärt worden sind.
Vertrauliche Arbeit, unentbehrlich für jegliche inhaltliche Arbeit, wird immer schwerer möglich, was sich zum Beispiel am Ende des Jahres 2003 zeigte, als Bundesregierung und Opposition um einen Kompromiss für eine Föderalismusreform im Vermittlungsausschuss rangen. Anfangs gelang noch ein vertraulicher Umgang, am Ende regierten auf dem Vorflur des Bundesrates die Mikrophone und Kameras. Der Sprung in die Tagesschau ist für viele Politiker ein Karriereschub, was zählen dann Sachargumente und innere Überzeugungen? Man tritt vor die Kamera und agiert entsprechend einer Rolle[3]. Diejenigen, welche dieses Spiel nicht mitspielen, werden wegen ihrer medialen Absenz in der Öffentlichkeit nicht wahrgenommen, wirken unerfolgreich und sind es dann auch bald. Aber auch, wenn Insider keinerlei persönliche Vorteile von einer Indiskretion besitzen, erfolgt diese, z.B. 2009 bei der Wiederwahl Köhlers zum Bundespräsidenten, als die Ergebnisse der Auszählung vor der offiziellen Verkündung bereits getwittert worden waren[4].

---

[3]Grünert spricht sehr passend von „Sprachspielen". Es geht hier also demnach nicht nur um reines Rollenverhalten, vielmehr wird kommunikations- und situationsadäquat die gerade taktisch günstige Haltung nebst dazu passendem Sprachverhalten eingenommen. Gerade in Zeiten von politischen Umbrüchen, also Regierungswechselns ist dies zu beobachten, z.B. wenn der vormalige Oppositionspolitiker das verteidigt, was er Monate zuvor noch kritisiert hat. Zu den Schwächen dieser Darstellung vgl. Kapitel III. ; vgl. Dieckmann 2005, S.23.
[4] http://www.focus.de/politik/deutschland/wahlen-2009/bundespraesident/koehler-wahl-twittern-ohne-folgen_aid_402449.html, 30.07.2010

Im Bereich der Wirtschaft eröffnet sich ein ähnliches Bild, wobei jedoch hier unter dem strengen ökonomischen Konkurrenzdruck Geheimhaltung von Informationen tatsächlich existentiell wichtig sein kann. Die Verbreitung von Interna erfolgt in diesen Sphären seltener, was auch mit dem obrigkeitszentrierten Regiment in Betrieben und Konzernen zusammenhängt. Hier bestimmt der Chef über die Zusammensetzung der ihm unterstellten Leitungsebene. Vertrauensbrüche haben daher unmittelbare Folgen, ganz im Gegensatz zum demokratischen System.

Viele Unternehmen sind aber Aktiengesellschaften, welche regelmäßige Öffentlichkeitsarbeit nicht zuletzt wegen der Aktionäre, inklusive der potentiellen, leisten müssen. Darüber hinaus wirken einflussreiche Unternehmen und Unternehmensgruppen auf jeder Ebene und je nach Situation auch medial wirksam auf politische Entscheidungsträger ein, ob Kommune, Land oder Bund, welche ihrerseits dann die Argumentationen der Lobbyisten übernehmen oder ihnen begegnen. Auf diese Weise findet die „Sprache der Wirtschaft" trotz ihrer ansonsten diskreten Eigenpräsentation umfangreichen und nachhaltigen Eingang in den öffentlichen Sprachgebrauch. Selbstverständlich sind von dieser Wertung Marketing und Eigenwerbung ausgenommen.

Vor wenigen Jahren noch waren „Dax", „Hedge Fonds" „Rendite" vor allem Fachsprache. Heute versteht sie fast jeder oder meint, sie zu verstehen. Dabei wird die Bedeutung dieser Begriffe auf andere Bereiche ausgedehnt[5]. Der „Standort Deutschland" wird kaum noch als ökonomischer Sprachgebrauch verstanden, vielmehr patriotisch. Wir sorgen uns nicht mehr um das Vaterland, sondern um den Standort, was sehr praktisch ist, da man so weniger nationalistisch wirkt, was man ja nicht sein darf.[6] Die Grundprinzipien des *Kapitalismus* sind scheinbar in die Grundpfeiler der Gesellschaft integriert:

*Im Morgenmagazin von ARD und ZDF wurde dem damaligen sächsischen Ministerpräsidenten Milbradt die Frage gestellt: „Wenn die Föderalismuskommission scheitert, was bedeutet das für den Standort Deutschland?"[7] Zentrale Verfassungsbestandteile sollen reformiert werden, quasi ein Grundbaustein des deutschen Grundgesetzes. Die Journalistin zielte offensichtlich nicht auf die ökonomische Lage des Landes, sondern meinte tatsächlich das Gemeinwesen schlechthin. Und*

---

[5] Sememerweiterung
[6] Vgl. IV/6
[7] ARD/ZDF: Morgenmagazin vom 30.04.04

*genauso beantwortet der Ministerpräsident die Frage auch.*
*Vaterland und Standort sind für viele inzwischen synonym.*

Die Rolle der Medien und ihre Bedeutung für den politischen Alltag sind wichtig für das Verständnis der L.R.S. im öffentlich-politischen Raum. Viele Sprachverwendungen sind aufgrund ihrer Öffentlichkeitswirksamkeit entstanden und werden bei Erfolg kopiert, adaptiert und fortgeschrieben. Die Gegenseite versucht ihrerseits durch Gegenformulierungen oder Stigmatisierung den Gegner zu treffen. Inhaltliche Fragen treten zurück, um wichtige Begriffe im Sinne ideologischer Sprachkonkurrenz zu besetzen.

*Im schleswig-holsteinischen Landtagswahlkampf tobte 2005 zwischen den Lagern die Diskussion um die Zukunft des dreigliedrigen Schulsystems. Die SPD hatte den umständlichen Namen „Schule für alle" entworfen, der später vom Begriff „Gemeinschaftsschule", geprägt von Bündnis 90/ Die Grünen und SSW, ersetzt wurde. Dieses Hochwertwort, quasi bereits ein Fahnenwort[8], wurde als Reaktion des Stigmawortes „Einheitsschule" geformt, welches das Lager von FDP und CDU gebildet hatte und eindeutige, pejorative Anklänge an die DDR zu implizieren suchte. Ein Wahlplakat der Liberalen verband den Begriff auch mit dem SED-Parteizeichen. Die inhaltliche Diskussion wurde nicht beachtet, z.B. dass die Modelle von SSW, SPD und B'90/ Die Grünen vollkommen unterschiedlich waren. Die CDU ignorierte bewusst, dass die Gemeinschaftsschule keine Einheitsschule werden sollte, also unterschiedliche Lerngruppen und Abschlüsse angedacht waren. Es standen in der Diskussion kaum die Inhalte im Mittelpunkt, sondern vor allem die Etikette.*

Die Akteure haben ihre Schlüsselwörter, diese werden dem mündigen Bürger um die Ohren gehauen und in der Regel bei jeder halbwegs passenden Gelegenheit wiederholt. Wiederholungen sind auch ohne Probleme möglich, da die Informationsfülle ein öffentliches Kurzzeitgedächtnis erzeugt. Andererseits bedingt die Mediengesellschaft inhaltliche wie auch sprachliche Wiederholungen, schließlich werden die Akteure zu häufigen Stellungnahmen genötigt, meist in sehr kurzer Frist. Selbstverständlich muss der Akteur seine Argumente wiederholen, um möglichst alle Mitglieder oder zumindest die Meinungsführer zu

---

[8] Ein Begriff (Wort), welches programmatischen Charakter hat und positiv konnotiert (gefärbt) ist.

erreichen. Wiederholungen, auch und gerade struktureller Natur, sind zwangsläufig. Wer aufmerksam die Nachrichten verschiedener Sender an einem Wahlabend verfolgt, wird schnell der Wiederholungen überdrüssig.

*Der in der Landtagswahl unterlegene Ministerpräsident von Nordrhein-Westfalen, der spätere Bundesfinanzminister und Kanzlerkandidat Peer Steinbrück, erklärte am 22. Mai 2005 kurz nach Veröffentlichung der Wahlergebnisse dem zappenden Zuschauer mindestens viermal in der Stunde, wie froh er sei, dass in der Demokratie glücklicher Weise der Machtwechsel unblutig verlaufe und er nun gesundheitlich unbeschadet das Feld räumen könne. Selbst wenn man den Sender nicht gewechselt hätte, wäre dieser merkwürdige und gleichzeitig erhellende Satz mehrfach aus den Lautsprechern getönt.*

Nun sind aber auch die Medien selbst zum Erfolg verurteilt. Die privaten Medien stehen unter einem starken wirtschaftlichen Erfolgsdruck, da sie sich in der Regel ausschließlich privat, vorzugsweise über Werbeeinnahmen u.ä. finanzieren. Gradmesser ihres Erfolges ist hierbei der Absatz, bei TV-Medien also die Einschaltquote. Dies führt dazu, dass die meisten Sender, welche die breite Bevölkerung als ihre Zielgruppe betrachten, Programm, Gestaltung und sprachlichen Ausdruck eben dieser Bevölkerung anpassen. Natürlich gibt es Spartenkanäle, welche Gegenprogramme zu RTL, Pro Sieben usw. bilden. Oft wird auch den öffentlich-rechtlichen Sendern, die auch an gesetzliche Auflagen gebunden sind, ein höheres Niveau, nicht zuletzt sprachlich, unterstellt.
Es darf aber nicht verkannt werden, dass der Konkurrenzdruck privater Sender auch die öffentlich-rechtlichen Medien zwingen, ein breiteres Unterhaltungsangebot zu bieten, als unter der gesetzlichen Vorgabe, die Grundversorgung auch an Entertainment zu gewährleisten, zu erwarten wäre. Neben der inhaltlichen Gestaltung des Programms hat dies auch Auswirkungen auf die Sprache. Thomas Meyer spricht in diesem Zusammenhang davon, dass die Medien zwei „Regelsystemen" unterliegen. Einerseits einer Selektionslogik bezüglich der Auswahl „berichtenswerter Ereignisse nach Maßgabe ihrer *Nachrichtenwerte*"[9] sowie andererseits einer „Präsentationslogik", bestehend „aus einem Kanon von attraktionssteigernden Inszenierungsformen für das so ausgewählte Nachrichtenmaterial, um die Maximierung eines anhaltenden Publikumsinteresses zu sichern".[10] Politische Prozesse in der

---

[9] Kursive Hervorhebung im Original.
[10] Meyer 2002, S.7

Demokratie brauchen eigentlich Ruhe und Zeit für einen umfassenden Diskurs. Medienlogisch werden alle Inhalte zu Vermarktungsgegenständen, die so schnell wie möglich zu verwerten sind. Meyer spricht zu Recht vom zentralen Widerspruch „zwischen politischer Prozesszeit und medialer Produktionszeit"[11].

Dieser Präsentationslogik unterliegen alle Medien. Unterschiedliche Infotainment-Anteile des öffentlich-rechtlichen Spektrums im Vergleich zu den Privaten sind diesbezüglich unerheblich, sondern bewirken nur Akzentuierungen.
Im Bereich der Printmedien muss auf die besondere Rolle der Bildzeitung verwiesen werden, hat sie doch gerade auch sprachlich eine gewisse Bedeutung für die Entwicklung oder zumindest Ausgestaltung der deutschen Gegenwartsprache. Auch hier stellt die lesende Bevölkerung in ihrer Gesamtheit die Zielgruppe. Diesbezüglich wird das Angebot bezüglich Unterhaltung und Information austariert, ebenso die Sprache, insgesamt alles sehr einseitig und effektorientiert:

> *Ein paar Schlagzeilen aus der Bildzeitung:*
> *„Als Kassenpatient bist DU der letzte Arsch."[12]*
> *„Doofer Einbrecher ließ Ausweis liegen." [13]*
> *„Stoppt den Steuer-Irrsinn!"[14]*
> *„Geht Ihnen Herr Stoiber auf die Nerven, Frau Merkel!" [15]*

Dies ist kein einseitiger Prozess. Eine Niveauabsenkung medialer Sprache führt unweigerlich zu einer besonderen sprachlichen Prägung der konsumierenden Bevölkerung. Von einer generellen sprachlichen Verflachung muss nicht unbedingt ausgegangen werden, dass sie im medialen Bereich zunehmend existiert sowie wirkt, steht wohl außer Frage.

Die Bevölkerung bleibt der entscheidende Träger deutschen Sprachguts, Sprachentwicklung manifestiert sich allerdings qualitativ völlig anders als früher. Es wäre eine Verklärung der Vergangenheit, wenn man annähme, dass vor dem medialen Zeitalter die deutsche Bevölkerung an ihrer Basis entscheidend niveauvoller gesprochen hätte, eher das Gegenteil ist der Fall, da die Allgemeinbildung der deutschen

---

[11] Ebenda.
[12] Bild vom 20.11.05, Titelseite
[13] Bild vom 13.05.03, Titelseite
[14] Bild vom 13.05.03, S.14
[15] Bild am Sonntag (BamS!) vom 23.10.05, S.6f.

Bevölkerungen im letzten Jahrhundert stark zugenommen hat. Elaborierte Codes gab es zu jeder Zeit, ebenso die gemeine Volkssprache. Dies ist ein quasi natürlicher Zustand und auch nicht vom hohen Ross eines vermeintlich sprachlich gebildeten Menschen hochmütig zu belächeln. Eine Eigenart des medialen Zeitalters besteht jedoch darin, dass die Medien in ihrem Bemühen, breite Volksmassen zu Konsumenten ihrer Programme zu machen, worin sie Erfolg definieren, jene vermeintliche Volkssprache verbreiten. Beherrschte im vormedialen Zeitalter ein elaborierter oder sprachlich gehobener Stil die in Büchern, Zeitschriften u.Ä. veröffentlichte Sprache, und existierte bis in die achtziger Jahre ein zumindest korrekter Sprachgebrauch auch in den Massenmedien, welche vornehmlich öffentlich-rechtlich waren, so verbreitet sich nun unter dem Diktat eines ökonomischen Erfolgszwanges ein zunehmend tabuloser Sprachstil, welcher oft vereinfacht sowie sprachliche und ethische Grundnormen vernachlässigt.

*So wimmelt es nun von umgangssprachlichen und dramatisierenden Wortverwendungen wie „Superstars", „doofe[n] Einbrecher"[16], Schumis"[17], „Pakt für Deutschland"[18], „Jobgipfel"[19] und „Dieter Bohlens Coup mit der Kuh"[20]. Es gibt Schicksalsschläge und Schicksalstage: „Hier entscheidet sich das Schicksal des deutschen Tennis"[21], „Schicksalstag für Rot-Grün"[22].*

*Weiter tobt in der Bild eine „Millionenschlacht"[23], weil die Ex-Freundin vom Ex-Tennisstar Michael Stich von ihrem Exlover schwanger ist. In der Heute-Sendung toben im vorweihnachtlichen Geschäft eine „Rabattschlacht", ein „Preiskampf" und kurz darauf zwischen der USA und der EU ein „Handelskrieg".[24]*

Dieser Trend der Massenorientierung hat wiederum Auswirkungen auf alle gesellschaftlichen Gremien, welche ihre Arbeit öffentlich wirksam

---

[16] Bild vom 13.05.03, Titelblatt
[17] Bild vom 23.05.05, Titelblatt
[18] Vox-Nachrichten 14.03.05, 18.00 Uhr
[19] AOL-Nachrichtenseite vom 17.03.05
[20] Bild vom 13.05.03, S.14
[21] Bild vom 13.05.03, S.16
[22] Kieler Nachrichten vom 21.05.05, Titelblatt
[23] Bild vom 06.01.04, Titel
[24] ZDF: Heute-Sendung vom 23.12.03 um 19.00 Uhr

darstellen müssen, wobei verschiedene Prinzipien zutage treten, welche in der Folge belegt und untersucht werden.

Diese Erscheinungen sind noch nicht allein bestimmend, gewinnen aber an Einfluss und sind neben traditionellen Entwicklungen, welche sich fortsetzen, inzwischen eine bemerkenswerte Determinante öffentlicher, nicht nur medialer, und privater Wirklichkeit, werden doch alle mediale Erscheinungen auch ins Privatleben kopiert, aus dem sie erst entnommen worden sind.

Alle bereits benannten Prozesse werden von kommerzieller Öffentlichkeitsarbeit, also Werbung, noch verstärkt. Werbung begegnet uns allerorten.

> *Sobald wir das Haus verlassen, überzeugen uns Plakate, Urlaub zu machen („Nichts wie weg!"[25]), unhöflich Eis zu essen („Ich und mein Magnum", nicht etwa: „Mein Magnum und ich"[26]), Fernsehen einäugig zu schauen („Auf dem Zweiten sieht man besser"[27]) oder eben westliches Flair zu inhalieren („Test the West"[28]).*

Viele Slogans haben eine Botschaft, viele versuchen lediglich Aufmerksamkeit zu erheischen. Nach einer Umfrage der Kölner Agentur Endmark verstehen viele Kunden einen Großteil der Werbung nicht, wenn sie englischsprachig ist. So verstand die Mehrheit unter dem McDonalds-Slogan „Every time a good time" so viel wie „Jede Mahlzeit ist eine gute Mahlzeit". Dies betreffe eine Vielzahl von Werbeslogans.[29] Neben den Einblicken in das Bildungsniveau der Deutschen eröffnet uns diese Untersuchung vor allem die Erkenntnis, dass mediale Wirkung nicht primär inhaltsbezogen funktioniert[30]. Und dies ist wesentlich für das Verständnis von Bestimmungsfaktoren der L.R.S.

Jede sprachliche Mitteilung beinhaltet nicht nur den Sachinhalt, sondern vermittelt und zeigt deutlich mehr auf. Schultz von Thun ging in den achtziger Jahren von vier Botschaften von Sprache aus[31]: dem Sachinhalt, der Selbstkundgabe, dem Appell und der Beziehung zum Hörer. Andere haben das vereinfacht[32], für unsere Zwecke gehen wir

---

[25] L'tur-Werbeslogan 2004
[26] Magnum-Werbeslogan 2004
[27] ZDF-Werbeslogan 2004
[28] West-Werbeslogan 2004
[29] AOL, Download am 01.03.04
[30] Vgl. Janich 2003, S.73ff. Hier findet sich eine gute und übersichtliche zusammenfassende Analyse der Wirkungsweise von Werbung.
[31] nach Schultz von Thun 1981, S.29ff.
[32] Vgl. Hermanns 2002 und Klein 2005, S.128.

davon aus, dass jede Mitteilung eine deskriptive, emotive und persuasive[33] Bedeutung hat. Eine Mitteilung transportiert also eine sachliche Information, erzeugt Emotionen und möchte den Adressaten im weitesten Sinne von etwas überzeugen[34]. Das verkürzt stark, erlaubt aber den Blick auf das Wesentliche der L.R.S.

Das Bedürfnis, Modernität oder amerikanisches Lebensgefühl auszustrahlen und der Zielgruppe zu vermitteln, vermag ohne Zweifel Werbestrategen dazu zu bewegen, Inhaltsaspekte zurückzustellen. Die Zeiten, in denen Werbung minutenlang einen Waschmaschinen-Reparateur von den Vorzügen eines kalkbekämpfenden Waschmittels referieren ließ, sind erfreulicher Weise zunächst vorbei. Ähnlich agieren aber auch Parteien und deren Akteure:

*Das Europawahlprogramm von Bündnis 90/ Die Grünen hatte 2009 den Titel: „Volles Programm mit WUMS für ein besseres Europa." Neben der deutlichen Inszenierung von Varietäten, in diesem Falle Jugendsprache, fällt das Zurücktreten der Sachinhaltsebene auf. Im Vergleich dazu hieß 1989 das grüne Europawahlprogramm noch „Für eine ökologische, soziale, basisdemokratische und gewaltfreie Politik in Europa".* [35]

Dass Sachinhalt nicht völlig ignoriert werden kann, belegt eine McDonalds-Kampagne, welche seit 2004 deutschsprachige Slogans formuliert hatte, z.B.: „Ich liebe es."[36]. Aber auch hier geht es um Emotionalisierung, um den Aufbau einer (pseudo-) persönlichen Beziehung zwischen Kunde und Restaurantkette, die sich gerade durch eine sehr unpersönliche Essensversorgung auszeichnet. Vorherige englische Werbung war den Firmenchefs wohl nicht effektiv genug.

Werbemechanismen bilden den Gipfel medialer Öffentlichkeitsarbeit, wirken aber in den gesamten öffentlichen Raum hinein bzw. sind selbst nur ein Teil derartiger Wirkungszusammenhänge. Der Trend, über Markennamen sowie eine Identifizierung und Produktbindung zu erreichen, zeigt sich auch in der Politik.

*Als Bundeskanzler Schröder 2002 unter der Leitung des VW-Managers Peter Hartz eine Kommission einsetzte, um Vorschläge zur Reform des Arbeitsmarktes zu erarbeiten, wurden die daraus resultierenden Gesetze im öffentlichen*

---

[33] Vgl. Efing 2005, S.222.
[34] Vgl. ebenda, S.223.
[35] Vgl. http://www.boell.de/downloads/stiftung/1989_Europa_Kurzprogramm.pdf (14.04.09)
[36] Öffentliche Werbung in allen deutschen McDonalds-Restaurants ab 2004.

*Sprachgebrauch und abseits der korrekten Bezeichnung zu Hartz-Gesetzen. Die Einführung des so genannten Arbeitslosengeldes II wurde knapp Hartz IV genannt. Hartz wurde eine Marke. Ähnliche „Marken" formten sich bei der Gauck-Behörde, später Birthler-Behörde und der Riester-Rente. Selbst als Hartz von VW wegen diverser „Lustreisen"[37] und anderer Machenschaften 2005 gekündigt wurde, blieb dieser „Markenname" selbstverständlich im deutschen Sprachgebrauch. Die Ironie, dass sich Hartz buchstäblich schamlos am Betriebsvermögen von VW bediente, wofür er auch rechtskräftig verurteilt wurde, und gleichzeitig sein Name für soziale Einschnitte bei den Ärmsten steht, mag kaum zu übertreffen sein, letztlich stört es aber niemanden, da inhaltliche Sachfragen hinter die Marke[38] zurücktreten, der Namensgeber gerät erst recht in Vergessenheit.*

Zusammenfassend bleibt die enge Wechselwirkung zwischen der Bevölkerung und den erfolgshungrigen Medien bei der Formung der L.R.S. zu betonen. Hinzu tritt der Präsentationszwang gesellschaftlicher Institutionen, welcher Rückwirkungen auf deren inhaltliche Arbeit hat. Diskussionen im Bundestag dienen nicht mehr der Sacharbeit, sondern der medialen Präsentation. Die Sacharbeit findet hinter verschlossenen Türen statt. Wenn es überhaupt gelingt, denn auch hier stören oft Präsentationszwänge der Beteiligten geordnete Entscheidungsfindungsprozesse.

Dies prägt den Charakter des Umgangs und des politischen Sprachgebrauchs, was selbstverständlich Auswirkungen auf die inhaltliche Arbeit haben muss. Prüfen wir also im Folgenden zunächst die spezifische Ausprägung der L.R.S. Hat sie charakteristische Merkmale, wird sie von den Medien oder von anderen Traditionslinien bestimmt? Welche politischen, ideologischen, religiösen oder weltanschaulichen Dispositionen gibt es? Ihre Analyse gibt Aufschluss über Veränderungen und den Ist-Zustand Deutschlands.

Dabei gilt es aber zu beachten, dass die deutsche Sprache keiner monolithischen Verwendung unterliegt, sondern in bestimmten Kommunikationssituationen und −bereichen unterschiedliche Ausprägung erfährt. Riesel wie auch Braun unterscheiden z.B. 5 Funktionalstile deutschen Sprachgebrauchs, nämlich für den öffentlichen

---

[37] Nachrichten auf NDR-Info vom 18.11.05, (10.30 Uhr)

[38] *Markenname* ist natürlich sprachwissenschaftlich nicht angemessen. Unter dem Begriff *Etikettierung* wird sich mit vergleichbaren Erscheinungen der L.R.S. weiter unten auseinandergesetzt. Vgl. V/2.

Verkehr, die Wissenschaft, die Presse, den Alltagsverkehr und die schöne Literatur[39], d.h., in diesen Bereichen passt sich Sprache kommunikationsadäquat an. Ein Mathematikwissenschaftler wird seine Vorlesung weniger sprachlich ausfüllen, als dies Grass in seinem letzten Roman getan hat. Dennoch vollzieht sich grundsätzlich ein Anpassungsprozess zwischen den einzelnen Bereichen, was neben dem ökonomischen Erfolgsdruck vor allem der allumfassenden Wirkung der Medien geschuldet ist.

Die Mediatisierung der deutschen Sprache resp. der o.a. Erscheinungen und Prozesse führen aber dazu, dass die Grenzen zwischen den Varietäten[40] und Funktionalstilen in immer stärkerem Maße verwischen. Sicher, Fachsprachen und schöne Literatur leisten hartnäckig Widerstand, aber auch hier sind erste Schneisen geschlagen.[41] Vielleicht noch selten im internen, fachlichen Austausch, sobald aber Öffentlichkeit und Finanziers gesucht werden, ändert sich dies.

Zum Abschluss dieses Kapitels finden noch die neuesten Entwicklungen Beachtung. Spätestens mit dem Eintritt in das neue Jahrtausend hat sich das Internet als Verbreitungsfaktor von Sprache etabliert, der völlig losgelöst von bisherigen Medien als Kommunikationsmittel für breite Kreise genutzt wird, auch zur politischen Agitation. Es wird getwittert und gebloggt. *Social Networks* wie *Facebook, Twitter, Google+, studi-vz usw.* werden nicht nur zum Privatvergnügen genutzt, mit zweifelhaften datenschutzrechtlichen Folgen übrigens, sondern werden zunehmend Bestandteil politischer Kommunikation und Agitation:

> *2010 wird bei Facebook die Gruppe „Kann dieser gemeine Hausbesen mehr Fans haben als Guido Westerwelle?" gegründet, innerhalb weniger Wochen kamen über 3000 Mitglieder zusammen, Herr Westerwelle hatte damals um die 6500 Likes.*
> *Ralf Stegner, SPD-Landesvorsitzender von Schleswig-Holstein, twittert kräftig, wenngleich mit sehr mäßigem Erfolg, was aber weniger mit dem Medium als mit seiner medialen Kompetenz in Zusammenhang steht: „Politik hat ja auch den Sinn zu übersetzen, was man tut. Und was man in 140 Zeichen nicht sagen kann, das mag vielleicht auch nicht so furchtbar viel taugen."[42]*

---

[39] Vgl. Braun a.a.O., S.102f.
[40] Varietät ist eine spezifische Teilausformung einer Sprache, die sich u.a. geographisch (Dialekt, z.B. Bayrisch) sowie sozial (Soziolekt, z.B. Slang) manifestiert.
[41] Vgl. Stötzel u.a., a.a.O, S.20ff.
[42] http://www3.ndr.de/sendungen/zapp/archiv/internet/twitterpolitiker100.html, 22.03.2010

Natürlich ist es reizvoll für Politiker, direkt mit den Bürgerinnen und Bürgern in Kontakt zu treten. Ob es gelingt, ist die zweite Frage. Es belegt eher, dass die neuesten technologischen Fortschritte den Präsentationszwang verstärken. Im Übrigen bleibt es eine bemerkenswerte Aussage Stegners, alles mehr als 140 Zeichen tauge nichts. Das kann er so ernst nicht meinen, obwohl man das bei ihm nicht genau einschätzen kann. Es bleibt aber dabei, der Präsentationszwang ist allgegenwärtig und treibt die seltsamsten Blüten.

Insgesamt zeichnet sich hier dem Betrachter das Bild veränderter Informationsgewohnheiten. Die Fülle der Informationskanäle, die zunehmende Vermischung von Unterhaltung und Information, bedingt durch oben skizzierte ökonomischer Erfolgsorientierung von Medien, sowie der Präsentationszwang politischer Institutionen und Personen mit dem Ziel des Machterhalts resp. Machterwerbs, dies sind alles zentrale Bestimmungs- und Verbreitungsfaktoren der L.R.S., welche sich gleichzeitig konkret in ihr widerspiegeln.

## III. Erscheinungsformen der L.R.S.

Man könnte die Frage stellen, ob es überhaupt so etwas wie eine L.R.S. gibt, also eine Gesamtheit sprachlicher Modifikationen, die über Funktionalstile, Marketinggags und politische Propaganda hinweg als klar erkennbares Ganzes im Bereich des politischen Sprachgebrauchs erkennbar wird.

Achtet man beim Hören der Nachrichten auf die gesuchten Aspekte, dann fallen zunächst schnell bestimmte Wendungen und Begriffe ins Auge, die in Frage kommen könnten:

> *Arbeitgeber* nehmen weibliche *Kids* beim *Girlsday* bei sich auf, damit sie Einblicke in die Berufswelt bekommen. Sie sollen doch anständige *Jobs* bekommen, nicht wie viele Arbeitslose in den *neuen Bundesländern*, welche unter *Rot-Grün* besonders leiden.

*Arbeitgeber* geben keine Arbeit, wie es der Begriff suggeriert, sondern nutzen gegen Entgelt die geleistete Arbeit der *Arbeitnehmer.* Letztere suchten auch immer öfter einen *Job* statt *regulärer Arbeit.* Gibt es hier wirklich noch Differenzierungen oder suchen wir alle bald Jobs und entwöhnen uns jedweder tariflichen Absicherung, weil diese in der *Globalisierung* nicht mehr zeitgemäß sind?

Ohne Zweifel lässt sich L.R.S. diagnostizieren, sie unterscheidet sich deutlich von neutralem Sprachgebrauch durch ihren emotiven und persuasiven Charakter. Entscheidend ist hierbei die Intention des Sprachgebrauchs, die sich mit der Verwendung der L.R.S. zeigt. Zum einen ist dabei Meinungssprache deutlich zu erkennen, zum anderen verblasste resp. internalisierte Meinungssprache. Nicht jeder untersuchungswerte Begriff wird bewusst und intendiert benutzt, aber gerade dann wird es interessant, denn besonders erhellend sind Begriffe und Phrasen, deren Konnotation oder Sememstruktur[43] Nebenaussagen und Selbstaussagen über den Autor sowie Rückschlüsse auf den Adressaten zulassen.

Die L.R.S. wird wie oben ausgeführt maßgeblich durch die Mediengesellschaft geprägt. Hier bestimmt keine einseitig indoktrinierende Ideologie die sprachliche Kommunikation, vielmehr

---

[43] Vereinfacht ausgedrückt, ist ein Semem eine von eventuell mehreren Hauptbedeutungen eines Wortes, die sich wiederum aus verschiedenen Bedeutungsbestandteilen zusammensetzt, sogenannten Semen. So besitzt die Bedeutung von *Tisch* bestimmte Bedeutungsmerkmale, also Seme, wie *tragend, ablagefähig* usw. Ein Semem ist dann ebenfalls das Lexem eines Wortes, wenn das nur eine Bedeutung hat. Ansonsten verstehen wir unter Lexem die Gesamtbedeutung im beschriebenen Sinne.

bestimmt das ökonomische Prinzip, alle Gesellschaftsbereiche durchdringend, dass zielgerichtet und zielgruppenorientiert kommuniziert wird. Diese Orientierung an der vermeintlich breiten Bevölkerung durch die vielen einzelnen Akteure stellt ein zentrales konstituierendes Element der L.R.S. dar, ergibt sich doch daraus eine sprachliche Uniformität, die im paradoxen Kontrast zur Kreativität der L.R.S. und im Übrigen auch zum vorgeblichen Pluralismus unserer Gesellschaft steht.

> *Der Sprachwissenschaftler Klein will in politischen Diskursen,*
> *„...sofern es wie meistens um das Pro- und Kontra zu*
> *politischem Handeln geht ... geradezu universell..." ein*
> *charakteristisches Schema mit den Elementen*
> *„Situationsdarstellung, Situationsbewertung, Prinzipien*
> *(Normen und Werte) und Zielsetzung" ausgemacht haben.* [44]

Selbst, wenn Klein ein wenig übertreibt, die Tendenzen in dieser Richtung sind greifbar. Kein diktatorischer Staat erlebt eine so tiefgehende Ausformung von allgemeinem Sprachgebrauch. Dies begründet sich in dem Umstand, dass in der doktrinierten Gesellschaft die Sprache künstlich beeinflusst wird. Dies mag Früchte tragen, bleibt aber dem selbsttragenden, fast schon darwinistisch anmutenden Prozess, dem wir heute unterworfen sind, am Ende doch unterlegen. Kein Bereich gegenwärtigen Sprachgebrauchs wird auf Dauer unberührt bleiben.

Heutzutage muss man, um ökonomisch erfolgreich zu sein und um den Markt zu erobern, sich im *Mainstream* befinden, es sei denn, man besetzt Nischen, d.h. bedient spezielle Zielgruppen. In der Regel wird aber die Mitte zum Ziel, ja sogar zum politischen Markenzeichen.[45] Aber auch der Einzelne fügt sich der immer beschleunigteren Gesellschafts- und Sprachentwicklung. Jeder Akteur, sei es Medium oder Kunde, unterliegt einer so genannten Schweigespirale, passt sich also der dominant erscheinenden Massenbewegung an, aus Angst vor der ökonomischen Niederlage oder sozialen Ausgrenzung, die ihm widerfahren könnte. Diese Schweigespirale, wonach in der Medientheorie das vom Mainstream in seiner Meinung abweichende Individuum sich der dominanten Mehrheit aus Gründen der Anpassung unterwirft, ist durchaus auf den Medienprozess übertragbar. Es ist unerheblich, ob eine natürliche Person Angst verspürt, keine Freunde zu haben oder ob ein

---

[44] Klein 2005, S.135
[45] Vgl. die „neue Mitte" , ein Slogan, später Fahnenwort der SPD im Wahlkampf 1998. Nach dem Auftreten der Linkspartei will man allerdings wieder linke Volkspartei sein, genauer „die" linke Volkspartei. Vgl. IV/2.

Manager sein Medienunternehmen aus Gewinninteresse auf Massenkonsum ausrichtet und daher Sparteninteressen ignoriert.

Noch einmal: Liberalisierung und Demokratie bewirken in der Spielart der L.R.S. eine Vereinfachung der Sprache, da durch die *Marktwirtschaft* Berichterstattung und öffentliche Kommunikation zum Meinungsmarkt (de-)generiert sind, auf dem die gesamte Bevölkerung als Kundschaft gewonnen werden soll. Aus Bürgern werden Kunden. Dazu muss die eigene Sprache von der Zielgruppe angenommen werden, weshalb sie modern und zeitgemäß wirken muss. Die L.R.S. ist, wie noch an anderer Stelle verdeutlicht werden wird, auf vordergründige Wirkungseffekte angelegt. Es dominiert die Signalwirkung, inhaltliche Botschaften treten in ihrer Bedeutung zurück.

Die breitgefächerte Tendenz der Anglisierung, eines der augenfälligsten Erscheinungsbilder der L.R.S., ist hierfür ein prägnantes Beispiel. Die damalige Ministerpräsidentin von Schleswig-Holstein, Heide Simonis, drückte es 2004 folgendermaßen aus: „Alles, was heute modern ist, drückt man auf Englisch aus."[46] Aber auch, was nicht modern ist, drückt man auf Englisch aus. Heutzutage drückt man alles auf Englisch aus, was nicht niet- und nagelfest ist, z.B. *Job* oder *Facility Manager* (Hausmeister). Dies wird in der deutschen Öffentlichkeit auch oft genug kritisiert, meist jedoch aus einem plumpen Antiamerikanismus heraus, eine Art Gegenreflex gegen eine vermeintliche kulturpolitische Invasion seitens der angloamerikanischen Leitkultur. Diesem Reflex sollte man nicht folgen.

Die L.R.S. anglisiert wie gesagt nicht etwa um des Anglisierens willen, es geht den Sprachbenutzern vielmehr darum, dem Volk aufs Maul zu schauen, um unter ökonomischen Prämissen und medialen Zwängen der Öffentlichkeitsarbeit erfolgreich zu agieren. Die angloamerikanische Kultur hat sich nach dem Zweiten Weltkrieg und weiter verstärkt nach dem Ende des Kalten Krieges zu einer *Leitkultur* für die Welt entwickelt, nicht nur für die westliche Hemisphäre. Gerade in Deutschland wird diese Führungsrolle größtenteils akzeptiert, vor allem im Unterhaltungsbereich wird dies offenbar. US-amerikanische Filme, Musik u.Ä. dominieren die Märkte, es verbinden sich also ökonomische und kulturelle Bestimmungsfaktoren bei der Sprachentwicklung. Selbst das *Handy*, ein deutscher Neologismus, wird zumindest phonetisch anglisiert, auch wenn es gar nicht aus dem Englischen stammt.

Insgesamt wird sehr kreativ mit Sprache umgegangen, was aber nicht zu einer großen Varianz, sondern zu einem zunehmend monolithischen Erscheinungsbild führt, weil alle zur Kreativität verdammt sind, was die

---

[46] Simonis auf dem Kreisparteitag der SPD Kiel, Januar 2004, Hörprotokoll des Verfassers.

angestrebten Effekte stark mindert. Ein Sprachwissenschaftler hat in anderem Zusammenhang diese Wirkung mit „kommunikativem Überdruss" umschrieben[47].

Natürlich lockern Begriffsentlehnungen wie *Döner*, *Pizza* und *Kebab* den deutschen Sprachschatz auf und vermitteln den Eindruck von Weltoffenheit, Pluralität und Internationalismus. Das tun englischstämmige Begriffe auch, das Gesamtbild unterliegt aber insgesamt einer massiven Veränderung, wobei Anglisierung kaum die dominierende Erscheinung darstellt. In ein und derselben Ausgabe der Bildzeitung fanden sich zum Beispiel folgende Passagen:

> *„Sein schlimmstes Rennen. Schumi überrundet!"*
> *„Nach den schlimmen Morddrohungen gegen Popstar Jeanette Biedermann..."*
> *„Sekundenschlaf? Schon wieder so ein schlimmes Bus-Unglück!"*
> *„Schlimm, wie Ligapokalsieger HSV ... wie ein ängstlicher, total verunsicherter Haufen über den Platz irrte."[48]*

Morddrohungen, Schumis Rennen, Bus-Unglücke, ja an anderer Stelle selbst die Katastrophen vom 11. September 2001 im Zusammenhang der Terroranschläge in den USA werden mit demselben Attribut belegt: Schlimm! Der HSV hat verloren. Schlimm! Ein Flugzeug hat das World-Trade-Center zerstört. Schlimm! Dass dies kaum jemandem auffällt, belegt neben der Eigenart der Trivialisierung auch die der Oberflächlichkeit der L.R.S. Dafür finden sich viele Beispiele:

> *Von der Bildzeitung wurde der Sänger Robin Williams als „Revoluzzer"[49] bezeichnet. Der Begriff „Revoluzzer" leitet sich ab von „Revolutionär". Wenn Robin Williams alles ist, ganz sicher möchte er nicht die bestehende Gesellschaftsordnung ins Wanken bringen. Die ursprüngliche Bedeutung wird nicht mehr beachtet, es findet vielmehr eine Fokussierung auf das Äußere statt, einhergehend mit bestimmten Umgangsformen, wobei es durchaus Parallelen zu denen von Revolutionären geben kann. Vollkommen übertrieben ausgedrückt: Früher achtete man auf die Geisteshaltung, heute auf die Frisur.*

---

[47] Kuhn 1991, S.101.
[48] Bildzeitung, 25.08.2003
[49] Bildzeitung, 13.02.2004

Andererseits muss man als Akteur der L.R.S. stringent und klar formulieren, damit jede und jeder einen versteht. Der Konkurrenzdruck in Verbindung mit dem gesellschaftlichen Trend der Beschleunigung aller Alltagsprozesse führt zur Rationalisierung von Botschaften und zur Infizierung aller Informationen und Meinungsäußerungen mit Unterhaltung. Damit einher geht eine Minimalisierung des aktiven Wortschatzes und von Bedeutungsbestandteilen von Wörtern.

Das heißt aber nicht, dass Wortwahl und Formulierungen der L.R.S. sich in diesem Prozess der Entsemantisierung allgemein auf Bildzeitungsniveau manifestieren. Teilweise finden sich bei trivialsten TV-Sendungen hochliterarische Anspielungen, wie bei „Big Brother" gesehen. Die Allusion an Orwell ist eindeutig. Es werden sogar teilweise in der Inszenierung dieser *Reality-Show* inhaltliche Elemente aus „1984" entnommen. So spricht „Big Brother" zu den Insassen, während diese in einen Spiegel starren. Die Zusammenhänge werden aber nicht verdeutlicht und werden dem Zuschauer in aller Regel auch nicht offenbar. Die Allusion wird benutzt, um Effekte zu erzeugen, aber nicht, um zu symbolisieren. Der Zuschauer hat vielleicht eine Ahnung oder eine müde Erinnerung an Orwells Roman, im Idealfall eine sehr lebendige. So wird Aufmerksamkeit erzeugt, der Zuschauer schaltet ein bzw. *zappt* nicht gleich weiter. Der Name der Sendung erscheint daher auch immer als Logo im Bild, der Inhalt selbst vermag selbst bei den wenigen, aber zunehmenden indiskreten Szenen kaum zu fesseln. Der gesellschaftskritische und geschichtskritische Ansatz Orwells bleibt völlig unbeachtet, wird aber im Übrigen durch diese Sendung unfreiwillig beeindruckend bestätigt.

L.R.S. entkontextualisiert, es wird verkürzt, um Kunden/ Zuschauer zu binden. Komplexe Bezüge wären hier kontraproduktiv. Das Ganze geht einher mit Übertreibungen, Sexualisierungen und Skandalisierungen, als Beleg braucht man nicht nur Boulevardzeitungen oder –sendungen anzuführen. Kulturelle Hintergründe und kollektives Wissen werden gleichsam übertüncht und dadurch verdrängt.

Bislang bezogen sich alle Ausführungen im Wesentlichen auf den allgemeinen Sprachgebrauch. L.R.S. soll hier aber sowohl als politischer Sprachgebrauch i.e.S. wie auch als politisch relevante Sprache verstanden werden. Einige der vorliegenden Untersuchungen zum politischen Sprachgebrauch engen hier ein, was den Gegebenheiten im Sprachgebrauch nicht gerecht wird. Dennoch darf, gerade, wenn das Wesen der L.R.S. beschrieben werden soll, der politische Sprachgebrauch im engeren Sinne nicht vernachlässigt werden und steht dessen ungeachtet im Mittelpunkt dieser Arbeit.

Grünert definierte bereits 1984 politischen Sprachgebrauch, indem er Sprachspiele klassifiziert, nämlich das regulative, das instrumental-begehrende, das integrative und das informativ-persuasive Sprachspiel[50]. Unter „regulativem Sprachspiel" versteht Grünert die Sprache der Regierenden, v.a. institutionelle Sprache, unter „instrumental-begehrendem Sprachspiel" die Sprache der Regierten, also diejenigen, welche opponieren, womit aber nicht nur diejenigen Berufspolitiker gemeint sind, welche gerade nicht an der Macht sind. Bei „integrativem Sprachspiel" geht es um die Erzeugung und die Stärkung von Gruppenbewusstsein, von einer Partei bis hin zur gesamten Gesellschaft. Und *last but not least* stünde das „informativ-persuasive Sprachspiel" unter der Intention, Bewusstsein zu erzeugen.[51] Also immer, wenn politische Entscheidungen verkündet werden, darum gestritten wird, politische Gruppierungen über Kommunikationen ihren Zusammenhalt stärken oder Menschen in ihren Grundhaltungen beeinflusst werden sollen, spricht Grünert von politischem Sprachgebrauch.

Bei Grünert wird aber deutlich, dass diese strikte Klassifizierung kaum schlüssig ist, geschweige denn den sehr komplexen und wenig überschaubaren Kommunikationsprozessen innerhalb der L.R.S. Übersichtlichkeit verleiht. Allein die Bezeichnung „Sprachspiel" zeigt das Dilemma. Bei der ersten Spielart (regulativ) handelt es sich um einen Sprachstil, wie er aus der Verantwortung und der Notwendigkeit der täglichen Arbeit erwächst. Und auch und gerade bei den drei verbliebenen Sprachspielen wird klar, dass v.a. Intentionen und Adressatenbezug wesentliche Klassifizierungsmerkmale darstellen. Schauen wir uns dazu zwei Reden von Gerhard Schröder an. Die erste hat er vor der Wahl 1998 gehalten, die zweite nach der gewonnenen Wahl, nun als Bundeskanzler:

> A)  *Vor der Wahl:*
> „*Wir Sozialdemokraten treten an, die Regierung des Stillstandes abzulösen. Wir treten an, die notwendige Modernisierung menschlich zu gestalten. Wir treten an, Innovation und Gerechtigkeit zusammenzuhalten und nicht auseinander treiben zu lassen. Wir laden alle dazu ein, dieses Werk mit uns in Angriff zu nehmen -*

---

[50] Grünert 1984, zitiert aus Dieckmann 2005, S.23ff.
[51] Vgl. ebenda

*auch und ausdrücklich diejenigen, die nicht schon aus Tradition bei uns sind. Wir bündeln die Kraft des Neuen.*

*Helmut Kohl - das wollen wir einräumen - soll seinen Platz in den Geschichtsbüchern haben. Ich werde seine Verdienste, wo es sie gibt, im Wahlkampf nicht schmälern. Aber ich sage ganz offen und deutlich: Seine Zeit im Amt ist abgelaufen. "*[52]

B) *Nach der Wahl:*
   *„Die Ziele ... sind klar umrissen. Wir wollen erstens deutliche Fortschritte hin zu einer wirksamen Beschäftigungspolitik, einer Politik, die in eine Politik der Innovation und der ökologischen Modernisierung in Europa eingebettet ist, zweitens eine bessere Bekämpfung des grenzüberschreitenden Verbrechens und klare Absprachen innerhalb Europas in der Frage der Zuwanderung nach Europa und drittens eine Gemeinsame Außen- und Sicherheitspolitik, die diesen Namen wirklich verdient und die - die Debatte heute Morgen hat es deutlich gemacht - an den europäischen Werten des Friedens und der Menschenrechte ausgerichtet ist, aber auf ein effizientes Krisenmanagement durchaus nicht verzichtet.*
   *Vor allen Dingen aber geht es uns viertens darum, die Agenda 2000*[53] *erfolgreich abzuschließen. "* [54]

Im zweiten Text wird die Zurückhaltung Schröders greifbar. Geradezu gestelzt hielt er in der ersten Zeit seine Reden. Es schien, als ob das Amt die Rhetorik Schröders erstickt hätte. Die Merkmale des regulativen

---

[52] http://www.april1998.spd-parteitag.de/schroeder.html, 14.07.06
[53] Die Agenda 2000 war ein EU-Reformprogramm. Schröder oder welcher Namensgeber auch immer dürfte sich bei der Eigenbezeichnung „Agenda 2010" für das eigene nationale Programm haben inspirieren lassen.
[54] Deutscher Bundestag: Plenarprotokoll . 14. Wahlperiode – 14. Sitzung. Bonn, Donnerstag, den 10. Dezember 1998; http://dip.bundestag.de/btp/14/008/14014008.19.pdf; 14.07.06

Sprachstils sind eindeutig, v.a. neutraler Sprachgebrauch dominiert, d.h. wenig Konnotationen sowie Zurückhaltung bei Fahnenwörtern und Gemeinschaftstopoi. Diese Sprache steht im starken Gegensatz zu Wahlkampfreden Schröders. Aber auch im ersten Text sind regulative Elemente enthalten, schließlich wollte sich Schröder als künftiger Kanzler präsentieren. Dann musste er aber auch noch die SPD auf diesem Wahlparteitag hinter sich bringen (integrativ), Forderungen der Regierten vermitteln (instrumental-begehrend) sowie die beabsichtigten politischen Maßnahmen im Vorwege legitimieren (informativ-persuasiv). Außer in Gesetzestexten werden immer alle Sprachspiele und Sprachmerkmale der politischen L.R.S. möglich sein. Und regulativer Sprachstil bleibt bis auf Nuancen stets ähnlich, unabhängig von der Eigenart des jeweiligen politischen und gesellschaftlichen Systems.

*Interessant ist am Wegesrand, dass Sprachwissenschaftler herausgearbeitet haben, dass es kaum Unterschiede zwischen regulativem Sprachspiel von Regierungen gibt, noch nicht einmal von demokratischen und totalitären Staaten, was einen der Linguisten, Dieckmann, aber zu belasten scheint. Er weist im gegebenen Zusammenhang seiner Ausführungen völlig unmotiviert darauf hin, dass die Tatsache, wonach z.B. der Sprachgebrauch der DDR-Regierung dem der Regierung Merkel in vielen Bereichen ähnelt, nichts zu sagen habe. [55]*

Unstrittig ist, dass ein Staat autoritär handeln muss, auch, wenn er demokratisch legitimiert ist. Das tritt im Sprachgebrauch zutage, daher ist auch hier die Sprache ein Spiegel der Realität, was aber eine Gleichsetzung von Diktaturen und Demokratien natürlich ausschließt. Dieckmann scheint diesen abwegigen Fehlschluss unbedingt ausräumen zu wollen, indem er darauf verweist, dass die „Legitimation des autoritär oder autoritativ Verfügten ... dem Sprachverhalten der Funktionsträger"[56] nicht angesehen werden könne. Das stimmt ja auch. Es ist aber gleichwohl faszinierend, dass Dieckmann so viel Wert auf eine Feststellung legt, die niemand bestreitet. Es wirkt, als habe Dieckmann geradezu Angst, falsch verstanden zu werden, als könne jemand glauben, er würde DDR und BRD gleichsetzen.
Letztlich stellen aber Demokratien und Diktaturen nur selten lupenreine Beispiele ihrer Art dar. Totalitäre oder demokratische Züge einer Gesellschaft lassen sich in anderen Bereichen politischen Sprachgebrauchs zwingender nachweisen als etwa im regulativen

---

[55] Dieckmann 2005, S.27.
[56] Dieckmann 2005, S.27.

Sprachgebrauch, etwa an der Angst oder an Bedenken von Publizisten falsch verstanden zu werden und die deutsche Demokratie in die Nähe einer *schlimmen* Diktatur wie etwa der der SED zu stellen. Für uns ergibt sich daraus die Erkenntnis, dass die L.R.S. innerhalb des regulativen Sprachspiels, d.h. im Regierungsdeutsch, weniger bis kaum signifikant in Erscheinung tritt.

Hinzuzufügen ist aber auch, dass bei einer Gleichheit des informativ-persuasiven Sprachspiels[57] bei Diktatur und Demokratie, dies mitnichten Ergebnis einer „oberflächlichen Analyse" sein muss oder ist[58], wie Dieckmann wiederum sehr ängstlich anmerkt, sondern durchaus Indikator undemokratischer Strukturen sein kann. Eine realistische Diktion[59] manipuliert in der Demokratie ebenso die Bevölkerung wie unter einer Diktatur, überzeugt in der Regel in Einzelfällen sogar stärker, vermutet doch der Einzelne im Unrechtsstaat[60] von offizieller Seite eher eine Manipulation als in einer pluralistischen Demokratie. Dass es Gegenmeinungen in der demokratischen Öffentlichkeit gibt, ist selten ein Trost. Realistische Diktionen sind häufig überzeugender[61], etwa Deutschland als Schlusslicht zu bezeichnen, wie es die CDU gern aus der Opposition heraus getan hat[62]. Eine weitverbreitete und ganz deutlich falsche realistische Diktion verbirgt sich beispielsweise hinter dem Satz: „Nur Wachstum bringt Arbeit"[63]. Und er zeigt das ganze Dilemma auf: Gerade, weil mediale Berichterstattung strukturell bedingt verkürzen muss, werden sachliche Diskussionen behindert und komplexe Gegenargumente wirkungslos. „Sozial ist, was Arbeit schafft"[64] kann nur durch eine ebenso unsinnige Verkürzung medial wirksam beantwortet werden. Eine zweiminütige Analyse würde den erstgenannten Wahlslogan der CDU nachhaltig als Unsinn entlarven. Das zeigt aber keiner, nur wenige drucken es und niemand nimmt es wahr. Dieser Wirkungsmechanismus soll im Folgenden als asymmetrischer Diskurs bezeichnet werden. Einfache, selbst inhaltlich falsche oder suboptimale Aussagen wirken besser als richtige komplexe Antworten, welche aber in

---

[57] , d.h. beim Versuch durch Sprache Bewusstsein zu erzeugen
[58] Dieckmann 2005, S.27.
[59] Vgl. V/3.
[60] Ein fragwürdiger Terminus. 2014 flammte eine seltsame Diskussion um diesen Begriff im Zuge und in Begleitung der Koalitionsverhandlungen zwischen Linke, SPD und B'90/ Die Grünen in Thüringen auf. Selbst Bundespräsident Gauck schaltete sich ein. Die Linke musste die DDR als Unrechtsstaat bezeichnen, das war Voraussetzung für die Fortsetzung der Verhandlungen. Ignoriert wird dabei, dass dieser Begriff überhaupt nicht definiert ist.
[61] Dies wird im Kapitel V/3 eingehender betrachtet.
[62] Intern. Informationsdienst der SPD. 6/7 2004, S.6
[63] Bild vom 01.07.04, S.2
[64] Wahlslogan der CDU, u.a. im Bundestagswahlkampf 2005

unserer gesellschaftlichen Realität in der Regel erforderlich sind. Ein wichtiges Erscheinungsbild der L.R.S., vielleicht sogar das zentrale. Aus Dieckmanns und Grünerts Arbeiten lässt sich wie bereits erwähnt als Resümee folgern, dass regulativer Sprachgebrauch uns kaum in der Analyse der L.R.S. weiterhilft, beim politischen Sprachgebrauch der anderen Sprachspiele aber stark auf Autor resp. Intention, Adressat sowie Kontext[65] zu achten ist.

Im weitesten Sinne gilt das auch für die L.R.S. allgemein, da statt mündiger Bürger Zielgruppen verschiedener Kategorie angesprochen werden, v.a. durch die Medien. Die L.R.S. ist wie oben ausgeführt eine mediale Sprache, bei der immer, bei jeder Sendung, Berichterstattung oder Zeitungsveröffentlichung neben dem Inhalt, dem eigentlichen Gegenstand, die Frage mitschwingt, ob, wie und wie stark das den potentiellen Kunden/ Wähler/ Adressaten anspricht. Die Ereignisse und Prozesse werden als *News* anschließend zur Ware, der Prozess der Information verdrängt die Bedeutung des zu Berichtenden, zunächst aus der Sicht der Berichterstatter, dann allgemein. Das Zentrale, der Inhalt, wird Nebengegenstand. Öffentliche Akteure überlegen daher permanent, wie sie attraktiver für die Medien werden. Die Qualität von politischer oder gesellschaftlicher Arbeit, von Produkten wird, wie bereits oben tlw. beschrieben, sekundär. Die mediale Wirkung des ehemaligen Verteidigungsministers zu Guttenberg stellt hierfür ein anschauliches Beispiel dar. Propaganda und Marketing statt guter Politik und qualitativer Arbeit. Übertrieben? Sicherlich haben wir das Ende der Bahnstrecke noch nicht erreicht, der Zug ist auf diesem Gleis aber schon eine Weile unterwegs und auch schon eine beachtliche oder besser bedenkliche Wegstrecke vorangekommen.

Anhand ihres Erscheinungsbildes ist daher das Wesen der L.R.S. prägnant zusammenzufassen. Sie ist öffentlich, allgemein präsent, in Auswahl und Thematik stark primär und sekundär intentional bestimmt, d.h., ökonomisch und politisch auf die Zielgruppe ausgerichtet und somit adressaten- und medienbezogen sowie kontextabhängig. Alle diese Aspekte manifestieren sich dezentral. Die Bestimmungsfaktoren der L.R.S. bedingen einen dezentralen, aber im Ganzen durch die ökonomisierte Gesellschaftsstruktur induzierten monogenen Sprachentwicklungsprozess, der auf allen sozialen Ebenen erkennbar wird.

Regulativer Sprachgebrauch tritt in der öffentlichen Wahrnehmung zurück, teilweise verzichten Behörden bewusst auf Institutionensprache,

---

[65]Damit ist zum einen die politische Lage allgemein als auch die tatsächliche Situation, in der eine Äußerung erfolgt, wichtig, z.B. ob und welche Medien anwesend sind.

diese wird mindestens medial aufgearbeitet (Handreichungen und Schaubilder usw.) und damit dem allgemeinen Sprachgebrauch angepasst, auch ein Zeichen für Zielgruppenorientierung. Davon ausgehend ist die L.R.S. desweiteren majoritäts- und effektorientiert, tendenziell opportunistisch bis trivialisierend. Trivialisierung schließt Entkontextualisierung, Desemantisierung[66] und Verkürzung ein.

Alle diese Wesensmerkmale führen zu einer starken Normierung. Pluralismus ist ursprünglich innerhalb der gesellschaftlichen Strukturen vorhanden, die daraus originär erwachsene sprachliche Mehrschichtigkeit und Vielfalt reduziert sich aufgrund der geschilderten Umstände in gleichsam darwinistischem Sinne selbst: Durch die oben beschriebene allgemeine Ökonomisierung bzw. machtpolitische Instrumentalisierung aller wesentlichen sprachlichen Vorgänge mittels Medien und Meinungsführern nivelliert sich die L.R.S. auf den kleinsten gemeinsamen Nenner des Notwendigen. Das schließt Kreativität und oberflächliche sprachliche Vielseitigkeit nicht aus, etwa in der Werbung (*unkaputtbar*). Die sprachliche Kapazität alter Eliten ist dabei ein letztes und eher problematisches, weil elaboriertes Bollwerk. Die neuen Eliten verfügen kaum mehr darüber[67], Bildungsdisparitäten verstärken diesen Prozess zusätzlich. Kunst und Kultur sind davon tlw. ausgenommen, diese sind dann aber in der Regel nicht massenwirksam und ordnen sich entsprechend ein. Alte Eliten pflegen aus tradiertem Kulturverständnis eine gewisse Alltagskultur, die sich auch im sprachlichen Habitus, nicht zuletzt als Abgrenzung zu den medial nachhaltig plebejisierten Massen, äußern.

Gesellschaftlich umfassend wirkt das nicht und ist eher tendenziell abnehmend. Insgesamt wohnt der L.R.S. eine starke Skepsis gegenüber staatlichen Strukturen und Ideologien inne. Dies erklärt sich aus historischen Erfahrungen sowie aus der gesellschaftlichen Fokussierung auf das ökonomische und hedonistische Prinzip.

Angesichts dieses Gesamtbildes manifestieren sich über die Akteure der L.R.S. gewisse Grundannahmen oder besser ausgedrückt Identitätsmuster, welche politischen Sprachgebrauch bedeutsam und nachhaltig innerhalb eines komplexen Bedingungsgefüges bestimmen.

Diese Grundidentitäten der L.R.S.-Akteure gilt es im Folgenden zu untersuchen. Diese erwachsen daraus, dass die L.R.S. nicht nur

---

[66] Vgl. Efing 2005, S.222ff.
[67] Dies wird von den alten Eliten natürlich beklagt, nicht ohne Narzissmus, sie dürften ihre Lebensart deutlich gefährdet sehen. Sicks „Der Dativ ist dem Genitiv sein Tod" oder seine Zeitkolumne „Zwiebelfisch" mögen Ausdruck dessen sein, vgl. aus dem umfangreichen Material: http://www.rp-online.de/panorama/deutschland/Angst-vor-Verfall-der-deutschen-Sprache_aid_617214.html, 14.07.2010

ökonomistisch normiert ist, sondern sich in einem historisch sowie massenpsychologisch erklärbaren Prozess herausgebildet hat.

## IV. Grundidentitäten der L.R.S.

Es wurde bereits angeführt, dass sich Deutschland seit dem Jahre 1990 fest in die Reihe der westlichen, demokratisch und marktwirtschaftlich orientierten Staatengemeinschaft einzuordnen sucht, insgesamt auch sehr erfolgreich. Damit steht es nicht allein, da fast alle Länder aus dem traditionell christlichen Kulturkreis diesen Weg gegangen sind. Lediglich bei traditionell orthodoxen Nationen gibt es da graduelle Unterschiede, so scheinen z.B. Russland und Serbien nur widerwillig und auch nicht überzeugend diesen Weg zu gehen.

Mit der gesamtdeutschen Westintegration wurde der von Adenauer initiierte Prozess der deutschen Westanbindung abgeschlossen. Großmachtträume waren Adenauer fremd, zumindest hat er sie gut versteckt, die deutsche Einheit hatte keine Priorität. Angesichts der Vorgeschichte auch kein Wunder. Die expansionistischen und großmachtambitionierten Ansprüche Deutschlands zwischen 1914 und 1945 scheiterten katastrophal. Damit war der Weg frei für eine Westintegration der Bonner Republik.

Auf der anderen Seite fügte die Sowjetunion die Sowjetische Besatzungszone bzw. DDR in ihr Herrschafts- und Bündnissystem ein, die DDR quasi als Bollwerk der erzwungenen Ostintegration. Was folgte, waren vierzig Jahre unterschiedlicher Sozialisation ganzer Generationen, auch sprachlich. Im Westen Marlboro und Whisky; im Osten Wodka und Haus der Kultur. Nylon und Dederon, Tesa und Fit, Marktwirtschaft und Kapitalismus, Pfadfinder und Pioniere, Manta und Trabi...

Als 1990 im Osten das zusammenfiel und aufgebrochen wurde, was den historischen Gegebenheiten nichts mehr entgegenzusetzen hatte, erfolgte die gesamtdeutsche Westintegration, nicht erzwungen, gleichsam natürlich, auf der Grundlage der sich eindeutig positionierenden DDR-Bevölkerung, zumindest in der übergroßen Mehrheit. Die Ängste der alten Weltkriegssiegermächte, die bei der deutschen Vereinigung aufbrachen und zum Beispiel im Umfeld der „Zwei-plus-Vier-Gespräche" zutage traten, zeugen davon, dass man im Ausland Deutschland noch einen dritten Weg zugetraut hat und vielleicht heute noch zutraut, wie auch immer er aussehen würde. Dieser dritte Weg ist sicher auch noch nicht endgültig aus dem politischen Portfolio der BRD verschwunden, letztlich gründen solche Befürchtungen aber auf sehr ungewissen Überlegungen. Ganz im Gegenteil, die gesellschaftliche Grundstruktur ist durch das erfolgreiche Vorbild der westdeutschen Staatsgründung von 1949 sowie durch die Wiedervereinigung intensiv geprägt bzw. international fixiert worden (2+4 Verträge, Grundgesetz) und mögliche Veränderungen insgesamt gesellschaftlich tabuisiert. Das neue Deutschland wird nach menschlichem Ermessen der NS-Diktatur oder dem Kaiserreich, mit deren unsäglicher Außenpolitik, nicht nacheifern.

Man sollte niemals nie sagen, aber man muss auch realistisch bleiben und der deutschen Sehnsucht nach Selbstgeißelung nicht zu oft nachgeben. Das heißt aber nicht, dass man die früher gerufenen Geister endgültig losgeworden ist. Man betrachte nur einmal die Landtagswahlergebnisse *rechter* Parteien im ersten Jahrzehnt des neuen Jahrtausends, z.B. erzielte die NPD 2005 in Sachsen 9,2 Prozent der Stimmen[68]. 2009 gelang es dieser rechtsextremen Partei in Sachsen zum ersten Mal in ihrer Geschichte der direkte Wiedereinzug in einen Landtag, leider nicht zum letzten Mal.

Dennoch zeichnet sich die Gesellschaft der zweiten Republik durch einen allgemeinen Grundkonsens aus, der sich in der öffentlichen Meinung inhaltlich, aber auch im allgemeinen Sprachgebrauch deutlich niederschlägt.

Dieser Grundkonsens soll zum besseren Verständnis hinsichtlich zentraler Aspekte detailliert betrachtet werden. Dabei wird an dieser Stelle davon ausgegangen, dass der L.R.S. Grundidentitäten, oder einfacher ausgedrückt, Grundsätze, zugrunde liegen, welche zumindest dem Großteil der Sprachnutzer unmittelbar einleuchten, welche von ihnen akzeptiert werden und welche sie unbewusst oder bewusst beachten.

Beginnen wir daher mit einer sensiblen und heiklen Grundidentität der L.R.S., welcher permanent oder zumindest unterschwellig sehr hohe Beachtung geschenkt wird.

---

[68] http://www.statistik.sachsen.de/wpr_alt/pkg_w04_nav.prc_index?p_anw_kz=LW04, 15.07.2010

## 1. Antiantisemitismus

Am 03.Oktober 2003 hält der CDU-Bundestagsabgeordnete Hohmann in seinem hessischen Wahlkreis eine Rede zum Tag der deutschen Einheit. Die Rede selbst findet wenig Beachtung, auch nicht bei den Zuhörern, der CDU-Ortsverband Neuhof veröffentlicht sie arglos auf seiner Webseite. Erst Wochen später, nachdem ein Journalist auf diese Rede aufmerksam geworden ist, wird sie zum Politikum. Der folgende Auszug belegt exemplarisch den Gegenstand der Kritik:

> *„Meine Damen und Herren,*
>
> *wir haben nun gesehen, wie stark und nachhaltig Juden die revolutionäre Bewegung in Rußland und mitteleuropäischen Staaten geprägt haben. Das hat auch den amerikanischen Präsidenten Woodrow Wilson 1919 zu der Einschätzung gebracht, die bolschewistische Bewegung sei "jüdisch geführt". Mit einer gewissen Berechtigung könnte man im Hinblick auf die Millionen Toten dieser ersten Revolutionsphase nach der "Täterschaft" der Juden fragen. Juden waren in großer Anzahl sowohl in der Führungsebene als auch bei den Tscheka-Erschießungskommandos aktiv. Daher könnte man Juden mit einiger Berechtigung als "Tätervolk" bezeichnen. Das mag erschreckend klingen. Es würde aber der gleichen Logik folgen, mit der man Deutsche als Tätervolk bezeichnet."* [69]

In der öffentlichen Diskussion hat vor allem eine Rolle gespielt, dass Hohmann die Juden als Tätervolk diskriminiert habe. Zu allem Überfluss zitiert Hohmann im weiteren Verlauf der Rede auch noch den bekannten Antisemiten Ford, der 1920 die Juden als „Weltbolschewisten" bezeichnet hat[70].
Hohmanns Rede ist in der Tat ein Fehltritt und der Behauptung, dass Hohmann antisemitischen Ansichten zumindest nahe steht, kann wohl zugestimmt werden. Natürlich relativiert er jede antijüdische Formulierung. Nur warum postuliert er dermaßen eine solche Haltung, wenn er diese nicht für sich in Anspruch nehmen möchte.
Hohmanns Antisemitismus wird u.a. darin deutlich, dass er aus der jüdischen Herkunft führender Bolschewiki eine Täterschaft des vermeintlichen Kollektivs „Juden" ableitet. Die parallelistische

---

[69] http://www.d-direkt-deutschland.de/rede-hohmann.htm, Download vom 16.12.05 (unveränderte Rechtschreibung)
[70] Ebenda.

Gleichsetzung zur Schuld der Deutschen in der NS-Zeit verharmlost einerseits die Verantwortung damals lebender Deutschen und stigmatisiert, ja inkriminiert andererseits die Juden pauschal und völlig ungerechtfertigt.

Nachdem die Rede nun öffentliches Interesse erzeugt hatte, wurden die antijüdischen Angriffe Hohmanns, obgleich sie zumindest im Ansatz verschleiert erfolgen, allgemein verurteilt. Die Zuhörer und die lokale CDU hatten mit Hohmanns latenten Antisemitismus augenscheinlich keine Probleme, ein beunruhigendes Zeichen. Daher kann man auch nicht, wie es der damalige Vorsitzende des Zentralrats der Juden Spiegel nach dem Parteiausschluss Hohmanns getan hat, von „demokratischen Selbstreinigungskräften"[71] sprechen. Die Ächtung und Verfolgung von Hohmanns Fehltritten wurden erst dann eingeleitet, als die Angelegenheit zu einem bundesweiten, ja internationalen Politikum geworden ist, die Rede damit als Tabubruch gewertet und gebrandmarkt wurde. Die Gesellschaft hat sich zur Verurteilung geschubst, in Erinnerung, dass man antisemitisch nicht sein darf. Solche Verzögerungen deuten aber darauf hin, dass es eher ein extrinsischer Prozess als ein wirklich demokratischer Grundkonsens zu sein scheint. Man will vor der internationalen Öffentlichkeit und der Geschichte zeigen, dass die Zweite Republik geläutert ist. Das gelingt nicht überzeugend. Im Übrigen halte ich Spiegels Wortwahl ebenfalls für problembehaftet, da es doch sehr an die innerparteilichen Säuberungen der SED erinnert. Antiantidemokratisch ist eben doch nicht unbedingt demokratisch.

Grundsätzlich zeigt sich aber, dass die Behauptung jemand oder seine Aussagen seien antisemitisch eine unglaubliche Durchschlagskraft besitzt. Andererseits kokettieren immer wieder Politiker mit antisemitischen Reflexen. Das zeigt, dass Antipathien gegen Juden sowie Judenfeindlichkeit keineswegs aus der Wirklichkeit verbannt worden sind. Vor diesem Hintergrund ergibt sich jedoch ein komplexes Bedingungsgefüge für den öffentlichen Umgang mit hier relevanten Themen.

Nehmen wir doch weiterhin auf der anderen Seite einmal an, ein arabischer Staat im Nahen Osten wird von militanten Milizen aus dem Nachbarstaat angegriffen. Zwei Soldaten werden entführt und der überfallene Staat bombardiert daraufhin massiv die Infrastruktur des gesamten Nachbarlandes, von dem die Attacke ausgegangen war. Tausende sterben. Wäre es denkbar, eine deutsche Bundeskanzlerin

---

[71]Seinerseits übrigens biologistischer Sprachgebrauch und damit der LTI sehr ähnlich, lediglich das Attribut wird hier modifiziert verwendet.

äußere sich dahingehend, man dürfe „Ursache und Wirkung" nicht verwechseln[72]? Nur in einem einzigen Fall ist dies denkbar. Genau dann, wenn Israel die Bomben ausklinkt. Wenn Syrien diese überzogenen Maßnahmen durchgeführt hätte, wäre die Reaktion zu Recht anders ausgefallen, wie ab 2011 bei der syrischen Variante des arabischen Frühlings gesehen.

> *Wenn Israel wochenlang wie im Sommer 2006 den souveränen Libanon, aus eben jenem Anlass bombardiert, die Infrastruktur des Nachbarlandes zerstört, Tausende Menschen, meist unschuldige Zivilisten, tötet und Hilfsmaßnahmen massiv unterbindet, dann haben Sie keine andere Reaktion von einer deutschen Bundeskanzlerin zu erwarten, auch, wenn diese an anderer Stelle, etwa bei der einmalig geäußerten Forderung nach Schließung des widerrechtlichen Gefangenenlagers von Guantanamo, Courage gezeigt hat. Die damalige Entwicklungshilfeministerin Wieczorek-Zeul (SPD) lehnte sich diesbezüglich aber aus dem Fenster und kommentierte die israelischen Angriffe folgendermaßen: "Dass mittlerweile zivile Einrichtungen und Zivilisten in einem anderen Staat bombardiert werden, ist völkerrechtlich völlig inakzeptabel".[73]*
> *Daraufhin fordert der Zentralrat der Juden indirekt, trotzdem aber deutlich den Rücktritt der Ministerin, weil die Äußerungen übliche „antiisraelische Reflexe"[74] darstellten.*

Es ist nicht die Stelle, um über das Recht oder das Unrecht Israels, seine Nachbarländer bombardieren zu dürfen, zu debattieren. Es sei lediglich darauf hingewiesen, dass der Vorgang sehr differenziert zu betrachten ist, gerade, weil die israelisch-libanesische Grenze im Gegensatz zu den meisten Grenzen Israels einen völkerrechtlich anerkannten Verlauf nimmt[75], und somit die Angriffe der Hisbollah tatsächlich eine gerechtfertigte Verteidigung israelischen Territoriums nahelegen. Dennoch sind dahingehende Meinungsäußerungen, wonach Israels Reaktion maßlos überzogen war, sowie, dass von israelischer Seite Völkerrecht im Libanonkrieg gebrochen wurde, zumindest schlüssig und

---

[72]Artikel aus der Passauer Neuen Presse, 14.07.06;
http://www.pnp.de/nachrichten/artikel.php?cid=29-12808242&Ressort=pol&BNR=0, 14.07.06
[73]Israelnetz-Nachrichten, 18.07.06;
http://www.israelnetz.de/show.sxp/11746.html?sxpident=3909782B-X---n---1691156t--Q-K
[74]Ebenda.
[75]Ein kleines Areal von 15 km² ist noch widerrechtlich von Seiten der Israelis besetzt, ist aber Wüstenland und unbedeutend, dient aber der Hisbollah als Vorwand für die bewaffneten Angriffe und den Terror mittels Raketen.

müssen in einer Demokratie, die Meinungsfreiheit garantiert, erlaubt sein. Wieczorek-Zeul bleibt im Übrigen sehr dezent. Die erfolgten Angriffe waren ja vor allem aus humanitären Gründen inakzeptabel, also inhuman, was nicht expressis verbis angemerkt wird.

Betrachtet man die Zurückhaltung der deutschen Medienlandschaft bei der Berichterstattung, hat man das Gefühl, dass viele Wieczorek-Zeuls Ansicht teilen, dies aber nicht offen geäußert wird.

Diese psychologische Barriere, Israel oder Juden zu kritisieren, die phasenweise an Selbstzensur grenzt, wird z.B. auch darin erkennbar, wenn in einem anderen Beispiel ein herausragender Funktionär des Zentralrats der Juden in Deutschland sich illegaler Drogen und Zwangsprostituierten bedient hat.

*Der damalige stellvertretende Vorsitzende des Zentralrats der Juden und bekannte Moderator Michel Friedman wurde in einem Berliner Hotel mit illegalen Drogen und ukrainischen Zwangsprostituierten von der Polizei aufgriffen. Zwei Jahre später ist Friedman wieder auf Sendung, wenngleich in der zweiten Reihe. Im Gegensatz dazu wurde die Karriere von Andreas Türck abrupt beendet, als er wegen Vergewaltigung angeklagt wurde, wovon er später völlig freigesprochen wurde, seinerseits also überhaupt keine Schuld vorlag. Türck ist seitdem – teilweise allerdings auch aus eigener Motivation heraus - von deutschen TV-Bildschirmen verschwunden[76].*

Die Zurückhaltung bei Fehlverhalten israelischer Politik oder deutschen Persönlichkeiten jüdischer Religion hat ihre Ursachen in den deutschen Verbrechen an jüdischen Menschen unter der nationalsozialistischen Herrschaft. Sie ist vollkommen verständlich. Grundidentitäten mit dogmatischem Charakter lähmen aber immer, selbst bei nobelster Motivation, Demokratie. Sie provozieren antidemokratische, in diesem Fall auch antisemitische Reflexe. Gerade, wenn man an den unsäglichen Bundestagswahlkampf der FDP 2002 mit Möllemann als Wortführer mit starken antijüdischen Akzenten zurückdenkt, muss man intolerante Gedankenstrukturen aufdecken und bekämpfen. Aus der damaligen Passivität von Westerwelle erklärt sich vielleicht auch seine als Außenminister überdeutlich betonte Solidarität mit Israel. Es melden sich aber auch solche Kräfte zu Wort, die nun wirklich gar nichts aus der

---

[76] http://www.sueddeutsche.de/wirtschaft/andreas-tuerck-comeback-als-unternehmer-ich-bin-wieder-auf-die-beine-gekommen-1.355610, 20.08.2010; http://www.stern.de/panorama/kokain-und-prostituierte-der-fall-friedman-515942.html, 20.08.2010

Geschichte gelernt haben, und nutzen in ihrem Sinne die Möglichkeiten, die sich ihnen bieten

> *Als zwei NPD-Abgeordnete des sächsischen Landtages in Dresden im Februar 2005 bezüglich des angloamerikanischem Bombenangriffs auf Dresden, der sich damals zum 60. Mal jährte, von „Bombenholocaust"[77] sprachen, dann hatte dieser bewusste Tabubruch das Ziel Aufmerksamkeit zu erheischen und sich als vorgeblich ehrliche Alternative zu präsentieren.*

Solche Gegner der Demokratie erkennen Schwachpunkte im öffentlich sanktionierten Sprachgebrauch und wissen sie zu nutzen, bisher meist relativ unintelligent, in diesem Falle leider aber nicht. Der Begriff „Bombenholocaust" ist eine Allusion zum Begriff „Holocaust", womit der Völkermord der Nazis an den Juden bezeichnet wird. Mit dem Bestimmungswort *Bomben* wird eine Sememverschiebung im Grundwort erzeugt. *Holocaust* wird ausgeweitet bzw. sein ursprüngliches Sem zurückgegeben: allgemein für Vernichtung. Aus einer zynischen Perspektive heraus ist es dann auch sehr passend, dass der griechisch stämmige  Begriff ursprünglich ein Brandopfer bezeichnete. D.h. mit diesem Begriff setzt die NPD die beispiellosen Verbrechen an den Juden mit dem Angriff auf Dresden gleich, verharmlost damit die NS-Verbrechen und überbetont den verbrecherischen Charakter der tatsächlich nicht völkerrechtlich legitimierten Angriffe auf die Dresdner Zivilbevölkerung. Nur darf man hier wirklich nicht, um Merkel noch einmal zu Wort kommen zu lassen, Ursache und Wirkung verwechseln. Dies wird hier durch die Nazis getan und muss uns aufmerken lassen. Apfel u.a. rüsten rüsten auf und nutzen dogmatische Grundidentitäten der L.R.S.

In diesem Bereich unterscheidet sich die sprachliche Einflussnahme deutlich von der übrigen Entwicklung der L.R.S., hier wird bewusst von allen Seiten eingegriffen, nur teilweise eine systemimmanente, gleichsam darwinistische Entwicklung geduldet, vielleicht aus einem berechtigten Misstrauen heraus. Hohmann fällt nicht vom Himmel.

Wir müssen offener, aber dennoch nicht leichtfertiger mit der Vergangenheit umgehen und ehrliche Diskussionen zulassen. Dies zeigt nicht zuletzt auch die Lektion, die  Martin Walser 1998 in dieser Frage hat lernen müssen.

In diesem Jahr wurde Martin Walser der Friedenspreis des Deutschen Buchhandels verliehen. In seiner Rede anlässlich der feierlichen

---

[77]Spiegel-online 18.07.06; http://www.stern.de/politik/deutschland/?id=535592

Preisverleihung wandte er sich gegen die „Instrumentalisierung unserer Schande"[78], er bestritt natürlich weder Auschwitz noch die Verbrechen[79] aus der NS-Zeit, sondern wandte sich v.a. gegen die mediale Dauerpräsentation von KZ, Massenmorden u.a.:

> *„Kein ernstzunehmender Mensch leugnet Auschwitz; kein noch zurechnungsfähiger Mensch deutet an der Grauenhaftigkeit von Auschwitz herum; wenn mir aber jeden Tag in den Medien diese Vergangenheit vorgehalten wird, merke ich, daß sich in mir etwas gegen diese Dauerpräsentation unserer Schande wehrt. Anstatt dankbar zu sein für die unaufhörliche Präsentation unserer Schande, fange ich an wegzuschauen.* "[80]

> *Die Reaktion von Ignaz Bubiz, dem damaligen Vorsitzenden des Zentralrats der Juden in Deutschland, dazu: „Leute wie der DVU-Vorsitzende Gerhard Frey und Ex-Republikaner-Chef Franz Schönhuber sagen es auch nicht anders. Das ist geistige Brandstiftung.* "[81]

Augstein, der damals Spiegelchefredakteur war, meinte 1992 einen „normalen" Umgang mit dem sensiblen Thema propagieren zu können, die *„herrschende Meinung ... durchbrechen"* zu können, *„... politisch sollten wir uns nicht mehr ducken. Das geht nicht mehr. Das ist jetzt zu Ende. Wir sind ein normales Volk.* "[82]

Von Normalität sind wir weit entfernt. Dass die allgemeine Erregung über Walser erst einen Monat später eingesetzt hat, obgleich Bubis, er war in Frankfurt anwesend, bereits zwei Tage später öffentlich Widerspruch erhob, sei an dieser Stelle nochmals erwähnt. Zum jährlichen Gedenken an die Pogrome von 1938 kritisierte Bubis Walser scharf für seine nun einen Monat alte Rede und skandalisierte sie damit. Erst das Umfeld des Gedenktages zum 9. November schuf das politische Klima und die Öffentlichkeit, Walser zu verurteilen.[83] Und das zu

---

[78]http://www.dhm.de/lemo/html/dokumente/WegeInDieGegenwart_redeWalserZumFriedenspreis/ , Rechtschreibung unverändert.
[79]Er vermeidet allerdings den Begriff „Verbrechen", und spricht von „Schande". Vgl. hierzu Köhler 2001 S.112ff. und Wiegel 2001, S.88ff.
[80]Ebenda.
[81]FAZ 13.10.1998
[82]Vgl. Gondermann 2001, S.234
[83]Vgl. Wiegel 2001 S.56f. Grundsätzlich gibt die Aufsatzsammlung von Klotz und Wiegel „Geistige Brandstiftung" einen guten Einblick in die Debatte und eröffnet gleichzeitig – durch die eindeutige Parteinahme der Autoren gegen Walser – bemerkenswerte Eindrücke von einseitiger Argumentation in diesem Problemzusammenhang. Walser in der Frankfurter Rede Antisemitismus vorzuwerfen

Unrecht. Walser kritisierte wie gesagt die Art und Weise des medialen Umgangs und warnte vor einer Instrumentalisierung des Themas. Mit seinem Gewissen sei man allein. Diese gleichwohl diffuse Position Walsers war aber in der erregten medialen Diskussion nicht vermittelbar. Dennoch brauchte es der extrinsischen Motivation, um gegen den diesmal allerdings vermeintlichen Übeltäter vorzugehen. Den dann zu verteidigen, ist riskant. Walser selbst vermochte dies nur unzulänglich, angesichts der Schwere des Vorwurfes, der Autorität des Kritikers und der weit verbreiteten Zitate, die allesamt aus dem inhaltlichen Zusammenhang der Rede gerissen worden waren. Selbst Dritte, z.B. Klaus von Dohnanyi und Rudolf Augstein, die Walser verteidigen wollten, gerieten in den Verdacht, Antisemiten zu sein.[84]
Letztlich kann diesen Verdacht jeden treffen, so unverdächtig er auch zuerst erscheinen mag.

*Mitte März besucht der SPD-Vorsitzende Gabriel das Westjordanland und ist geschockt von der Situation, die er dort vorfindet. Auf Facebook fasst er sein Fazit auf einen Satz zusammen, der in der Presse für Aufregung sorgt: „Ich war gerade in Hebron. Das ist für Palästinenser ein rechtsfreier Raum. Das ist ein Apartheid-Regime, für das es keinerlei Rechtfertigung gibt. "[85]*
*Daraufhin gab es viel Kritik, aber auch Lob. Die Presse, zum Beispiel die Berliner Morgenpost, verwies genüsslich darauf, dass darunter auch solche gewesen seien, „ ...von einer Seite, mit der ein SPD-Parteivorsitzender für gewöhnlich nur ungern in Verbindung gebracht werden will. (Kostprobe: ‚Nieder mit den Zionisten, dem Dritten Reich des 21. Jahrhunderts.')".[86] Dass über 1000 Personen den „Gefällt mir"-Button klickten, blieb unerwähnt. Grundsätzlich tobten sich neben sachdienlichen Diskussionsteilnehmern tatsächlich einige niveaulose Wortbeiträge aus. Diese waren aber hinsichtlich Pro und Kontra ungefähr gleich verteilt.*
*Gabriel sah sich im weiteren Verlauf der Diskussion noch genötigt, unter Facebook eine Erklärung seiner Haltung*

---

oder gar geistige Brandstiftung ist unangemessen, hängt aber wohl auch mit einem großen Unbehagen zusammen, dass Walser in seinem literarischen Werk in der Tat mehrfach antisemitische Tendenzen nachzuweisen sind. Hier ist die Analyse von Köhler prägnant, ganz im Gegensatz zu seiner Analyse der Friedenspreisrede Walsers.

[84] Vgl. Wiegel und Gondermann 2001.

[85] http://www.morgenpost.de/politik/inland/article1929062/Gabriel-vergleicht-Israel-mit-Apartheid-Regime.html, 11.04.2012

[86] Ebenda.

*anzuhängen: „Ich halte die aktuelle Siedlungspolitik für falsch. Ich halte die Verhältnisse in Hebron für unwürdig. Beides würde mich nicht so bewegen, wenn ich nicht ein Freund Israels (um mal diesen pathetischen Begriff zu wählen) wäre. Wir tun weder uns noch unseren Freunden in Israel einen Gefallen, wenn wir unsere Kritik immer nur in diplomatischen Floskeln verstecken."[87] Letztlich frohlockt die politische Gegenseite, u.a. der neuernannte Außenpolitik-Experte der Union Philipp Mißfelder, welcher eine „grundsätzliche Einstellung" von Gabriel vermutete, welche tief aus seinem Herzen komme. Gabriel habe die Geschichte des Konfliktes um Hebron nicht verstanden.*[88]

Gabriel wird kritisiert, von offizieller Seite aber nicht als Antisemit bezeichnet. Auch der Zentralrat der Juden hält sich zurück und spricht lediglich von einer „vollkommen verunglückten" Äußerung.

Was hier jedoch verunglückt sein soll oder aus der Tiefe des Herzens des möglichen SPD-Kanzlerkandidaten kommen soll, erschließt sich kaum bei etwas nüchterner resp. sachbezogener Betrachtung. Letztlich findet man in den israelisch besetzten Gebieten  und eben auch in Hebron Maßnahmen vor, welche die UN-Antiapartheid-Konvention von 1973 als Apartheid definiert. Dass Elemente von Apartheid in diesem Sinne in Israel vorzufinden sind, ist nicht zu bestreiten. Dazu zählen Enteignungen bzw. andere diskriminierende gesetzliche oder andere Verfahrensweisen bei Grundeigentum; Maßnahmen zur räumlichen Trennung von Juden und Palästinensern; unterschiedliche Regeln bei Freizügigkeit; Abschiebungen; Hauszerstörungen. Dies bestätigen auch Berichte von UN-Sonderberichterstattern.[89]

Letztlich geht es aber gar nicht darum, sondern vielmehr um die Frage, ob Deutsche Israel, den jüdischen Staat, kritisieren dürfen. Einem deutschen Politiker wird der Vergleich mit dem südafrikanischen Regime, das bis Anfang der neunziger Jahre des zwanzigsten Jahrhunderts die Rassen getrennt hat, aus verschiedenen Gründen sehr übel genommen, obgleich man doch mit dem Einsatz für ethnische Minderheiten in der Regel gut punkten kann. Gröhe und Mißfelder von der CDU spielen das unvermeidliche politische Sprachspiel.  Ein Großteil der Kritik, vor allem der der Privatpersonen, ist aber authentisch und nicht gespielt. Viele werden tatsächlich, vielleicht auch aus

---

[87] Ebenda; Facebookseite von Sigmar Gabriel, 12.04.2012.
[88] Ebenda.
[89] Vgl. zum Beispiel http://www.middleeastmonitor.org.uk/downloads/other_reports/report -of-the-special-rapporteur-on-the-situation-of-human-rights-in-the-palestinian-occupied-since-1967.pdf; 11.04.2012

Unkenntnis oder aus einer anderen Gewichtung der humanen Frage heraus, die Sachlage anders gewichten. Einige lehnen aber eine Kritik Israels offenkundig grundsätzlich ab.

Auch an dieser Stelle sei darauf verwiesen, dass man mit Gabriel nicht einer Meinung sein muss. Natürlich kann man auch Kritik äußern, sie ist sogar unbedingte Voraussetzung für demokratischen Diskurs. Hier geht es aber nicht um Diskussion auf Augenhöhe. Gabriels Position wird mindestens desavouiert. Ihn dann auch noch implizit in die rechte Ecke zu stellen, indem man aus der Masse der Internet-Kommentare ausgerechnet die rechtextremistischen zitiert, ist weder der Sache noch der Person angemessen, sondern unverschämt.

*Das deutlichste Beispiel dieser Art aus jüngerer Zeit gibt sicherlich die Diskussion um das Gedicht von Günther Grass „Was gesagt werden muss". Der Literaturnobelpreisträger hatte am 04.04.2012 in der Süddeutschen Zeitung das Gedicht veröffentlicht und erntete einen Sturm der Empörung auf allen Kanälen der deutschen Medienlandschaft. Grass hatte einerseits das Atomwaffenpotenzial Israels kritisiert. Andererseits sah man im Gedicht eine Verharmlosung der iranischen Regierung, welche mutmaßlich den Besitz von Atomwaffen anstrebt.*

*Das Gedicht ist inhaltlich und künstlerisch schwach bis schlecht. Die Kritik an der Tatsache, dass Israel Atomwaffen besitzt, die keine internationale Institution überwacht, auf der anderen Seite aber dem Iran für das zunächst nur zivile Programm hohe Auflagen erteilt werden sollen, ist aber zumindest nachvollziehbar. Gleiches gilt wohl auch für die Kritik an Deutschland, welche seit Jahren U-Boote staatlich subventioniert nach Israel liefert.*

*Nicht nachvollziehbar ist sicherlich, dass laut Grass der iranische Präsident nur „ein Maulheld" sein soll, also keine wirkliche Gefahr vom Iran ausgehe. Ebenso wenig belastbar erscheint, dass Grass mindestens intendiert, dass der angestrebte Präventivschlag Israels u.U. atomar sei, da dieser das „...iranische Volk auslöschen könne..."[90].*

Man könnte bei den strittigen Passagen mit etwas gutem Willen die größten Absurditäten herausinterpretieren. Einem so versierten Künstler wie Grass, der das „Verdikt Antisemitismus" fürchtete, sollte aber eigentlich eine eindeutige Sprache am Herzen gelegen haben. Die

---

[90] Kieler Nachrichten, 05.04.2012

sachliche Kritik, die über Grass hereinbrach, ist daher größten Teils angemessen.

*Die Reaktion beschränkte sich aber nicht auf die sachliche Kritik. Klaus Kramer, KN-Kommentator, verband seine Kritik an Grass mit dessen Mitgliedschaft in der Waffen-SS sowie mit dem Holocaust selbst. Grass hätte als Jugendlicher, als er aus dem Krieg, an dem er als Waffen-SS-Freiwilliger teilgenommen hatte, [vom] „...Holoaust gehört haben...“[91] müssen.*

*Grass reagierte auf die überzogene Kritik ebenfalls unangemessen. In der Tagesschau bezeichnete er die einhellige Kritik als „Gleichschaltung“.*

Gerade dieser dadurch von Grass hergestellte Bezug zur NS-Diktatur versucht, allerdings bei deutlicher Waffenungleichheit, die Kritik an sich selbst durch das Aufzeigen vermeintlicher Parallelen zur NS-Zeit moralisch zu desavouieren, ohne die Sachebene wirklich zu bemühen. Es handelt sich natürlich keineswegs bei der Kritik an Grass um einen Prozess, der mit der Gleichschaltung von 1933 auch nur annähernd zu vergleichen wäre.

Erstens ist die Kritik teilweise sachlich völlig berechtigt. Wer in einer sensiblen Frage einen solchen Quatsch verzapft, bekommt eben von allen auf die Hörner. Zum anderen hat Grass aber nicht ganz unrecht. Dass er nun Kübel über Kübel ausgeschüttet bekommt und auch noch von sehr vielen Antisemitismus bescheinigt erhält, fällt auf.

Eine differenziertere Sicht auf das Gedicht begann erst Wochen später. Dann allerdings wurden dessen Schwächen ausgeblendet. Die unmittelbare Reaktion erfolgte emotional und ebenfalls abseits der Sachebene.

Es gibt in der deutschen Öffentlichkeit Tabus und Regeln, an die man sich besser hält. Das gilt auch dann, wenn man begründetere Sichtweisen vorträgt als ein älterer Mann auf der Flucht vor der Bedeutungslosigkeit.

Es geht dabei nicht darum, die Frage zu stellen, ob Antisemitismus inakzeptabel sei. Jedweder Chauvinismus und Rassismus muss in einer Gesellschaft, welche die Grundwerte von Humanität hoch hält und sogar in der Verfassung festschreibt, als unangemessen verurteilt werden. Dieser Schutz der Menschenwürde gilt selbstverständlich für Juden, weil es für alle Menschen gilt.

Es geht auch nicht darum, ob Kritik an Israel-Kritikern oder an Kritikern von Persönlichkeiten jüdischen Glaubens möglich sein darf. Die

---

[91] Dito.

Meinungsfreiheit ist ein hohes Gut der grundgesetzlichen Ordnung und als solche im verfassungsrechtlichen Rahmen zu respektieren und zu leben.

Nein. Es geht vielmehr darum, dass z.B. Kritik an israelischer Politik zum öffentlich tradierten Generalverdacht führen kann, Antisemit zu sein. Wem dies widerfährt, wird sich nur schwer davon befreien können. Da bei jeder missverständlichen oder differenzierenden Bemerkung zur NS-Vergangenheit, zur Rolle des heutigen Judentums, zum Verhalten und zu Äußerungen von Juden oder zur israelischen Politik heutige Politiker und andere Personen der Öffentlichkeit Gefahr laufen, als antisemitisch stigmatisiert zu werden, strebt jeder und jede danach, dies zu vermeiden oder sogar bereits im Vorfeld diesen Vorwurf zu entkräften. Formulierungen erfolgen entweder gar nicht oder sehr vorsichtig. Gleichzeitig gehen viele Akteure auch aus taktischen Gründen massiv gegen jene vor, welche diese Regel nicht beachtet haben, selbst, wenn eben diese gar keine antisemitischen Äußerungen getätigt haben. Solche Prozesse verstoßen gegen demokratische Grundprinzipien.

Das heißt aber nicht, dass in Deutschland keine Meinungsfreiheit herrsche oder heutzutage Kritik an Israel unmöglich sei. So wurde in der deutschen Öffentlichkeit sehr wohl der Angriff der israelischen Marine am 31.05.2010 auf einen Konvoi mit Schiffen, beladen mit Hilfsgütern für den Gazastreifen, kritisiert, v.a. wegen der neun Todesopfer. Tlw. konnte es sich die Linke sogar erlauben, dass ehemalige und aktive Bundestagsabgeordnete aus ihren Reihen, die an dieser Aktion teilgenommen hatten, sich später als Helden resp. blutverschmierter Hose der Öffentlichkeit präsentierten.[92] Allerdings wurde auch in Israel selbst diese Aktion massiv kritisiert, da die israelische Blockade Gazas wohl neben der humanitären Frage auch *handwerklich*, L.R.S. ist hier sehr euphemistisch, suboptimal ausgeführt wird. Bei ganz eindeutigem Fehlverhalten Israels ist also Kritik möglich, v.a. dann, wenn auch Israeli und Juden hier Kritik üben. In diesem Fall greift die Grundidentität Antiantisemitismus nicht, aufgehoben ist es dennoch keinesfalls. Deswegen fallen angesichts der humanitär sehr schwierigen Lage in Gaza die Äußerungen gegenüber der Blockade sehr moderat aus. Aus der Sicht der FDP-nahen Friedrich-Naumann-Stiftung liest sich das so:

> *„Außenminister Westerwelle zeigte sich "tief besorgt" über den Vorfall [gemeint ist der Angriff der israelischen Marine auf den internationalen Hilfskonvoi]. In einem Telefonat mit dem*

---

[92] http://www.tagesschau.de/ausland/israelangriff102.html, 15.07.2010

*israelischen Außenminister Avigdor Lieberman drang Westerwelle darauf, "dass es eine umfassende, transparente und neutrale Untersuchung geben muss über alle Umstände." Westerwelle drückte sein Bedauern über die Toten und Verletzten aus und übermittelte den Angehörigen die Anteilnahme der Bundesregierung.*

*Westerwelle rief Israelis und Palästinenser auf, trotz der "tragischen Ereignisse" ihre indirekten Friedensgespräche fortzusetzen. Politisch komme es jetzt darauf an, so schnell wie möglich eine Lösung für die humanitäre Abriegelung des Gaza-Streifens zu finden. "Wir sind ja nicht erst seit dieser Protestaktion, diesem furchtbaren Vorfall heute Nacht, der Auffassung, dass die Grenzübergänge endlich auch ohne Einschränkungen für humanitäre Hilfslieferungen geöffnet werden müssen", betonte Westerwelle."[93]*

Euphemistischer als „humanitäre Abriegelung" kann man die klaren Menschenrechtsvergehen der israelischen Regierung kaum bezeichnen. Das Dilemma ist groß. Man muss solche Aktionen verurteilen, aber man muss sich auch weiterhin glaubhaft als Freund Israels darstellen können. Als sich der Entwicklungshilfeminister Niebel, auch FDP, Ende Juni 2010 ein Bild von der Lage in Gaza machen wollte, auch angesichts der Äußerungen des israelischen Ministerpräsidenten Netanjahu, die Blockade lockern zu wollen, da verweigerte die israelische Regierung dem Minister die Einreise, wohl auch wegen der Vorbereitung einer sehr moderaten Petition des Bundestages an Israel, die Blockade nun endlich zu beenden[94]. Ein Affront, der eigentlich eine sehr klare Antwort verlangt hätte:

*„ ... Merkel [bedauerte] die Entscheidung Israels, Entwicklungshilfeminister Niebel die Einreise in den Gazastreifen nicht zu gestatten. Sie gehe davon aus, dass der FDP-Politiker den Besuch zu einem späteren Zeitpunkt nachholen werde. Eine Beeinträchtigung des deutsch-israelischen Verhältnisses bedeute die Entscheidung jedoch nicht. [...]Im Gegenteil seien die Beziehungen intakt [...] Unter Freunden könne es immer wieder zu Meinungsverschiedenheiten kommen. Ähnlich äußerte sich auch ein Sprecher Niebels. Er verwies darauf, dass Niebel am Vormittag in Jerusalem Präsident Schimon Peres getroffen habe."[95]*

[93] http://www.liberale.de/Angriff-auf-Hilfskonvoi-Westerwelle-fordert-Untersuchung/5314c9563i1p69/index.html, 15.07.2010
[94] http://www.uni-kassel.de/fb5/frieden/regionen/Gaza/niebel.html, 16.07.2010
[95] Agenturmeldung von Reuters vom 21.06.2010,

Man ist vor allem um Schadensbegrenzung bemüht, eine selbstbewusste und klare Antwort sieht aber anders aus. Es könne unter Freunden immer wieder zu Meinungsverschiedenheiten kommen? Freunde lädt man ein, dann aber nicht wieder aus, nur weil sie beabsichtigen, berechtigte Kritik zu äußern. Niebel hatte die Einreiseerlaubnis ja zunächst bereits erhalten, von einer bloßen Meinungsverschiedenheit ist dieser Konflikt weit entfernt. Die Situation kann aber gar nicht eskalieren, da die deutsche Regierung eine schärfere Tonart nicht anschlagen kann, ohne innenpolitisch in den Verdacht des Antisemitismus zu geraten. Es stellt niemand die deutsch-israelische Freundschaft in Frage, natürlich nicht, es kann und darf niemand dies tun, selbst, wenn die israelische Seite sich wenig freundschaftlich zeigt.

Antiantisemitismus ist im oben beschriebenen Sinne in dieser Republik nicht nur eine Modeerscheinung, sondern eine sich stetig manifestierende Erscheinung im öffentlichen Leben, welche kaum bewusst wahrgenommen oder hinterfragt wird. Somit bildet der Antiantisemitismus eine Grundidentität der L.R.S. Es geht für alle Akteure kein Weg daran vorbei. Das ist vielleicht nicht einmal falsch, solange keine demokratischen Entscheidungsfindungsprozesse und Grundwerte der Verfassung tangiert werden, was aber, wie wir gesehen haben, durchaus der Fall sein kann.

Und dass die deutsch-israelische Freundschaft nicht nur bei jeder passenden, sondern auch bei jeder unpassenden Gelegenheit betont werden muss, verstärkt den Eindruck, dass hier extrinsische Motivationen dominieren. Nicht beruhigend für deutsche Juden und Nichtjuden, nicht beruhigend für die deutsche Demokratie. Darüber hinaus bietet das unsouveräne Auftreten von Politik und Öffentlichkeit in dieser Frage antijüdischen Kräften und Reflexen Einfallspunkte.

Im Inland sind wir vielleicht nicht auf einem guten Weg, antijudaischen oder antisemitischen Aktionen wie z.B. Hohmanns Rede konsequent entgegenzutreten, aber es geht tendenziell in eine richtige Richtung. Es wurden aber dabei auch Probleme deutlich. Viele Gegenreaktionen sind eher vergleichbar mit unbewussten Reflexhandlungen, wobei deswegen für differenzierte Betrachtungen der Sachlage wenig Raum bleibt, d.h. antisemitischen Haltungen wird v.a. deshalb entgegengetreten, damit man selbst als bewusster Antiantisemit in der Öffentlichkeit steht.

Wie gefährlich solche Reflexhandlungen sind, zeigte sich in einem vergleichbaren Problemzusammenhang in den USA.

http://de.reuters.com/article/topNews/idDEBEE65K0CD20100621, 16.067.2010

*Die schwarze Regionaldirektorin des Agrarministeriums in Georgia Shirley Sherrod wurde Mitte Juli 2010 entlassen, weil sie angeblich diskriminierende Äußerungen gegen Weiße getätigt hatte. Sherrod, deren Vater, in den Sechzigern von Weißen ermordet, ohne dass die Tat je juristisch gesühnt worden wäre, setzte sich im Amt für benachteiligte schwarze Bauern ein. Als ein weißer Bauer in derselben Lage sich um Hilfe an sie gewendet hatte, habe sie gezögert, bis sie begriffen hätte, „... dass es in Wahrheit um diejenigen geht, die nichts haben. Sie können schwarz, weiß oder hispanisch sein. Ich habe verstanden, dass ich armen Menschen helfen musste." Diese Aussagen offenbarte sie in einer Rede auf einem Bankett, das im März 2010 stattfand, in der sie sehr nachdenklich über eigene Vorurteile und eigene innere Kämpfe reflektierte. Das Video wurde von einem Anti-Obama-Aktivisten, Andrew Breitbart, der im Übrigen Obama für einen Kommunisten hält, im Internet in stark gekürzter Form verbreitet. In der Kurzversion redete Sherrod lediglich über ihr Zögern, dem Weißen zu helfen. Eine böswillige Manipulation, wodurch Charakter und Aussage der Rede völlig verzerrt wurde. Medien, politische Gegner usw. stürzten sich auf die vermeintliche Rassistin, sie musste ihr Amt aufgeben, noch ehe das vollständige Video auftauchte. Die versammelte Meute entschuldigte sich anschließend, als sich der Verdacht in der Langfassung der Aufnahme eindeutig entkräften ließ.*[96]

Selbst Hohmann wurde inhaltlich vorschnell verurteilt, aufgrund einiger Zitate einer seiner Reden, es traf hier nur zufällig den Richtigen. Bei Walser noch nicht einmal das. Grass hatte die Kritik an seinem Gedicht verdient, die Desavouierung, ja tw. Inkriminierung der Person an sich trug bedenkliche Züge.

Rassistische Äußerungen und die Reflexe darauf spielen in der L.R.S. nicht die große Rolle, da ist man in den USA aus historischen sowie aktuellen Gründen berechtigter Weise sensibilisierter. Das heißt nicht, dass es keinen Rassismus in Deutschland gibt, weit davon entfernt. In der L.R.S. besitzt dies jedoch keine besondere Bedeutung, da Rassismus von der übergroßen Mehrheit abgelehnt wird und der Verdacht, als Person öffentlichen Interesses ein Rassist zu sein, meist so abwegig erscheint und wohl auch ist, dass er nicht als Mittel der politischen und

---

[96] KN, 23.07.2010, S.4

öffentlichen Auseinandersetzung taugt. Außerdem scheinen hier Mittel bewusster sprachlicher Steuerung im Sinne von Political Correctness gewirkt zu haben. Wenn überhaupt, dann treten solche Vorwürfe in größerem Zusammenhang auf, etwa im Rahmen eines Radikalismusvorwurfes.[97]

Beim Antisemitismus liegt der Fall anders. Offensichtlich lohnt sich das Kokettieren mit Antisemitismus (siehe Möllemann) bzw. zeitigen berechtigte oder unberechtigte Vorwürfe über verlautbarten Antisemitismus die gewünschten Erfolge. Es ist nicht hinzunehmen, dass nicht die Sachlage selbst, sondern die mögliche öffentliche Wirkung, möge man sie nun erhoffen oder befürchten, der dominierende Antrieb in einer so sensiblen Frage zu sein scheint.

Eigentlich sollte es selbstverständlich sein, dass jedweder Intoleranz gegenüber menschlichen Grundrechten entgegengetreten wird, eben, weil diese Grundrechte diesen Schutz verdienen und sie das Fundament einer demokratischen Gesellschaft sein müssen.

Betrachtet man nun die Auseinandersetzung mit so genannten Radikalen, wie sie sich in der L.R.S. manifestiert, dann gibt es ähnliche Reflexe, aber auch deutliche Unterschiede zum Problem des Antisemitismus. Auf die bereits zitierte Rede Hohmanns wird dabei auch noch einmal einzugehen sein.

---

[97] Vgl. IV/2.

## 2. Antiradikalismus und Antikommunismus

Die folgenden zwei Zitate aus der deutschen Presse sind symptomatisch für die meisten Wahlkämpfe und die ideologischen Kämpfe in der Nichtwahlkampfzeit, die in Deutschland aufgrund des föderalen Systems knapp bemessen ist.

> *Die Zeit, 20.07.06: „Links und rechts sind nicht nur Gegensätze, sondern auch Angebote auf demselben Markt totalitärer Ideen. "*[98]

> *„Neues Deutschland" 18.07.05: „Die SPD in Brandenburg hat den ehemaligen SPD-Bundesvorsitzenden Oskar Lafontaine als „Hassprediger" bezeichnet. [...]*
> *[Ebenso die Grünen:] ‚Es gibt eine Schnittmenge von Wählern dieser Linkspartei, bei der auch enttäuschte Grün-Wähler sein werden', sagte die Grünen-Fraktionsvorsitzende Sibyll Klotz. Allerdings sei das Bündnis von PDS und der Wahlalternative Arbeit und soziale Gerechtigkeit (WASG) keine wirklich linke Partei, so Klotz.*[99]

Im oben zitierten Zeitartikel werden die symbolistischen Diktionen[100] *rechts* und *links* parallelisierend gegenübergestellt, das Ganze wird dann noch ökonomisiert, ein Paradebeispiel der L.R.S.
Links und rechts sind böse, die Mitte ist gut und alle Ideen sind auf einem großen Markt, wo Angebot und Nachfrage um die Gunst des Kunden buhlen. Nichts von differenziertem Sprachgebrauch, nichts von mündigen Bürgern... Nur Zufall und verkürzt zitiert?

Nicht wirklich. Die bewusste Gleichsetzung von Nationalsozialismus und DDR-Sozialismus ist in den Jahren nach der Wende zunächst häufig aufgetreten, später aber immer intensiver kritisiert worden, was Jessen, der Autor des oben zitierten Zeit-Artikels, seinerseits als verwerflich brandmarkt.
Die Ostdeutschen fühlen sich diskreditiert. Zu recht. Das Ganze ist natürlich diskreditierend und zwar ganz bewusst. Die DDR, der Erzfeind,

---

[98] Jessen, Jens: ... und welchen Weg du gehst. Willi Sitte und Arno Breker. In: Die Zeit, Nr. 30 vom 20.07.06, S.33
[99] ND, 18.07.06, S.8.
[100] Bei symbolistischen Diktionen erhalten eigene Prädikationen mittels sinnbildlicher Denotationen den Status von Sachverhaltsbezeichnungen mit scheinbar orientierenden, authentischen und zusammenfassenden Charakter. Einfacher ausgedrückt, *links* und *rechts* sind Sinnbilder für politische Lager, um das komplexe System politischer Strömungen besser erfassen zu können. Man erhält aber nur scheinbar einen Überblick, da die betroffenen Personen in der Regel willkürlich attribuiert werden, sogar von sich selbst.

und die PDS werden einem Geschichtsbild unterworfen, welches ein vernichtendes Urteil spricht: Totalitär und radikal wie die NS-Diktatur. Nur sind die beiden benannten Systeme eben nicht pauschal gleichzusetzen.

Nur zur Klarstellung: Ein differenziertes und auf jeden Fall kritisches Urteil ist bei der DDR angebracht, viele Menschenrechtsverletzungen und andere Vergehen sowie Verbrechen sind ihr anzulasten. Das ist aber hier nicht das Thema, interessant ist für uns die intensive Beschäftigung der L.R.S. mit der DDR, viele Jahre nach ihrem Untergang. Wer so vernichtend auf historische Phänomene eindrischt, will zum einen politische Gegner medial bekämpfen, hier die Linkspartei. Zum anderen liegen die Wurzeln vielleicht tiefer, als vielen klar ist.

*Auf dem 13. Parteitag der CDU Deutschlands erklärt der damalige Parteivorsitzende Schäuble:*
*„Das 20. Jahrhundert war auch ein Jahrhundert der Ideologien, deshalb ist es vielleicht die größte Herausforderung für dieses 21. Jahrhundert, dass die Menschen lernen, ungeachtet der jeweiligen gesellschaftlichen Verhältnisse den Versuchungen des Absoluten nicht wieder – in keiner Weise – nachzugeben."*[101]

Unter Ideologien wird natürlich der Kommunismus und der Nationalsozialismus verstanden, Ideologien werden in religiöser Allusion als *„Versuchung des Absoluten"* stigmatisiert. Schäuble möchte erreichen, dass die Menschen solchen Versuchungen nicht wieder nachgeben, was ihm wohl nicht so einfach erscheint. Die Menschen, die mündigen Bürgerinnen und Bürger, lernen offensichtlich das nicht selbst. In keiner Weise dürfen wir absolut sein. Auch nicht absolut demokratisch und sozial?

1906 wurde Radikalismus oder radikal noch ganz anders verstanden:

**Radikal**
*(vom lat. radix, »Wurzel«), von Grund aus, gründlich.*
***Radikalismus***, *die Denkart, die überall bis zu den letzten Konsequenzen eines Prinzips geht und diese rücksichtslos zur Geltung zu bringen sucht.*[102]

---

[101]http://www.rp-online.de/public/article/politik/247554/Die-Rede-von-Wolfgang-Schaeuble.html, Download 29.03.09

[102]*Bibliographisches Institut & F. A. Brockhaus AG: Brockhaus. Originaltext aus dem Jahr 1906. In: Brockhaus multimedial. 2004.*

Zunächst ist radikal nicht pejorativ. Es wird konsequent gedacht, dann allerdings rücksichtslos zur „Geltung" gebracht, was natürlich je nach konkreter Ausgestaltung negativ bewertet werden kann oder muss.
Bereits 1906 war Radikalismus eine zumindest teilweise pejorative Bezeichnung, also nicht erst nach den Erfahrungen des 20. Jahrhunderts. Wieso? Wir erinnern uns, dass im 19. Jahrhundert die Monarchien Europas, insbesondere die der deutschen Klein- und Großstaaten, besonderen Angriffen durch soziale und liberale Bewegungen ausgesetzt waren. Damals galten Demokraten und Liberale ebenfalls als radikal, da auch sie konsequent ihre Prinzipien umgesetzt sehen wollten.
Mit dem Terror in der Französischen Revolution, begegnete das Bürgertum, vor allem in Deutschland, revolutionären Ideen mit Vorsicht. Die Bürgerlichen wollten an die Fleischtöpfe der Macht, aber der Pöbel sollte eben nicht an diesen teilhaben. Da aber gerade die soziale Bewegung und die daraus hervorgegangene Sozialdemokratie an Macht gewann und ihrerseits konsequent Demokratie für alle forderte, was auch die Teilhabe der Unterschichten am gesellschaftlich produzierten Reichtum einschließt, kam es zu einem Bündnis der alten und neuen elaborierten Schichten in Deutschland. Die Herrschenden wollten an der Macht bleiben und im regulativen Sprachspiel nannte man alle, welche diese herrschende Ordnung gefährdeten, *Radikale*. Ein Stigmawort unter vielen, gegen die Fahnenwörter *Revolutionär* oder *Sozialist* oder *Sozialdemokrat* gerichtet.
Dies setzt sich fort, man denke an den *Radikalenerlass* von 1972, in dem *Radikale* oder *Extremisten* aus dem öffentlichen Dienst verbannt wurden. Kommunisten waren dann eben auch als Briefträger ungeeignet, eindeutig grundgesetzwidrig, wie das BVG 1975 festgestellt hatte[103].
Wir begegnen einer eindeutigen Intoleranz, vor allem aber gegen sozialistische oder kommunistische Kräfte, also gegen links, allerdings das ganz linke Links. Alles altes Eisen?

*Im Bundestagswahlkampf 2005 kam es zu der bis dahin einzigartigen Konstellation, dass ein ehemaliger SPD-Vorsitzender und Kanzlerkandidat, nämlich Oskar Lafontaine, gegen seine alte Partei Wahlkampf machte und bei der Linkspartei als Spitzenkandidat antrat. Im Zuge der antiislamistischen Auseinandersetzung nach den Terroranschlägen in den USA 2001 wurden einige islamistische oder auch islamistisch benannte Prediger, z.B. der sogenannte Kalif von Köln Kaplan, als Hassprediger bezeichnet. Diese*

---

[103] *Bibliographisches Institut & F. A. Brockhaus AG: Brockhaus multimedial, 2004.*

*Bezeichnung fand auch Eingang in das Zuwanderungsgesetz von
2004. Im Wahlkampf 2005 bedachte die SPD den zur PDS/
Linkspartei gewechselten O. Lafontaine mit diesem Begriff.
Damit wird der politische Gegner deutlich stigmatisiert, was
aber auch Rückschlüsse auf die eigene Befindlichkeit zum
ehemaligen Vorsitzenden aufzeigt. Wer nicht dem Mainstream
folgt, andersdenkend ist, wird als Hassprediger bezeichnet, auch
der ehemalige Vorsitzende.*

„Freiheit ist immer die Freiheit des Andersdenkenden." Dieser Satz der Kommunistin Rosa Luxemburg wurde oft von der DDR-Bürgerrechtsbewegung benutzt, in der L.R.S. und gegenwartsbezogen wirkt das Ganze ketzerisch. 2004 klingt daher auch die Definition von *radikal* im Brockhaus anders:

**radikal**
*[lateinisch], Politik: eine extreme (politische oder ideologische)
Position einnehmend.*[104]

Ganz offensichtlich besteht eine gesellschaftliche Grundidentität, dass *radikal* als negativ anzusehen ist. Wenn ich meinen Garten jäte, muss ich radikal vorgehen, die Wurzeln des *Unkrauts*, Entschuldigung *Wildkrauts*, beseitigen. Mit der Politik der breiten Mitte habe ich meinen Garten noch nicht ansehnlich gestalten können. Schauen wir mal, wie das im wirklichen Leben aussieht, zumindest in der Spielart der SPD:

*Aus den Leitsätzen der SPD zum neuen Grundsatzprogramm*

> *„Als die linke Volkspartei in Deutschland führen wir die
> Diskussion über ein neues Grundsatzprogramm für die gesamte
> Gesellschaft und mit der gesamten Gesellschaft. Wir suchen das
> Bündnis mit allen, die die Werte und Ziele der Sozialen
> Demokratie unterstützen. Und wir stellen uns selbstbewusst der
> Auseinandersetzung mit denen, die andere Auffassungen
> vertreten. Mit ihnen werden wir den Wettbewerb um die
> besseren Ideen für Deutschland offensiv führen. Die
> Marktradikalen formulieren ein unredliches
> Freiheitsversprechen, das den Egoismus des Einzelnen zum
> Prinzip erhebt.*

---

[104]Dito

*Heute sind wir in besonderer Weise herausgefordert durch Vorstellungen und Entwicklungen, die darauf abzielen, den Staat zu schwächen und verächtlich zu machen und die Marktwirtschaft zu radikalisieren.*

*Die Konservativen ignorieren, dass eine Gesellschaft der Freien und Gleichen nur möglich ist, wo gestaltende Politik die Voraussetzungen für sie schafft.*

*Die Linkspopulisten wiederum missachten den Wunsch der Menschen nach Freiheit und gaukeln die Möglichkeit vor, aus der Wirklichkeit des Wandels auszusteigen. Wir Sozialdemokratinnen und Sozialdemokraten dagegen wissen: Die Welt verändert sich; heute kommt es aufs Neue darauf an, den Wandel zu gestalten, damit neue Sicherheiten überhaupt erst wieder möglich werden. "[105]*

SPD ist nicht eine, sondern „die linke Volkspartei"[106] sie strebt die „Soziale Demokratie"[107] an, nicht mehr den *Sozialismus*, kämpft gegen die „Marktradikalen"[108] und die „Linkspopulisten"[109], deren unglaublichen Ansichten in realistischen Diktionen zermalmt werden. Konsequente Politikansätze, ob richtig oder falsch, sind aus dieser Logik heraus an sich für die SPD von Übel. Nebenbei wird deutlich, dass nur der eigene Weg, der zur „Sozialen Demokratie", richtig ist, es geht um den Mittelweg zwischen den Radikalen. Der Wirklichkeit des Wandels" kann man sich nicht entziehen. Unter „Wandel" sind natürlich u.a. der Abbau sozialer Rechte zu verstehen. Diesen gilt es abzufedern. Mehr traut sich die SPD nicht zu.

Soziale Demokratie scheint zurzeit das neue zentrale Fahnenwort der deutschen Sozialdemokratie zu werden, allerdings mit beachtlichen semantischen Verschiebungen bezüglich der Programmatik. Während Sozialismus eine Vision von einer besseren, menschlicheren Gesellschaft postuliert, in der eben die menschlichen Bedürfnisse im Mittelpunkt der gesellschaftlichen Entwicklung stehen sollten, wurde dies in der Debatte zum neuen Grundsatzprogramm sozusagen umgedeutet:

*„In der Geschichte der deutschen Sozialdemokratie war der Demokratische Sozialismus das Gegenmodell zum diktatorischen Staatssozialismus. In ihm kam nicht die Vorstellung eines*

---

[105] http://programmdebatte.spd.de/servlet/PB/show/1675097/2-Leitsaetze-komplett.pdf, S.2; 18.07.06
[106] Fahnenwort, realistische Diktion, verabsolutierend
[107] Eine sprachästhetisch beachtlich kreative Modifikation des zentralen Fahnenwortes , in starker Allusion an Sozialdemokratie.
[108] Stigmawort
[109] Stigmawort

*gesellschaftlichen Endzustands zum Ausdruck, sondern eine Wertvorstellung und eine politische Bewegung.* "[110]

Ein beachtliches Zeugnis von Selbstverleugnung. Man wollte mit Sozialismus also keine andere Gesellschaftsordnung, niemals, selbst nicht zu Bebels Zeiten, sondern nur eine „Wertvorstellung und eine politische Bewegung" begrifflich verdeutlichen. Na, vielen Dank, wahrscheinlich wollten auch die Liberalen niemals eine freie oder, wie man heute – ebenfalls abschwächend – sagt, *freiheitliche* Gesellschaft, sondern nur eine Wertvorstellung, ungeachtet, ob sie Wirklichkeit wird oder nicht. Doch die SPD geht noch weiter (zurück?):

> *Nachdem nun der böse Sozialismus weg ist, „... verkörpert dieser Begriff [soziale Demokratie] die bleibende Einsicht, dass in einer Marktwirtschaft stets auch Lebensbereiche und öffentliche Güter existieren müssen, die der Logik des Marktes entzogen und bedarfsorientiert ausgerichtet sein sollten. Diese Elemente nichtmarktförmiger Gemeinschaftlichkeit sind unverzichtbare Quellen der Lebensqualität und der Chancengleichheit in unserer Gesellschaft und müssen als fundamentale Voraussetzungen der Sozialen Demokratie gestärkt werden.* "[111]

Die Sozialdemokratie betont hier ihre traditionelle Rolle, spricht aber dabei von *Logik des Marktes*, damit wird stark euphemistisch zum Ausdruck gebracht, dass man akzeptiert, dass Lebensabläufe von Menschen sowie Lebensbereiche der Gesellschaft von Angebot sowie Nachfrage und somit letztlich dem Profitinteresse Einzelner bzw. aller unterworfen ist. Der Grundansatz der deutschen Sozialdemokratie war dazu stets gegenteilig, wofür das Fahnenwort *Sozialismus* auch stand. Davon verabschiedet man sich nun in Raten.

Im Prinzip sagt die SPD in diesen zwei Zitaten, dass sie immer Sozialisten waren, aber den Sozialismus nie wollten, den Kapitalismus wollen sie ein bisschen, aber auch nicht überall. Und ein bisschen tut es ihnen Leid, dass man sie all die Jahrzehnte missverstanden hatte. Jetzt wissen wir aber immer noch nicht, was soziale Demokratie in den Farben der SPD eigentlich darstellt. Dies bleibt auch ungenau, man bleibt damit flexibel. Nur eins ist klar, systemrelevante Änderungen sind von dieser programmatischen Ausrichtung nicht zu erwarten. Wollte die SPD früher entgegen aller heutigen Neuinterpretationen der eigenen Geschichte die

---

[110]Ebenda, 07.08.06
[111] Ebenda. Übrigens findet sich auch beim ehemaligen deutschen Außenminister der Begriff „demokratischer Sozialismus". Vgl. Klein 2005, S.139.

Welt durch Reformen verbessern, den Sozialismus also aus der Erneuerung und langsamen Veränderung des demokratischen, aber kapitalistischen Systems aus der Regierungsverantwortung heraus errichten, will die alte Arbeiterpartei heute wohl gar nichts mehr ändern, höchstens soziale Missstände ausgleichen. Und analog zu Orwells „1984" wird dann behauptet, das sei schon immer sozialdemokratische Position gewesen. Wie gesagt, ein Zeugnis beachtlicher Selbstverleugnung. Bemerkenswert ist darüber hinaus, dass dies in der öffentlichen Wahrnehmung keine Beachtung findet. Die Entprogrammatisierung im Grunde aller deutschen Parteien wird akzeptiert.

Doch genug *sozialdemokratisiert*. Im Prinzip ist das Fahnenwort *soziale Demokratie* die konsequente Fortführung des Konzepts *„Neue Mitte"*, nur dass das Ganze eben nicht neu ist und auch von den anderen Parteien, allen voran der CDU so getragen wird. Alle relevanten Parteien vollziehen programmatisch die Anpassung an die herrschende Ordnung, diese darf nicht hinterfragt werden. Visionen sind unerwünscht, obgleich das Grundgesetz ausdrücklich Raum für eine wirtschaftspolitische und somit gesellschaftspolitische Neugestaltung der Bundesrepublik lässt und ganz deutlich die Vorgabe artikuliert, dass der Mensch im Mittelpunkt der verfassungspolitisch festgelegten Gesellschaftsordnung zu stehen hat. In dieser Gemengelage sucht man die für die Parteienkonkurrenz notwendigen Alleinstellungsmerkmale vor allem sprachlich oder symbolisch zu suggerieren. Und man vermeidet gleichzeitig in vielen Fällen nahezu zwanghaft schwerwiegende inhaltliche Konsequenzen für die eigene politische Arbeit und Ausrichtung.

Stattdessen buhlt man um seine Zielgruppe, die breite Bevölkerung, um die politische Macht zu erhalten. Wenn man sie hat, agiert man opportunistisch, um sie zu behalten. Mitte und Kompromisse sind aus diesem Selbstverständnis heraus gut, die klare Entscheidung für etwas einseitig verwerflich und nicht zukunftsweisend, da die Gefahr besteht, Stammwähler zu verlieren oder nicht attraktiv für Wechselwähler zu sein. Dass die Wahlentscheidungen der Bürgerinnen und Bürger angesichts der allgemeinen Desinformation sowie Desorientierung immer irrationaler zu werden scheinen, verstärkt diesen Prozess.

Kommen wir an dieser Stelle der Überlegungen – wie versprochen - noch einmal auf Hohmann zurück. In der öffentlichen Diskussion um Hohmanns Misstöne wurde hinsichtlich einer umfassenden Bewertung völlig übersehen bzw. wurde dies nicht artikuliert, dass er Juden dadurch zu diskriminieren sucht, dass er sie in Verbindung mit dem Kommunismus und Religionslosigkeit setzt. Hohmann verwendet auch sehr genüsslich und häufig die Bezeichnung „Bolschewismus".[112] In eindeutiger NS-Tradition verbindet er also Judenfeindlichkeit mit Antikommunismus. Letzterer hat in Deutschland tiefe Wurzeln, nicht nur aus dem Kalten Krieg heraus, sondern mindestens bereits seit Bismarcks Sozialistengesetzen. Das Ganze kombiniert Hohmann dann noch mit einem antiatheistischen Ansatz:

> *„...wir müssen genauer hinschauen. Die Juden, die sich dem Bolschewismus und der Revolution verschrieben hatten, hatten zuvor ihre religiösen Bindungen gekappt. Sie waren nach Herkunft und Erziehung Juden, von ihrer Weltanschauung her aber meist glühende Hasser jeglicher Religion. Ähnliches galt für die Nationalsozialisten. Die meisten von ihnen entstammten einem christlichen Elternhaus. Sie hatten aber ihre Religion abgelegt und waren zu Feinden der christlichen und der jüdischen Religion geworden. Verbindendes Element des Bolschewismus und des Nationalsozialismus war also die religionsfeindliche Ausrichtung und die Gottlosigkeit."[113]*

Die Bösen sind lt. Hohmann also gar nicht die Juden, denen er aber gern einen verpasst hat, sondern die Kommunisten und Atheisten. Diese hätten mit ihrer Ideologie die gottgefälligen Juden in die Irre geführt.
Nun leben in Deutschland aber mehrheitlich areligiöse Menschen, selbst, wenn die meisten noch in der Kirche sind oder sogar in dieselbe gehen. Die Säkularisierung der Gesellschaft ist weit fortgeschritten, die öffentliche Meinung ignoriert trotzdem Hohmanns Ausfälle gegen die Nichtreligiösen ausnahmslos. Warum? Hohmanns These, dass nur Nichtreligiöse zu solchen Verbrechen fähig waren und sind, ist doch stark diskriminierend, und zwar für die Mehrheit der deutschen Bevölkerung. Doch Hohmann steht beileibe nicht allein.

> *Ostern 2009 engagierte sich der damalige Augsburger Bischof Walter Mixa, 2010 musste er unter kuriosen Umständen wegen diverser Vorwürfe zurücktreten, in der Abwehr des Atheismus. Dessen Unmenschlichkeit hätten die gottlosen Regime des Nationalsozialismus und des Kommunismus bewiesen: „Wo Gott geleugnet oder bekämpft wird, da wird bald auch der Mensch und seine Würde geleugnet und missachtet. Eine Gesellschaft ohne Gott ist die Hölle auf Erden ..."*

> *Atheisten versuchten die Realität der Auferstehung von den*

---

[112] Ebenda.
[113] http://www.d-direkt-deutschland.de/rede-hohmann.htm, Download vom 16.12.05 (unveränderte Rechtschreibung)

*Toten und der Erlösung vom Bösen in das Reich der Mythen und der Fantasie zu schieben. Wer aber dem Menschen den Glauben an Gott nehme, nehme ihm das Wichtigste im Leben, wende sich letztlich gegen das Heil des Menschen.*

*„Die Unmenschlichkeit des praktizierten Atheismus haben im vergangenen Jahrhundert die gottlosen Regime des Nationalsozialismus und des Kommunismus mit ihren Straflagern, ihrer Geheimpolizei und ihren Massenmorden in grausamer Weise bewiesen", sagte der Augsburger Bischof. Immer seien in diesen Systemen die Christen und die Kirche besonders verfolgt worden.*

*Auch in der Gegenwart würden durch gottlose Verhaltensweisen in allen Teilen der Welt Menschen wirtschaftlich und moralisch ausgebeutet, wenn etwa Kinder zum Kriegsdienst oder Frauen zur Prostitution gezwungen würden, wenn gerechter Lohn verweigert werde oder Menschen an Hunger sterben müssten. Ohne christlichen Glauben gebe es dauerhaft keine wahre Menschlichkeit, sagte Mixa.*[114]

Mixas Argumentation ist verkürzt und logisch nicht belastbar. Mit einer solchen historistischen Überlegung könnte man auch das Christentum mit Verweis auf die Kreuzzüge grundlegend diskreditieren, außerdem ist die Rolle der Kirche im NS-Staat deutlich differenzierter zu bewerten. Mixas Bemerkungen zeigen aber, in welcher Form sich innerhalb der L.R.S. Ablehnung gegenüber Areligiösität und Atheismus trotz des Toleranzgebotes des Grundgesetzes manifestiert. Diese Ablehnung zeugt nicht von der Intoleranz gegenüber Nichtgläubigen an sich, da ja die Mehrheit der Deutschen nichtgläubig ist und dies auch offen ausgesprochen werden kann. So geben 2009, also zeitgleich zu Mixas Ausführungen, in einer repräsentativen Umfrage von Emnid zwei Drittel der Deutschen an, Ostern nicht in die Kirche zu gehen.[115] Wenn Atheismus kritisiert wird, dann handelt es sich also um die Ablehnung einer besonderen Einstellung, von besonders Nichtgläubigen oder besonders Andersdenkenden. Hedonismus und Gleichgültigkeit werden in der kapitalistischen Umgebung allgemein akzeptiert, Werteverluste und damit einhergehender Verlust an weltanschaulicher oder religiöser Identität sind gesellschaftlich anerkannt. Wer *easy* durchs Leben geht

---

[114]Artikel aus welt-online.de, 12.04.09: Bischof Mixa verdammt die Ungläubigen
[115]Emnid-Umfrage April 2009. Aus: szon.de; 12.04.09

und seinen *Egotrip* verwirklicht, handelt im Sinne gesellschaftlicher Normen, wird zwar auch Mixas Kritik, nicht aber dessen öffentliche Verurteilung zu erwarten haben.

Es ist ein bemerkenswertes Phänomen der deutschen Öffentlichkeit, dass diese Hohmanns verwerfliche Worte gegenüber dem Judentum berechtigter Weise stark kritisiert und scharf sanktioniert, die schwerwiegenderen Beleidigungen von Atheisten aber ignoriert. Ebenso wurden Mixas Angriffe, die eindeutig im Gegensatz zum Grundgesetz stehen, kaum kritisiert. „Gottlose" werden pauschal als einheitliche Gruppe kategorisiert und als gewissenlose Personen charakterisiert, wobei ausdrücklich auch heute lebende Menschen mit gemeint sind. Nichtgläubige werden mit stalinistischen, nationalsozialistischen und heutigen Verbrechen in Verbindung gebracht. Eine inhaltliche Diskussion sollte an dieser Stelle dringend erfolgen, sie findet aber öffentlich wahrnehmbar kaum statt.
Es zeigt sich bei Mixa und den ausbleibenden Reaktionen, wie stark Antiradikalismus in der Gesellschaft verwurzelt zu sein scheint. Die Ignoranz von Hohmanns und Mixas antiatheistischen Äußerungen hat ihre Ursachen in der Verachtung jedweden Radikalismus im Allgemeinen, wobei die L.R.S. Radikalismus in der Tradition des Kaiserreiches betrachtet und darüber hinaus semantisch erweitert, und in der Verurteilung von Kommunisten im Besonderen. Außerdem dürfte allgemeine politische Interesselosigkeit und praktizierter Hedonismus diesen Prozess begleiten. Doch darauf zielt Mixa nicht ab. Es geht ihm allein um die Opposition Christen – Atheisten. Verantwortungsvolle Menschen auf der einen Seite und gefährliche, ideologiegeblendete Elemente auf der anderen:

> *„Wer sich auf Jesus Christus einlässt, hat die Gegenformel zu allen Ideologien".* [116] *(Mixa)*

Im Gegensatz zu Herrn Schäuble, der das Ende der Ideologien bereits verkündet hat, weist Bischof Mixa, den Weg, alle Ideologien zu überwinden: Das Christentum. Auffällig ist die Anlehnung an naturwissenschaftliche Fachsprache: Die *Gegenformel!* In derselben Predigt bezeichnet er auch die Auferstehung von Jesus Christus als „größte Mutation des Menschen"[117]. Persuasiv versucht Mixa die Menschen zumindest mit wissenschaftlichem Duktus vom Glauben zu

---

[116]welt-online.de, 12.04.09
[117]Ebenda.

überzeugen und spricht vielen, wenn vielleicht nicht allen Nichtchristen, mindestens aber den Atheisten moralisches Handeln sowie moralische Handlungsfähigkeit ab. Deutlich wird aber in den vorliegenden Beispielen die große Distanz zu radikalen und ideologischen Positionen, zumindest vor dieser Bezeichnung.

Zugegeben, die Herren Mixa und Hohmann stellen nun nicht gerade Kompromisskandidaten dar. Von daher ist von dieser Basis aus nicht alles verallgemeinerbar, einiges allerdings wie gesehen aber sehr wohl übertragbar. Worin liegen aber nun die Ursachen für diese Grundsituation, der Ablehnung radikaler und ideologischer Positionen?

Nach dem Zusammenbruch der nationalsozialistischen Herrschaft kam es zu einer allgemeinen ideologischen Desorientierung, welche jedoch durch den sich anschließenden Kalten Krieg im Westen aufgehoben wurde. Frei nach dem Motto „Der Feind meines Feindes ist mein Freund" fanden Westmächte und im NS-Staat antikommunistisch gedrillte Deutsche ihre Versöhnung in der antisowjetischen und antikommunistischen Zielsetzung des Kalten Krieges. Hierher rühren die zentralen antiradikalen und antikommunistischen Reflexe der L.R.S.: Die Gründung Westdeutschlands in Konfrontation mit dem kommunistischen Osten und dessen stalinistischen Verbrechen sowie aus der antikommunistischen Indoktrination der NS-Zeit heraus, aus der man sich nur schwer löste und in den ersten Jahren wenig aufarbeitete erwuchs eine tiefe Feindschaft mit jedweder kommunistischen oder als kommunistisch beschimpften Idee, welche den Sozialismus der SPD alter Prägung ebenfalls stigmatisierte. Gleichzeitig stand und steht die deutsche Gesellschaft angesichts der beispiellosen Verbrechen unter Schock, die in ihrer Mitte geschahen, ganz Europa verwüsteten und ganze Völker, Minderheiten und Menschengruppen an den Rand der Vernichtung führte. Deshalb stoßen gesellschaftliche Experimente oder systemverändernde Politikansätze auf Ablehnung. Hier wird reflexartig agiert und in der Regel wenig rational argumentiert.

Um nicht in den Verdacht des Kommunismus zu geraten, krümmt sich die SPD seit Jahrzehnten in Selbstverachtung, wird die DDR posthum und die Linkspartei als vermeintlicher Erbe aktuell angegriffen, viel intensiver als jemals die NS-Zeit -zumindest die ersten zwanzig Jahre danach – aufgearbeitet wurde.
Man pflegt noch heute die alten Feindbilder, weil diese in der Gründungsphase der alten BRD als ideologische Basis des Bündnisses mit den alten Feinden im Westen fungiert und letztlich identitätsstiftend

gewirkt hat. Eine gesellschaftliche Neuorientierung hat in Gesamtdeutschland nach 1990 nie bewusst stattgefunden, auch deshalb, weil die deutsche Vereinigung von 1990 ein Anschluss an den triumphierenden Westen mit seinem opportunistischen Gesellschaftsmodell dargestellt hat.

Adenauer und die CDU passten sich dem Westen an, um Deutschland wieder Anerkennung und Handlungsfreiheit zuteilwerden zu lassen. Die SPD, erst Gegner dieser Politik, versuchte angesichts zahlloser Wahlniederlagen durch Anpassung die Oppositionsbänke zu verlassen, sie war aber selbst durch die mindestens teilweise erzwungene Vereinigung mit der KPD im Osten Deutschlands und durch den starken Einfluss Schumachers antikommunistisch und bleibt es bis heute zu großen Teilen.

Die Ostdeutschen machen diese Entwicklung zunehmend nicht mehr mit, die Linkspartei selbst sucht sich aus diesem Stigma, ihrerseits durch begriffliche Umetikettierung zu befreien. Man wird sehen, wie sich dies weiter entwickelt.

In welchem Maße antikommunistische Ressentiments im politischen Sprachgebrauch verwendet werden, zeigen die folgenden Beispiele. Beginnen wir mit dem damaligen FDP-Generalsekretär Dirk Niebel, der auf der FDP-Internetseite unter der Rubrik „Niebels Woche" am 14.07.06 seine Kritik an der Gesundheitsreform der CDU-SPD-Bundesregierung, *Schwarz-Rot*, artikuliert:

> *„Freiheit statt Sozialismus*
>
> *Wladimir Iljitsch Lauterbach kann sich freuen: Das deutsche Gesundheitswesen rückt dem Kassensozialismus ein Stück näher. Die Bundesregierung schaffte es nicht, die großen Zukunftsprobleme der Gesundheitsversorgung zu lösen: Wie finanzieren wir – nachhaltig! – die Gesundheit in einer alternden Gesellschaft? Wie senken wir die viel zu hohen Lohnzusatzkosten, um mehr Arbeitsplätze möglich zu machen? Darauf bleibt Schwarz-Rot jede Antwort schuldig."*[118]

An der optimierungsbedürftigen Reform kann man durchaus berechtigt Kritik üben, die vorliegende belässt es jedoch nicht bei einer sachbetonten Auseinandersetzung, sondern wird mit mannigfaltigen Stigmawörtern, Allusionen und realistischen Diktionen in der

---

[118] S.u.

inhaltlichen Aussage verstärkt. Zum Beispiel bekommt der Regierungsberater Lauterbach[119] die Vornamen Lenins verpasst.

*„[...] Der schwarz-rote Gesundheitskompromiss heißt: noch mehr Staat! Von den gesetzlichen Krankenkassen autonom festgesetzte Beitragssätze gibt es nicht mehr. Jetzt bestimmt der Staat, wie viel Geld welche Krankenkasse zugeteilt bekommt. Tarifliche Vielfalt ist in einem solchen Zuteilungssystem nicht möglich. Der neu zu gründende Krankenkassendachverband treibt zudem die Gleichschaltung der Kassen voran.*

*Der Zusammenhang von Leistung und Gegenleistung wird endgültig aufgehoben, die letzten Reste von Transparenz im Gesundheitswesen beseitigt, und die Bürokratie, die kaum jemand noch für weiter ausbaufähig hielt, ins Absurde gesteigert.*

*Die Gesundheitsleninisten Lauterbach, Schmidt und Nahles vergessen offensichtlich: Die Ausschaltung jeglicher wirtschaftlicher Wettbewerbselemente hat schon so manches System in den Abgrund getrieben (17 Jahre sind aber auch eine lange Zeit, um sich noch zu erinnern). Oder sie wollten nie wahr haben, dass ihre salonsozialistischen Ideen den Praxistest nicht bestanden haben. Unser Gesundheitssystem ist aber zu schade, um ein neues Versuchsobjekt abzugeben!*

*Dem Weg in die Staatsmedizin setzt die FDP ihr Privatmodell entgegen. Wir wollen Ihnen die Freiheit geben zu entscheiden, wo und – über eine gesetzlich vorgeschriebene Basisversorgung hinaus – in welchem Umfang Sie sich versichern. Und wir wollen Anbieter von Gesundheitsleistungen und Kassen in den Wettbewerb entlassen. Davon profitieren Sie alle, wenn Sie dann auch im Gesundheitswesen zwischen den besten Angeboten wählen können. Für uns Liberale gilt einmal mehr: Freiheit statt Sozialismus!“*[120]

Lauterbach, die damalige Gesundheitsministerin Schmidt sowie die vorgebliche SPD-Linke Nahles werden als Leninisten und Salonsozialisten bezeichnet, diese unzureichenden Bezeichnungen sollen stigmatisieren und stigmatisieren tatsächlich.

---

[119]Prof. Lauterbach, laut der Ärztezeitung „Gesundheitsökonom" aus Köln, was auch immer das sein mag; www.aerzte-zeitung.de; 08.08.06
[120]http://blog.fdp.de/archives/82-Freiheit-statt-Sozialismus!.html#extended; 08.08.06

Die DDR dient als warnendes Beispiel, wohin eine solche Reform führt. Ein Sachbezug, d.h. vergleichende Aspekte des DDR-Gesundheitssystems mit dem jetzigen fehlen. Und am Ende noch einmal die Überschrift, Freiheit statt Sozialismus, der alte Unions-Slogan nun gegen die Union selbst verwendet. Der FDP-Vorsitzende Westerwelle meinte am 06.08.06 im ZDF zum Begriff „Kassensozialismus", Klappern gehören zum Handwerk. Und Niebel klappert wie ein Weltmeister.

Auffällig ist hierbei, dass Niebel nicht vor dem Begriff „Gleichschaltung" zurückschreckt, immerhin LTI. Solange man den politischen Gegner als totalitär kennzeichnen und seine politische Position damit stigmatisieren kann, spielt die Herkunft der Lexik, ob nun NS oder DDR, keine Rolle. Man bedient sich damit der Methoden derjenige, die man vorgeblich und wahrscheinlich auch realiter verurteilt. Die FDP verfällt des Öfteren in solche Muster, auf den Landtagswahlkampf 2005 in Schleswig-Holstein und der Stigmatisierung des SPD/Grünen-Fahnenwortes *Gemeinschaftsschule* (ebenfalls LTI) mit dem Gegenbegriff *Einheitsschule* wurde bereits erwähnt und wird im Weiteren vertiefend zu betrachten sein.

Das funktioniert abgeschwächt auch durch Bezugnahme auf andere politische Systeme. So kritisiert die Kieler CDU im November 2010 das Verhalten des damaligen Oberbürgermeisters Torsten Albig (SPD):

> *„Der Oberbürgermeister setzt sich über den – finanzpolitisch schon damals falschen – Beschluss der „Kooperation" aus SPD, Grünen und SSW von 2009 hinweg, die Zuwendungsbeträge jährlich um 3 % statt wie vorher um 1 % anzuheben und erklärt – in selbstherrlicher Ignoranz der Selbstverwaltung – dessen ungeachtet zukünftig wieder nur 1 % Steigerungen zuzulassen. Zwar ist es erfreulich, dass der Oberbürgermeister die Wahlgeschenke seiner „Kooperation" vor dem Hintergrund der Finanzlage Kiels wieder einsammelt. Erschreckend aber ist, wie leichtfertig „König Torsten" Beschlüsse demokratisch legitimierter Gremien einfach missachtet."[121]*

Die CDU findet die Entscheidung des OB richtig, missbilligt aber zu Recht, dass dieser seine Kompetenzen überschritten habe. Dies stellt in der Tat eine Missachtung demokratischer Entscheidungsgremien dar. Hier ist der Bezug auf das politische System der Monarchie aber eher verhalten, wirkt aber gleichwohl despektierlich. Dies hat aber bei weitem

---

[121] Pressemitteilung der Kieler CDU-Ratsfraktion, http://ratsfraktion-kiel.cdu-sh.de/CDU-Ratsfraktion-Kiel/Inhalte/Aktuelles-Presse/OB-ignoriert-Beschluesse-der-Kooperation, 11.11.10

nicht die stigmatisierende Wirkung von Bezügen zur DDR und NS-Diktatur, obgleich das demokratische Verständnis für die Monarchie ähnlich gering sein dürfte. Die CDU versucht sich hier an einer abgeschwächten Form von Stigmatisierung. Ein Bezug auf DDR oder NS hätte den Absendern mehr geschadet als den Kritisierten, auf diese Weise wurden beide Ziele erreicht. Grundsätzlich erscheint die Stigmatisierung mittels DDR-Allusion als sehr wirksam, gleichzeitig ist die Gefahr eines ungewollten Rückschlages der Attacke auf den Absender viel geringer als bei NS-Vergleichen.

Insgesamt herrscht bei dieser Grundidentität ein erstaunlicher Dogmatismus, diesmal aber aus einem intrinsischen Prozess heraus gewachsen, zumindest in weiten Teilen. Antisozialistische Tendenzen gibt es in Deutschland seit der Existenz der Sozialisten. Zurzeit scheint sich inhaltlich der Konflikt selbst aufzulösen, da die Linkspartei dem Weg der SPD folgt und durch Anpassung gesellschaftliche Akzeptanz zu suchen scheint, was sie wegen der Wahlen wohl auch zu müssen meint. Die L.R.S. folgt dieser Entwicklung noch nicht, da sprachliche Instrumentalisierung auf dieser Ebene weiterhin Erfolg versprechend ist. Doch wie ist nun das Selbstverständnis der eigenen politischen Grundordnung?

### 3. Freiheitlich-demokratische Grundordnung

Gemeinhin bezeichnen wir unsere Gesellschaftsordnung als demokratisch und als *freiheitlich*. Freiheitlich bedeutet im Übrigen nicht frei, sondern lediglich, dass Freiheiten immanenter Bestandteil und wesentliche Grundlage für das private und öffentliche Leben der Bundesrepublik sind bzw. darstellen. Eine im Grunde erstaunliche semantische Beschränkung. Das Grundgesetz, die nun nicht mehr provisorischen Verfassung unseres nun nicht mehr geteilten Vaterlandes, spricht im Übrigen nicht von freiheitlich und definiert deutlich unsere gesellschaftliche Grundordnung:

> *Die Bundesrepublik Deutschland ist ein demokratischer und sozialer Bundesstaat.*[122]

Wie jede Verfassung stellt auch das Grundgesetz einen normativen Text dar, das heißt, es wird hier ein Anspruch postuliert, der nicht notwendiger Weise vollständig in die Realität umgesetzt werden kann. Wenn zum Beispiel bei Landratswahlen in Nordfriesland nur 20 Prozent der Wahlberechtigten ihr Wahlrecht wahrnehmen, so ist das allgemeine Betroffenheitsgedudel der Medien unangebracht. Wenn mündige Bürgerinnen und Bürger sich der Wahl verweigern, dann kann es sich durchaus in jedem individuellen Einzelfall um eine bewusste Entscheidung gegen die Kandidatinnen und Kandidaten resp. Parteien handeln. Muss es allerdings auch nicht.
Dennoch sollten allgemeine programmatische Postulate oder Grundidentitäten der Gesellschaft einen Realitätsbezug haben. Und es stellt ein Problem dar, dass das Provisorium Grundgesetz unter völlig anderen gesellschaftlichen und politischen Gegebenheiten entstanden ist. Es galt für ein geteiltes Land unter Besatzungsstatut mit kaum erfolgreichen demokratischen Erfahrungen. Demokratie war graue Theorie und die Väter des Grundgesetzes waren in übergroßer Mehrheit ergraute Männer mit christlichen Hintergrund und sozialen Zielsetzungen, wobei letztere sich aus der NS-Zeit und der Abgrenzung zur SU und zur SBZ erklären lassen.
Beginnen wir die weitere Betrachtung mit der Staatsbezeichnung. Im gesamten Grundgesetz wird die oben benannte Staatsbezeichnung „Bundesrepublik Deutschland" verwendet. Ich kann mich aus meiner Lehrerausbildung an einen schriftlichen Entwurf der Vorführstunde einer Mitreferendarin im Fach Geschichte erinnern, in der die Abkürzung

---

[122]GG Art. 20, Satz 1

*BR Dtl.* verwendet wurde. Es ging hier um den westdeutschen Teilstaat vor 1990. Obgleich ganz offensichtlich die Referendarin es als sehr umständlich empfand, die Abkürzung *BRD* nicht verwenden zu können, benutzte sie diese nicht und zwar auf Anraten ihres Mentors.
Das Ganze hat eine lange Geschichte:

> *Im Jahre 1974 hatten Bund und Länder beschlossen im amtlichen Schriftverkehr die Abkürzung BRD nicht mehr zu verwenden, sondern stattdessen die Staatsbezeichnung auszuschreiben. Ab 1971 wurde die DDR nicht mehr als „DDR" (also in Anführungszeichen gesetzt) gekennzeichnet. Aus diesem Grund waren wohl Parallelen in den Formativen DDR und BRD zu vermeiden. Später wurde die Regelung, die Abkürzung BRD zu vermeiden, auf alle vorkommenden Fälle ausgedehnt. 1978 drohte die Teilnahme der westdeutschen Mannschaft an der Leichtathletik-EM in Prag zu scheitern, da auf dem Schild beim Einzug der Athleten die Abkürzung „FRG" stehen sollte. Der westdeutsche Leichtathletikverband wollte dies unterbinden. Der damalige baden-württembergische Ministerpräsident Filbinger (CDU) nannte die Abkürzung eine „kommunistische Agitationsformel". So wurde auch schon einmal ein „falsch" bedruckter Sonderstempel der Bundespost eingezogen und noch einiges mehr.[123]*

Dies stellt ohne Zweifel einen Sonderfall der Sprachentwicklung in der BRD vor 1990 dar, gerade deshalb, weil das regulative Sprachspiel hier aus der Rolle fällt, ist es doch in der Regel kein Schauplatz ideologischer Sprachkonkurrenz. Dieses Relikt aus dem Kalten Krieg wurde allerdings in der L.R.S. nicht vollständig überwunden. Man darf heutzutage zwar die Abkürzung BRD verwenden, ohne Nachteile befürchten zu müssen. Wie oben gesehen, ist dies dennoch noch nicht überall üblich, selbst wenn es nahe liegende Gründe dafür gäbe. Auch in der begrifflichen Stigmatisierung des Gegners, der diese Entwicklung erst ausgelöst hat, steht die L.R.S. in der Tradition der West-BRD. Heute wird die DDR v.a. mit „ehemaliger DDR" tituliert, auch, und nur das ist sprachlich inkorrekt, wenn historische Prozesse beschrieben werden, z.B.:

> *„Bundesinnenminister Dr. Wolfgang Schäuble begrüßt die Geständnisse von fünf Leichtathletik-Trainern über ihre*

---

[123]Glück 1997, S.16ff.

*Dopingtaten **in der ehemaligen DDR** [gemeint sind Taten vor 1989] als ein Signal für die Übernahme von Mitverantwortung für das seinerzeitige systembedingte Doping und einen Beitrag zum Dialog mit den Opfern."[124]*
*Es wäre übrigens schön gewesen, wenn sich Schäuble seiner eigenen Verantwortung in dieser Frage gestellt hätte, verlangte er doch 1977 im Bundestagssportausschuss den Einsatz von Anabolika im Sport, „weil es offenbar Disziplinen gibt, in denen heute ohne den Einsatz dieser Mittel der leistungssportlichen Wettbewerb in der Weltkonkurrenz nicht mehr mitgehalten werden kann."[125]So viel zum Thema systembedingtes Doping.*

Warum dieser Aufwand in einer Demokratie, Feindbilder aufzubauen und am Leben zu erhalten? Man grenzt sich vom undemokratischen Gegner ab, selbst, wenn dieser nicht mehr existiert, und sucht damit, das eigene politische Lager zu stärken: Einerseits sollen persuasiv die eigenen Staatsbürger und Anhänger um die eigene Fahne geschart (integratives Sprachspiel[126]) und gleichzeitig das Bewusstsein über die fehlende Legitimation der Gegenseite, die DDR i.e.S. und die Nichtdemokraten i.w.S. geschärft werden (informativ-persuasives Sprachspiel)[127]. Die Züricher Weltwoche schrieb dereinst zu dieser Problematik, „dass 'Sprachregelungen' keineswegs das Privileg diktatorischer und totalitärer Regimes'" seien[128]. Wie wahr.
Die hierbei offene Frage ist aber nun, ob sich an dieser Stelle undemokratische Strukturen sprachlich abzeichnen. Erinnern wir uns nochmals der normativen Vorgabe durch unsere Verfassung:

*„Alle Staatsgewalt geht vom Volk aus." (Grundgesetz, Artikel 20)*

Das bedeutet letztlich, dass die deutsche Bevölkerung der Souverän ist. In der öffentlichen Wahrnehmung ist dieser Satz explizit wenig präsent, allerdings wird ständig der demokratische Charakter verschiedener Institutionen und Entscheidungsfindungsprozesse eingefordert oder eigenes Handeln damit legitimiert. Dazu einige Beispiele:

---

[124]Pressemitteilung des Bundesinnenministeriums vom 6.4.2009.
http://www.bmi.bund.de/SharedDocs/Pressemitteilungen/DE/2009/04/gestaendnisse.html 13.04.09
[125] Wieczorek 2009, S.54.
[126]Vgl. Dieckmann 2005 S.23ff.
[127]Vgl. Ebenda, S.25.
[128]Glück 1997, S.18.

*Die WASG Berlin rechtfertigt ihren Alleingang bei der Wahl zum Berliner Abgeordnetenhaus 2006, obwohl eine Fusion mit der PDS bundesweit bereits beschlossen war, folgendermaßen:*
*„[Die] Entscheidung fällt nach Monaten kontroverser Debatten über die Politik der SPD/Linkspartei.PDS-Senats und dessen Bedeutung für den Neuformierungsprozess der LINKEN...*
*Wir fordern alle Beteiligte auf: -die demokratische Entscheidung der Berliner WASG zu akzeptieren."* ...[129]

*Bei einem Festakt zum 160. Jahrestag der Paulskirchenverfassung fordert Bundespräsident Köhler „'mehr Demokratie auf allen Ebenen'", „Wähler sollten mehr Einfluss erhalten, welche Kandidaten von den Wahllisten der Parteien ein Mandat bekämen."*[130]

Demokratie, also Volksherrschaft, scheint eine zentrale Grundidentität der L.R.S. zu sein, das auf einer breiten Basis in der öffentlichen Diskussion benutzt wird. *Die Bundesrepublik ist demokratisch, muss noch demokratischer werden. Was demokratisch ist, ist gut.* Auch Gesine Schwan, 2009 mal wieder Gegenkandidatin von Horst Köhler bei der Wahl zum Bundespräsidenten hält die Demokratie in Ehren, fordert jedoch – sie muss sich ja vom Amtsinhaber abheben – eine Stärkung der Demokratie insgesamt:

*„Aus meiner Sicht ist es wichtig, dass die Menschen mehr in die Hand nehmen...",* *sie nennt in diesem Zusammenhang die Mitbestimmung, Nicht-Regierungsorganisationen und Stadtteilarbeit.* [131]

Und spätestens hier sollte man aufmerken. Der damalige Bundespräsident, als Repräsentant der repräsentativen Bundesrepublik, moniert de facto, dass das bestehende Wahlsystem nicht demokratisch genug sei. Als ob die Möglichkeit, bei der Listenwahl auch untere Listenkandidaten in den Bundestag einziehen zu lassen, indem man die Kreuze auch auf den hinteren Listenplätzen verteilen kann, etwas an Politikverdrossenheit oder Wahlmüdigkeit ändern würde. Außerdem steht zu bezweifeln, dass die Deutschen den Kandidaten auf Platz 23 auch wirklich kennen. Man wäre ja froh, wenn alle den Bundespräsidenten namentlich kennen würden, was sie nicht tun. Und die damalige Gegenkandidatin benennt Beispiele für mehr Demokratie, welche teilweise mit Demokratie an sich nichts zu tun haben.

---

[129]www.sozialismus.info/?sid=1570, Download 25.03.09
[130]KN, 28.03.09, S.5
[131]Ebenda.

Staatsskepsis und Distanz zum Grundgedanken der repräsentativen Demokratie verbunden mit dem fast schon mittelalterlichen Rückbezug zur unmittelbaren Lebensumwelt spiegeln sich hier wider. Man will mehr Demokratie, die man nicht hat, also muss das Wahlsystem geändert werden, aber eben nur kosmetisch. Wenn man daran gar nicht mehr glaubt, dann eben im kleinen Kreis mitmischen und bloß nicht den Staat an sich umstrukturieren. Man kotaut vor dem Götzen der Demokratie, allein die echte Überzeugung fehlt, es sei denn, die Hamas, nicht wirklich Hüter der Demokratie, gewinnt eine Wahl:

*B) Zum Wahlsieg der Hamas in Palästina 2006 erklären die Grünen*

*„Demokratische Entscheidung in Palästina respektieren- Terror nicht prämieren.*"[132]

Eine Terrororganisation gelangt an die Macht, egal, der Heiligen Kuh, demokratische Wahlentscheidungen seien zu akzeptieren, wird fleißig gefrönt. Nur im eigenen Land, das nun wirklich viele Möglichkeiten der demokratischen Partizipation zumindest theoretisch vorhält, gibt es eine umfassende Distanz. Wenn dann die Bürgerinnen und Bürger diese Distanz übernehmen oder vielleicht sogar selbstständig eingenommen haben, dann ist der Kater groß, etwa bei der OB-Wahl 2009 in Kiel.

*„Seitdem feststeht, dass nur ein Drittel der 190.000 Wahlbeteiligten über den Chefsessel im Kieler Rathaus abgestimmt hat, herrscht Ratlosigkeit.*"[133]

Dass die Leute ratlos sind, ist allerdings überraschend, wenn man bedenkt, dass selbst der seinerzeitige Bundespräsident das Wahlsystem für nicht optimal hält. Und warum man den Chef einer Verwaltung wählen soll, wenn dieser sowieso den politischen Entscheidungen des demokratische legitimierten Stadtparlaments untergeordnet ist oder - besser - sein sollte, erschließt sich dem politischen Beobachter auch bei näherer Betrachtung nicht.

Anscheinend wird in der Öffentlichkeit der oben benannte Grundgesetzartikel nicht nur als floskelhafte Translatio Imperii, also als Übertragung der Herrschaftsgewalt verstanden, sondern wirklich

---

[132]www.gruene-
bundestag.de/cms/presse/dok/103/103042.demokratische_Entscheidung_im_palaestina.html.;
Download 25.03.09
[133]KN, 19.03.09

darunter auch aktive Teilhabe verstanden und eingefordert, spätestens, aber nicht allein durch die Wahlentscheidungen. Es scheint so, als ob im Selbstverständnis der L.R.S. das Volk nicht nur als Stimmvieh fungiert, sondern tatsächlich Souverän ist. Wirklich? Dann müssten Volksentscheidungen ja auf breite Zustimmung stoßen. Oder doch nicht?

> *„Ihr Nein zu Volksentscheiden begründete Merkel [2001]damit, dass die Häufigkeit von Wahlen noch kein Zeichen größerer Demokratie sei. 'Nur weil der Bürger öfter abstimmen darf, herrscht nicht automatisch mehr Demokratie.' Vielmehr sollte man sich darüber Gedanken machen, wie wieder höhere Wahlbeteiligungen zu erreichen sind."[134]*

Also direkte Teilhabe wird verweigert, was u.U. ein probates Mittel wäre, die Wahlbeteiligung zu erhöhen, um dann darüber nachzudenken, wie die Wahlbeteiligung zu erhöhen wäre. Warum eine höhere Zahl an Partizipationsgelegenheiten nicht zu mehr Demokratie führen sollte, bleibt offen, ist auch kaum nachvollziehbar. Acht Jahre später begründet Merkel ihr Nein gar nicht mehr, der Öffentlichkeit reichen autoritäre Argumente:

> *Für sie ist die CSU-Forderung nach Volksabstimmungen bei wichtigen Entscheidungen der Europäischen Union nur ein Nebenschauplatz, den sie am liebsten gar nicht betreten möchte. "Meine Skepsis ist bekannt", betonte Merkel und verwies darauf, dass Volksentscheide von der CDU auch generell abgelehnt werden. Die Mehrheiten in der Union in diesem Punkt seien immer klar gewesen. Ein deutlicher Wink an die CSU.[135] Undemokratischer kann man die Forderung nach mehr Demokratie kaum zurückweisen.*

Natürlich gibt es gute Gründe, Volksentscheide abzulehnen. Der Volksentscheid 1999 in Schleswig-Holstein, der für das kleine Bundesland die Zeit zurückdrehte und die alte Rechtschreibung wieder verbindlich einführte, während in Restdeutschland (!) die Reform weiteren Bestand hatte, illustriert vielleicht anschaulich das Problem. Große Gruppen von Menschen unterliegen verschiedenen Prozessen von Emotionen über Massenpsychosen bis Archetypen, welche Rationalität von demokratischen Mehrheitsentscheidungen schwer beeinträchtigen.

---

[134] Handelsblatt.com 17.11.2001, Download 28.03.09
[135]http://www.spiegel.de/politik/deutschland/0,1518,613656,00.html, Download vom 28.03.09, Meldung vom 16.03.09

Dies gilt allerdings auch für die Wahl von Volksvertretern. Diese wird aber nicht hinterfragt. Bevor wir diesen Gedanken weiterverfolgen, soll das Augenmerk auf einen weiteren Aspekt gelenkt werden.

> *Der rheinland-pfälzische Ministerpräsident Kurt Beck hat sich nach dem Amoklauf von Winnenden gegen ein schärferes Waffenrecht und unangemeldete Kontrollen bei Waffenbesitzern ausgesprochen. "Die ganzen Vorschläge, die jetzt gemacht werden, halte ich für populistisch und vordergründig. Sie entspringen der Hilflosigkeit und dem Drang, wahrgenommen zu werden", sagte der SPD-Politiker...[136]*

Wir haben bereits ausgeführt, dass es in der Mediengesellschaft unabdingbar ist, wahrgenommen zu werden. Dennoch wird dieser Vorwurf oft erhoben. Auffällig ist, dass dies oft mit dem Begriff *Populismus* verbunden wird. Eine populistische Politik ist im Verständnis der Kritiker nicht um Sachlichkeit bemüht, sondern versucht, ein Thema zu instrumentalisieren. Beck zeiht im eben aufgeführten Beispiel Köhler und Merkel eines populistischen Standpunktes. Gemeint ist, es gebe eben keine einfache Lösung, wer das unterstellt, handele sachlich falsch und ethisch moralisch unangemessen. Wo sind sie nun die Populisten? Sind Merkel und Köhler die einzigen? Sicher nicht, das war auch nicht zu erwarten. Hier ein paar Beispiele aus der populismuskritischen Mottenkiste, u.a. bekommt auch Beck einen Rüffel ab:

---

[136]http://nachrichten.t-online.de/c/18/17/58/36/18175836.html, Nachricht vom 22.03.09, Download vom 28.03.09

*A)* „*Huber wirft Beck Populismus vor*

> *Der neue CSU-Vorsitzende Huber hält den Vorschlag von SPD-Chef Beck für eine längere Bezugsdauer des Arbeitslosengelds I für unseriös. Dafür fehle das Geld. Auch Vizekanzler Müntefering ist dagegen.* "[137]

Eine verkürzte Diskussion: Entkontextualisierung. Das Standardargument der knappen Kassen, losgelöst diskutiert von den Gründen der Finanzknappheit angesichts historischer BIP-Höchststände, muss herhalten, um eine ungeliebte politische Position abzulehnen. Rollenspiele als Ersatz für einen sachlichen argumentativen Diskurs. Deswegen überrascht das Gegenbeispiel nicht.

*B)* „*Beck wirft Rüttgers Populismus vor*

> *In der Großen Koalition bahnt sich ein neuer Streit an: Immer mehr Unions-Politiker unterstützen den Vorstoß von NRW-Regierungschef Rüttgers für eine gestaffelte Bezugsdauer des Arbeitslosengeldes. SPD-Chef Beck ist jedoch rundweg dagegen. Er hält den Vorschlag für populistisch.* "[138]

*Populismus* wird von einem Sozialdemokraten in einer demokratischen Diskussion desavouierend benutzt. Zur Entkontextualisierung gesellt sich die Entsemantisierung. Inhalte sind nicht primär relevant.

*C)* *Und die überparteiliche Tageszeitung „Die Welt" entlarvt den Überpopulisten Lafontaine und seine „schlimmen" Tricks, übrigens teilweise mit den gleichen Methoden, die sie bei ihm aufzeigt :*

> „*Die rhetorischen Tricks eines Populisten*
> *Oskar Lafontaine ist bekannt für seine Rhetorik. Dabei ist vor allem seine Argumentationstechnik eine Analyse wert.*

---

[137]http://www.focus.de/politik/deutschland/arbeitslosengeld-i_aid_134600.html, (02.10.07, Download 28.03.09)
[138]http://www.spiegel.de/politik/deutschland/0,1518,446741,00.html, (06.11.2006, Download 28.03.09)

*Denn der Chef der Linkspartei reißt Zitate mutwillig aus dem Zusammenhang, um prominente Kronzeugen zu erschaffen."*[139]

D) *„Schmidt: Lafontaine und Le Pen " vergleichbare Populisten"*

*Schmidt hatte der Zeitung " Bild am Sonntag" gesagt, Charisma für sich genommen mache noch keinen guten Politiker aus. Auch Adolf Hitler sei ein charismatischer Redner gewesen. "Oskar Lafontaine ist es auch", fügte Schmidt hinzu.*
*Zudem verglich er Lafontaine mit dem französischen Rechtspopulisten Jean Marie Le Pen. "Der eine ist links, der andere ist rechts. Aber vergleichbare Populisten sind Lafontaine und Le Pen schon", sagte der Alt-Kanzler. Lafontaine hatte sich bei seinen politischen Forderungen jüngst auch auf Schmidt berufen."*[140]

Da der Populismusvorwurf inzwischen inflationär verwendet wird, reicht dieser allein nicht mehr zur Desavouierung aus. Populismus bedeutet im Wortsinn „Volksnähe", dass der Begriff inzwischen pejorativ konnotiert und zur Stigmatisieren abweichender Meinungen benutzt wird, gibt in beredter Art und Weise über das Niveau öffentlicher Auseinandersetzungen im Sinne gelebter Demokratie Auskunft. Dies gilt auch für das dahinter stehende Menschenbild.

Jeder Akteur sieht sich selbst als demokratisch legitimiert an und bemüht sich, für seine Politik eine breite Basis zu erhalten, wozu nun einmal öffentlich wirksame Auftritte gehören. Die Gegenseite ist populistisch. Intoleranz und fehlende Kompromissbereitschaft können Ursache einer solchen Argumentation sein, ebenso wie wirkliche inhaltliche Bedenken. In der Realität der medienfokussierten öffentlichen Diskussion ist dies für den Beobachter kaum unterscheidbar. Nur wenn der Bevölkerung eine direkte Teilhabe an der Macht verweigert wird, andererseits aber die höhere Wahlbeteiligung als notwendig betrachtet wird oder Wahlentscheidungen etwa bei Landräten oder Oberbürgermeistern durchgeführt werden, welche hinsichtlich ihrer Funktionalität oder

---

[139]Christoph Keese „Die rhetorischen Tricks eines Populisten", In: Die Welt, 15.07.2007; http://www.welt.de/politik/article1028237/Die_rhetorischen_Tricks_eines_Populisten.html, Download 28.03.09.

[140]http://www.fr-online.de/in_und_ausland/politik/aktuell/1593960_Ein-Populist-wie-Le-Pen.html

grundsätzlichen Sinnhaftigkeit kaum begründet werden können, dann liegt der Schluss nahe, dass es der politischen Führungsschicht v.a. um politische Legitimität geht. Politische Eliten in der BRD, welche sicherlich offener für Aufsteiger sind und stärker durch das politische System auf die vox populi achten müssen, brauchen Wahlerfolge und die Bestätigung, dass das politische System allgemeine Anerkennung erfährt. Je stärker jedoch hier auf die Trommel gehauen wird, um so zweifelnder bleibt man zurück.

Um eins klarzustellen, das Grundgesetz eröffnet viele Wege zur Gestaltung einer demokratischen Gesellschaft. Schaut man aber Volk und Führung aufs Maul, dann offenbart die L.R.S. eine Unsicherheit und Distanz zu nachhaltiger Demokratie und einen gewissen Hang nach eindeutigen Feindbildern zum Zwecke der Mobilisierung und erhöhten Integration des eigenen Lagers. Dies hängt zum einen mit einer gewissen Skepsis gegenüber dem Staat selbst[141], aber auch gegenüber seinem Souverän zusammen. In der Öffentlichkeit werden oft die Alternativlosigkeit von Demokratie sowie der „mündige Bürger" an sich propagiert. Dass man beiden wirklich vertraut, ist nicht erkennbar. Die politische Ebene ist in diesem Zusammenhang aber nur die eine Seite der Medaille. Soziale Gerechtigkeit und wirtschaftlicher Wohlstand bilden weitere Grundpfeiler der bundesdeutschen Gesellschaft, vorgeblich gewährleistet durch die soziale Marktwirtschaft.

---

[141]Vgl. Kapitel IV/4 und IV/6.

## 4. Soziale Marktwirtschaft

Wirtschaftlicher Wohlstand und eine allgemein akzeptierte Verteilung des gesellschaftlichen Reichtums haben sich in der Geschichte immer wieder als zentrale Faktoren gesellschaftlicher und politischer Stabilität erwiesen. Reichen die Mittel eines Staates zur Bekämpfung ökonomischer Krisen nicht aus, unabhängig davon, ob sie nun äußere oder innere Ursachen besitzen, kann dies „zum Sturz eines Regimes oder zum Kollaps einer Zivilisation führen."[142]
Nach dem deutschen Kollaps von 1945 dominierte bei allen deutschen Parteien diese Einsicht, verbunden mit einem allgegenwärtigen „Nie wieder!". Dabei wurde der Aufstieg der NS-Diktatur im klaren Zusammenhang mit dem vollständigen Versagen der Wirtschaftsordnung nach 1929 in den westlichen Demokratien und vor allem in Deutschland gesehen. Zwischen der freien Marktwirtschaft um 1929 und der Brüning'schen Selbstbeschneidung des Staates in Bezug auf Wirtschafts- und Sozialpolitik innerhalb der Krise und den zentralistischen Wirtschaftssystemen von Stalinismus und eben auch Nationalsozialismus suchte man den goldenen Mittelweg. *Soziale Marktwirtschaft* als wirtschaftspolitische Spielart des *Antiradikalismus?* Das steht sicher in einem engen Zusammenhang, es wäre aber auch verkürzt argumentiert, es allein in diesem Licht zu betrachten.
Wer auch immer innerhalb und mittels der L.R.S. agiert, er oder sie kann es sich nicht erlauben, als radikal und antisemitisch aufzutreten. Mit diesen negierenden Grundidentitäten haben wir uns bereits beschäftigt und wir haben gesehen, was wir davon zu halten haben. Darüber hinaus ist man Demokrat oder eben Demokratin. Wir haben den extrinsischen Charakter der oben näher untersuchten Grundidentitäten beleuchtet, aufgrund der kollektiven historischen Erfahrungen der Deutschen könnte der Fall bei der Wirtschaftsordnung etwas anders liegen. Das deutliche Versagen der Wirtschaftsordnung in der DDR, aber auch im Deutschen Reich von 1929 sowie Versorgungs- resp. Inflationsängste bilden eventuell ein Korsett, das in der Frage der Wirtschaftsordnung am Ende tatsächlich vocem populi am deutlichsten widerspiegelt: Keine Experimente[143].
Gerade in den historisch kurzen Phasen, in denen den Nachkriegsdeutschen ein Zeitfenster offenstand, die Wirtschaftsordnung

---

[142]Behringer 2007, S.76.
[143] So hieß ein Slogan der CDU im Bundestagswahlkampf von 1957.
http://www.dhm.de/lemo/objekte/pict/BiographieAdenauerKonrad_plakatAdenauerKeineExperimente/index.html, Download 11.08.09)

zu ändern, kam man immer wieder auf das Modell „soziale Marktwirtschaft", nach 1945 war das so, aber auch nach 1989. Was ist aber nun unter dem Begriff zu verstehen:

*Aus einem weitverbreiteten Schulbuch für den Politikunterricht lernen wir:*
*„Die Soziale Marktwirtschaft, konzipiert von der ‚Freiburger Schule' (z.B. Walter Eucken, Franz Böhm, Alfred Müller-Armack, Wilhelm Röpcke, Alexander Rüstow) und politisch durchgesetzt von Ludwig Erhard, dem ersten Wirtschaftsminister der Bundesrepublik Deutschland, ist dadurch gekennzeichnet, dass sie marktwirtschaftliche Prozesse durch eine vom Staat durchgesetzte und kontrollierte Wettbewerbsordnung und eine staatliche Sozialordnung ergänzt, um die zu erwartenden bzw. nicht gewünschten Ergebnisse eines rein marktwirtschaftlichen Systems zu korrigieren."[144]*

Der eben zitierte Müller-Armack konkretisiert das Ganze deutlich im eben genannten Sinne:

*„Wir sprechen von ‚Sozialer Marktwirtschaft', um diese dritte wirtschaftspolitische Form zu kennzeichnen. Es bedeutet dies, dass uns die Marktwirtschaft notwendig als das tragende Gerüst der künftigen Wirtschaftsordnung erscheint, nur dass dies eben keine sich selbst überlassene liberale Marktwirtschaft, sondern eine bewusst gesteuerte, und zwar sozial gesteuerte Marktwirtschaft sein soll"[145]*

Nichts ist überzeugender als der Erfolg und angesichts der Ergebnisse anderer Wirtschaftsordnungen überzeugt soziale Marktwirtschaft eben auf diese Weise[146]. Dementsprechend präferieren diese auch alle führenden Politikerinnen und Politiker der BRD heutzutage:

*Bundeskanzlerin Merkel: „So ist die Soziale Marktwirtschaft – aufbauend auf dem Fleiß der Nachkriegsgeneration – zum Aushängeschild der freiheitlich-demokratischen Bundesrepublik*

---

[144] Bauer, Max u.a.: Wirtschaft und Politik im Zeitalter der Globalisierung. Bamberg 2005, S.40.
[145] Müller-Armack 1947. S. 88.
[146] An dieser Stelle soll unberücksichtigt bleiben, woher dieser rührt. Um dies realistisch einschätzen zu können, dürfte wohl ein neues kleines Buch nötig sein, v.a. wenn man das Wirtschaftsmodell in internationaler Wechselwirkung etwa mit Entwicklungsländern betrachtet, woher m.E. ein großer Teil des der deutschen Allgemeinheit zukommenden Reichtums stammt, auf Kosten eben der sogenannten Dritten Welt.

*geworden. Es war damit das Fundament gelegt, auf dem bis heute unser hoher Lebensstandard und auch der soziale Frieden beruhen. Die Einführung der Sozialen Marktwirtschaft war mehr als nur die Summe kluger wirtschaftspolitischer Maßnahmen. Sie war vielmehr die Basis für eine gesamtgesellschaftliche Erneuerung.*

*Die Soziale Marktwirtschaft schöpft damals wie heute ihre Lebenskraft und Dynamik aus der Freiheit des Einzelnen, aus der Freiheit des Unternehmers, des Arbeitnehmers und des Verbrauchers. Die Soziale Marktwirtschaft hat sich als der geeignete Ordnungsrahmen erwiesen, in dem sich Talente und Ideen der Menschen so stark wie möglich entfalten können. Diese Freiheit ist eine Freiheit, die nicht losgelöst ist. Aus ihr erwächst vielmehr auch die Verantwortung für das Gemeinwohl."[147]*

Die Kanzlerin verbindet hier bewusst Wirtschaftssystem und politisches System. Soziale Marktwirtschaft sei eben die Basis für gesamtgesellschaftliche Erneuerung, Andererseits sei Freiheit die Grundlage für diese Wirtschaftsordnung. Sprachlich wimmelt es von Hochwertwörtern wie „Freiheit", Lebenskraft" und „Dynamik". Dadurch wird das präferierte Wirtschaftssystem v.a. mit sprachlichen Mitteln positiv attribuierend gelobt, ohne tatsächlich inhaltliche Argumente zu konkretisieren. Vielmehr werden Erfolge des gesellschaftlichen Lebens und Wirkens der ganzen Nation allein der Wirtschaftsordnung zugeschrieben Dennoch sind Wirtschaftsordnung und politisches System nicht untrennbar miteinander verbunden, ganz im Gegenteil. Demokratie und Kapitalismus alias Marktwirtschaft bedingen einander überhaupt nicht. Und was an der bestehenden Wirtschafts- und Gesellschaftsordnung nun das soziale ist, wird auch nicht deutlich. Was sagt denn die *Konkurrenz?*

*Der damalige SPD-Kanzlerkandidat Steinmeier: „Wir stehen für eine Gesellschaft, die den inneren Zusammenhalt nicht verliert. Für einen Neustart der Sozialen Marktwirtschaft. Mit dem Regierungsprogramm zeigen wir, welche Richtung eine von Frank-Walter Steinmeier geführte Bundesregierung einschlagen wird. Mit diesem Zukunftskonzept für Deutschland erklären wir unser wirtschaftspolitisches Handeln für das nächste Jahrzehnt.*

---

[147] Merkel, Angela: Für Ludwig Erhard war die Freiheit unteilbar. Rede anlässlich des Festaktes des Ludwig-Erhard-Initiativkreises zu Ehren Ludwig Erhards am 18. Juli 2007 in Fürth, S.2; http://www.angela-merkel.de/doc/070718-rede-merkel-fuerth-erhard.pdf, Download 11.08.09.

*Wir zeigen, wie wir mehr Chancen durch eine vorausschauende Politik schaffen können.* "[148]

Bemerkenswert inhaltslos. Auch eine Diktatur ist bemüht, dass eine Gesellschaft den inneren Zusammenhang nicht verliert, wie auch immer das auszugestalten ist. Um den inneren Zusammenhalt zu bewahren, plädiert Steinmeier für einen „Neustart" der sozialen Marktwirtschaft. Ein allgemeines Bekenntnis, das alles unklar lässt, u.a. warum nach 11 Jahren SPD-Regierung ein Neustart von Nöten ist. Letztlich wird dann doch indirekt und sicher unbewusst eingestanden, in Regierungsverantwortung und gemessen am eigentlichen Programm gescheitert zu sein. Das Hochwertwort *Zukunftskonzept* impliziert eine nachhaltige Politik, inhaltlich kaum belastbar, da überhaupt nicht klar ist, wieso nun eine qualitativ andere Politik der SPD nach Jahren der Regierungsverantwortung folgen sollte.

*FDP-Vorsitzender Westerwelle: „Manche sehen ja in diesen Tagen ihren sozialistischen Weizen schon wieder blühen. Wir halten an der sozialen Marktwirtschaft fest. Denn die soziale Marktwirtschaft, die sichert den Wohlstand für alle. Und nur, wenn sich die Leistung lohnt, dass diejenigen, die etwas leisten können, auch etwas zu Hause für sich und ihre Familien davon haben, nur dann wird die soziale Gerechtigkeit erwirtschaftet, die wir alle in Deutschland wollen und die wir auch brauchen. Die Mittelschicht, die ist die tragende Säule der sozialen Marktwirtschaft und das ist für uns mehr als Wirtschaftstechnik, das ist eine Haltung zum Leben. Man kann in der Politik nicht nur an die ganz oben und ganz unten denken, denn die Mehrheit der Deutschen, die ist nicht reich und die ist auch nicht arm, es ist die ganz normale Mittelschicht. Und genau für die ist die soziale Marktwirtschaft das allerbeste...* "[149]

Beim späteren Vizekanzler jagt eine realistische Diktion die nächste, eine euphemistische Metapher nach der anderen lockert das Lockere auf. Ein klares Bekenntnis zur sozialen Marktwirtschaft und zur Mittelschicht, das alles offen lässt. Leistung soll sich lohnen, wobei unklar ist, was unter Leistung zu verstehen ist. Eigentlich kann man mit diesem Satz

---

[148] Steinmeier, Frank-Walter: Die Arbeit von Morgen. Politik für das nächste Jahrzehnt., S.2; http://www.karin-kortmann.de/downloads/SPDInformationen/Deutschlandplan.pdf; Download 11.08.09
[149] Hörprotokoll eines YouTube-Spots von Guido Westerwelle auf fdp.de; http://sozialemarktwirtschaft.fdp-fraktion.de/; Download 11.08.09.

auch die Vermögenssteuer begründen. Es wird emotionalisiert und desinformiert. Die Aussage, die Mehrheit der Deutschen sei nicht arm, verharmlost die massiven sozialen Disparitäten in diesem Land.

*Bärbel Höhn (Bündnis '90/ Die Grünen): „Markt und Wettbewerb sind für Grüne weder Selbstzweck noch Dogma. Eingebettet in einen sozialen und ökologischen Ordnungsrahmen können funktionierende Märkte ein effizientes Mittel sein, grüne Ziele zu erreichen. Sich selbst überlassen sind die Marktkräfte jedoch oft eine Triebfeder für Umweltzerstörung, Ausbeutung und Ressourcenverschwendung. ... Grüne Marktwirtschaft ist immer auch soziale Marktwirtschaft. Sie geht von dem Grundsatz aus, dass wirtschaftlicher Fortschritt allen zugutekommen muss und nicht nur einigen wenigen."*[150]

Die Grünen äußern sich an dieser Stelle relativ konkret zum Thema Nachhaltigkeit, wobei die soziale Komponente involviert wird. Alleinstellung scheint eine große Motivation dabei darzustellen. Sozial sind ja eigentlich alle, auch wenn sie es nicht sind. Höhn behauptet (realistische Diktion), grüne Marktwirtschaft sei auch soziale Marktwirtschaft.

Die Stellungnahmen der Parteivertreter haben wenig geklärt und doch ist eigentlich alles klar.

Für die FDP rutschen alle nach links, mit ihren sozialistischen Weizenfeldern. Das ist den Grünen aber nicht ökologisch genug, daher wollen sie eine grüne Marktwirtschaft, die natürlich immer auch eine soziale ist. Die SPD möchte die soziale Marktwirtschaft neu starten, wie gesagt, nach 11 Jahren Regierungsverantwortung bemerkenswert. Und die CDU ist natürlich sowieso und schon immer die Partei der sozialen Marktwirtschaft gewesen. Alle wollen sie, nur die anderen Parteien nicht, die tun nur so. Was sagen nun aber die Linken? Die dürften ja eher große Freunde des sozialistischen Weizens sein.

*Auszug aus dem Wahlprogramm der Partei „Die LINKE":*

*„Die aktuelle Krise ist die Krise einer Wirtschaftsordnung, die allein für den Profit produziert. Gerade in den letzten zehn Jahren haben sich die Regierungen in den Dienst des Kapitals gestellt. Mit der Agenda 2010 wurde das Lohndumping auf die Spitze getrieben. Zum ersten Mal seit 1945 wurden Löhne in*

---

[150] Bündnis 90/ Die Grüne: Grüne Marktwirtschaft. Beiträge zur wirtschaftspolitischen Debatte bei Bündnis 90/ Die Grünen. Berlin 2007, S.14.

*einem Konjunkturaufschwung gesenkt! Dies ist nicht nur sozial hochgradig ungerecht, darüber hinaus begann durch die Schwächung der Binnennachfrage die Wirtschaftskrise bereits im Frühjahr 2008. Das Lohndumping, die damit verbundene Umverteilung, ja, die Enteignung der Menschen in Deutschland und weltweit sind schließlich dafür verantwortlich, dass die Finanzmärkte aufgepumpt wurden. Mit unserem Geld haben die Zocker im Casino ihr Unwesen getrieben. Ein Finanzsystem, das auf der Jagd nach Maximalrenditen Billionen in spekulative Schneeballsysteme versenkt, statt reale Investitionen zu finanzieren, erklärt sich selbst historisch für bankrott.“*

Die Lexik der Linken allein verstärkt schon deren Drang zur Alleinstellung oder vielleicht die Alleinstellung realiter. Es wird großenteils pejorativ konnotiert: „Kapital“, „Lohndumping“, „Enteignung“, „Casino“, „spekulatives Schneeballsystem“ und „Zocke“. Inhaltlich eindeutig wird die Kritik am Gesellschaftssystem verdeutlicht, in der Folge einhergehend mit eindeutigen Schuldzuweisungen:

*„Der Kapitalismus ist nicht nur sozial ungerecht und ein Motor der Klimakatastrophe. Er ist heute auch wirtschaftsfeindlich. Wirtschaftsunternehmen, die selbst im Aufschwung Löhne drücken, Stellen vernichten sowie Investitionen und Forschungsausgaben reduzieren, um ihren Anteilseignern möglichst hohe Summen auszuschütten, verringern Wachstum und verteilbaren Reichtum. Der Kapitalismus zerstört die Mittelschichten und bewirkt eine extreme Einkommenskonzentration. Er führt dadurch zu einer systematischen Fehlsteuerung der Wirtschaft, zum Aufbau riesiger Überkapazitäten und zu einer gravierenden Unterversorgung. Außerdem entstehen bedrohliche globale Ungleichgewichte. Ergebnis ist eine massive Zerstörung von Produktion und Produktivität, von Arbeitsplätzen und Wohlstand, von Innovation und Kreativität.*
*Die tiefe soziale Spaltung in Deutschland ist kein Schicksal, sondern Ergebnis von Politik: der Grünen, der Liberalen, der Sozialdemokraten, der Konservativen. Sie haben die Gesetze beschlossen, die das alles möglich machten. Sie sagten, wir tun dies, weil wir euch damit helfen:*
*Ist die Arbeit der Menschen erst einmal billig, sind die Steuern für Unternehmen und Wohlhabende erst einmal niedrig, dann*

*gibt es genug Wachstum und Arbeitsplätze für alle. Das große*
*Versprechen entpuppte sich als großer Betrug.*
*Wir stehen vor einer klaren Alternative:*
*Entweder setzt sich weiter ein renditeorientiertes*
*Gesellschaftsmodell durch, also Politik und Staat räumen den*
*Scherbenhaufen auf, den die Marktradikalen hinterlassen haben,*
*und die Mehrheit der Bevölkerung bezahlt dafür.*
*Oder wir erkämpfen den Einstieg in eine andere Gesellschaft, in*
*der die Bedürfnisse der Menschen im Mittelpunkt stehen. Es ist*
*Zeit für echte Alternativen.*"[151]

Es scheint so, als ob tatsächlich die Linke allein die soziale
Marktwirtschaft in Frage stellt, v.a. aber deren Begründung. Es wird
offenbar bezweifelt, dass es so etwas wie soziale Marktwirtschaft gibt.
Dem Fahnenwort der politischen Gegner wird daher das Stigmawort
*Kapitalismus* entgegengesetzt und mit Argumenten unterlegt, allerdings
in einer klassisch oder meinethalben orthodoxen marxistischen
Argumentationsführung und daher wenig konkret. In der Wirkung gleicht
die Art der inhaltlichen Auseinandersetzung aufgrund ihres abstrakten
Charakters dem Stil realistischer Diktionen, ohne solche im engeren
Sinne zu sein.
Alternativ möchte die Linke das Modell „demokratischer Sozialismus"
installieren, ganz bewusst auch als wirtschaftspolitische Alternative,
wobei die dafür gedachte Wirtschaftsordnung sehr ungenau in der
Darstellung bleibt. Alle anderen Parteien bekennen sich, wie bereits
verdeutlicht, scheinbar eindeutig zur sozialen Marktwirtschaft. Meinen
sie aber immer dasselbe?
Es soll in diesem Zusammenhang noch darauf hingewiesen werden, dass
das Grundgesetz selbst kein Wirtschaftssystem festschreibt, erst auf der
EU-Ebene durch den Vertrag von Lissabon kommt es de facto dazu:

*„Die [Europäische] Union errichtet einen Binnenmarkt. Sie*
*wirkt auf die nachhaltige Entwicklung Europas auf der*
*Grundlage eines ausgewogenen Wirtschaftswachstums und von*
*Preisstabilität, eine in hohem Maße wettbewerbsfähige soziale*
*Marktwirtschaft, die auf Vollbeschäftigung und sozialen*
*Fortschritt abzielt, sowie ein hohes Maß an Umweltschutz und*
*Verbesserung der Umweltqualität hin. Sie fördert den*
*wissenschaftlichen und technischen Fortschritt. Sie bekämpft*

---

[151] Die Linke: Konsequent sozial. Für Demokratie und Frieden. Bundestagswahlprogramm 2009.
S.5; http://die-linke.de/fileadmin/download/wahlen/pdf/485516_LinkePV_LWP_BTW09.pdf;
Download 11.08.09

*soziale Ausgrenzung und Diskriminierungen und fördert soziale Gerechtigkeit und sozialen Schutz, die Gleichstellung von Frauen und Männern, die Solidarität zwischen den Generationen und den Schutz der Rechte des Kindes.*"[152]

Man möchte also Wirtschaftswachstum, Preisstabilität, Vollbeschäftigung, sozialen Fortschritt und Umweltschutz, es wird formuliert, was fast alle Parteiprogramme durch den Wolf drehen. Seit dem Tage des Inkrafttretens des Lissaboner Vertrages ist die Wirtschaftsordnung gesetzlich zementiert oder man tritt aus dem Vertrag aus, systemrelevante Änderungen werden nur noch innerhalb der EU möglich sein. Dass die Linke gegen den Vertrag vor dem Bundesverfassungsgericht geklagt hat, ist daher folgerichtig, sie glauben ja nicht an die *soziale Marktwirtschaft.* In der Tat deutet angesichts der europäischen Wirtschaftspolitik zur Bewältigung der *Eurokrise* wenig daraufhin, dass Marktwirtschaft innerhalb der EU sozial gestaltet werden soll. Einen Sozialabbau wie in den südeuropäischen Krisenstaaten ab 2010 hat Europa nach 1945 noch nicht erlebt.
Betrachten wir im Folgenden vor diesem Hintergrund die wirtschaftspolitischen Positionen der Parteien anlässlich der Europawahl 2009. Es ergeben sich daraus interessante Diskrepanzen zum bisherigen Meinungsbild und es wird ein wenig konkreter:

*CDU: „Eine starke Europäische Union ist die beste Voraussetzung für Wachstum, Wohlstand und soziale Sicherheit in unserem Land. Für unternehmerische Initiative, für Innovationen in Wissenschaft und Technik, für stabile Finanzmärkte sowie leistungsfähige Bildungssysteme im Europäischen Binnenmarkt brauchen wir die richtigen Rahmenbedingungen. Diese Rahmenbedingungen gewährleistet die Soziale Marktwirtschaft. Sie ist die effektivste und gerechteste Gesellschafts- und Wirtschaftsform.* "[153]

*„Die Soziale Marktwirtschaft als gemeinsames Gesellschafts- und Wirtschaftssystem hat mitgeholfen, schwierige Phasen in Europa zu überstehen und nachhaltige Entwicklungen anzustoßen. Dies gilt auch für die aktuelle Krise der internationalen Finanzmärkte und der Weltwirtschaft. Wir sind überzeugt: Die Europäische Union ist die beste Antwort auf Herausforderungen wie Globalisierung, Sicherung unseres*

---

[152] Vertrag von Lissabon, Art.3, Satz 3
[153] Wahlprogramm der CDU zur Europawahl 2009, S.3

*Wohlstands, Migration, Klimawandel, Energiesicherheit und neue Bedrohungen unserer Sicherheit."[154]*

Die Union (CDU und CSU) bleibt sehr vage, was nun für sie soziale Marktwirtschaft auf europäischer Ebene bedeutet. Fast religiös werden realistische Diktionen gebildet, oft kombiniert mit Superlativen: Soziale Marktwirtschaft ist wieder einmal die „effektivste und gerechteste Gesellschafts- und Wirtschaftsform". Punkt. Deshalb habe sie auch geholfen, die aktuelle Krise zu überwinden. Warum hat diese effektivste Ordnung die Krise aber nicht verhindert, warum gibt es Arbeitslosigkeit und andere schwerwiegende soziale Verwerfungen? Ebenso wird die Ausbeutung der Dritten Welt ignoriert, stellt diese doch einen zentralen Baustein des europäischen und nordamerikanischen Wohlstands dar. Bis auf das Hochwertwort *soziale Sicherheit* gibt es überhaupt keinen Bezug dazu, warum die *soziale Marktwirtschaft* eigentlich sozial ist. Stellt Hartz IV allein bereits soziale Sicherheit dar? Brüche in der Argumentation fallen den Autoren entweder gar nicht auf oder sie rechnen damit, dass diese den Leserinnen und Lesern nicht auffallen. Wenn es die überhaupt gibt. Letztlich sagen die obigen Zeilen doch aus, dass es soziale Marktwirtschaft im Weltmaßstab gar nicht gibt. Dass soziale Marktwirtschaft dann auch als Gesellschaftssystem bezeichnet wird, verstärkt nur den Eindruck eines diffusen Begriffsverständnisses:

*SPD: „Sozialstaatlichkeit hat in Europa Tradition. Und sie ist eine europäische Tradition. Früher als anderswo wurde in Europa Wirtschaften mit sozialen Regeln und Formen der organisierten Solidarität zusammengedacht. Dieses Modell einer sozialen Wirtschaftsordnung hat sich in unseren Gesellschaften bewährt und ist unverändert zeitgemäß.*
*Es ruht auf der Überzeugung, dass wirtschaftliches Wachstum und soziale Gerechtigkeit keine Gegensätze sind, sondern sich wechselseitig bedingen und stärken. Um es in Zeiten globalen Wirtschaftens zu erhalten und zu stärken, gilt es jedoch, Sozialstaatlichkeit progressiv weiterzuentwickeln.*
*Dazu wollen wir, dass das Wirtschaften auch auf europäischer Ebene in eine soziale und politische Ordnung eingefasst ist. Mit dem Binnenmarkt und der gemeinsamen Währung als zentrale europäische Integrationsprojekte stand bisher die wirtschaftliche Integration im Zentrum des europäischen Einigungsprozesses. Marktöffnung hatte Vorrang vor politischer Marktgestaltung und*

---

[154]Ebenda, S.2

*sozialer Integration. Wir wollen diese Schieflage korrigieren und auch auf europäischer Ebene die bewährte Balance einer sozialen Wirtschaftsordnung durchsetzen. Deshalb setzen wir uns für eine europäische Sozialunion ein, die den gleichen Rang wie die Wirtschafts- und Währungsunion haben muss.*
*Wir wollen zeigen und die Menschen davon überzeugen, dass Europa keine Gefahr, sondern eine Chance ist. "[155]*

Interessant ist, dass die SPD hier einräumt, dass die europäische Integration, gerade auch in wirtschaftlicher Hinsicht, wenig mit sozialer Ausgewogenheit zu tun habe. Jetzt, wo sie sich in der europäischen. Opposition befinden, wollen sie diese „Schieflage" korrigieren. Die Verlautbarung der sozialdemokratischen Überzeugung, wonach wirtschaftliches Wachstum und soziale Gerechtigkeit keine Gegensätze sind, ist weder überraschend noch sonderlich ambitioniert. Erstens behauptet niemand das Gegenteil und zweitens war es lange Zeit SPD-Sozialpolitik Wachstumsergebnisse zu verteilen, um mehr soziale Gerechtigkeit zu erreichen. Man vermied damit, in Besitzstände einzugreifen, allein, der Aspekt der Nachhaltigkeit fehlt hier deutlich.

*FDP: „Die FDP ist die einzige Partei in Deutschland, die die Prinzipien der Sozialen Marktwirtschaft konsequent beachtet. Nur Wettbewerb schafft Fortschritt – geistigen wie materiellen.*
*Die FDP im Europäischen Parlament wird deshalb darauf achten, dass der freie Wettbewerb in marktwirtschaftlichem Ordnungsrahmen auch in der EU von morgen zur Geltung kommt.*
*Wir wissen, dass die EU Wohlstand schafft, wenn sie den Binnenmarkt weiterentwickelt. "[156]*

Die FDP bekennt sich deutlich zur „sozialen Marktwirtschaft", inhaltlich umschreiben die Darlegungen aber v.a. das Leitbild einer reinen Marktwirtschaft. Die ergänzende Sozialordnung wird nicht erwähnt, die Sorge der Liberalen gilt v.a. der Frage, ob der freie Wettbewerb denn im ordnungspolitischen Kontext der EU noch funktioniert.

---

[155] SPD: Europamanifest zu den Wahlen zum Europäischen Parlament 2009, S.2; http://www.spd.de/de/pdf/spezial/eurodel/081208_Europamanifest_2009_final.pdf; Download 29.03.09
[156] FDP-Europawahlprogramm 2009, S.2; http://europaparteitag.fdp.de/files/12428/FDP-Europawahlprogramm2009.pdf; Download 29.03.09

*B'90/ Die Grünen[157]: „Wir wollen in Europa eine grüne Marktwirtschaft und keine entfesselte Ökonomie oder einen neuen Protektionismus.*
*Europa darf sich nicht abschotten, sondern muss sich in der globalen Arbeitsteilung besser positionieren. Das bedeutet: Europa muss wirtschaftlichen Erfolg auf Innovation und Umwelttechnologie sowie starke Arbeitnehmerinnen und Arbeitnehmer bauen und nicht auf einen Wettbewerb um Niedriglöhne und Minimalstandards setzen. Eine solche Lohn- und Standortkonkurrenz darf weder innerhalb der EU noch im globalen Wettbewerb als Zielperspektive unser Handeln bestimmen."[158]*

Auch hier wieder die Etablierung des neuen Fahnenwortes *grüne Marktwirtschaft,* man geriert sich damit als Wahrer der Sozialstaatsdiskussion und da die traditionellen Kräfte auf diesem Gebiet im politischen oder besser unpolitischen Mainstream der L.R.S. inzwischen stigmatisiert sind, v.a. SPD und Gewerkschaften, positioniert man sich moderner und gleichzeitig bürgerlich traditionell. Man ist für freien Handel und deckt damit alte wirtschaftsliberale Positionen ab. Natürlich möchte man auch keine *entfesselte Ökonomie,* was auch immer das ist. Im Wortsinn dürfte wohl niemand der Wirtschaft Fesseln anlegen wollen. Es scheint der Begriff *entfesselter Kapitalismus* bewusst vermieden worden zu sein, daher ein guter Beleg für die eben aufgestellte These der Distanz zu klassischen sozialpolitischen Bewegungen. Umwelttechnologie und Innovation sei die Basis für Erfolg, soziale Kürzung dürfe nicht Ziel sein, wobei letzteres stark paraphrasiert, fast schon chiffriert wird.
Ein starkes Engagement für Mindestlöhne und guter Bezahlung sieht anders aus. Allein die Paraphrase *starke Arbeitnehmerinnen und Arbeitnehmer* ist sehr uneindeutig. Brauchen starke Arbeiter und Arbeiterinnen nun einen hohen Lohn oder was ist Kennzeichen ihrer Stärke?

*Linke: „DIE LINKE steht für eine demokratische Wirtschaftspolitik und eine faire Handels- und*

---

[157]Der Titel des grünen Europawahlprogramms 2009 lautet: „Volles Programm mit Wumms für ein besseres Europa" (vgl. Kapitel II)
[158]http://www.gruene-partei.de/cms/default/dokbin/267/267135.europawahlprogramm_2009.pdf, 13.04.09

*Entwicklungspolitik, die im Interesse der Allgemeinheit und der Stärkung der europäischen Binnenwirtschaft sind. Das Dogma der "offenen Marktwirtschaft mit freiem Wettbewerb" in den Europäischen Verträgen wollen wir durch das Leitbild einer solidarischen Gesellschaft mit einer demokratischen Verfassung für Europa ersetzen."[159]*

Die Linken lehnen erneut, diesmal sprachlich eher indifferent, soziale Marktwirtschaft ab, ignorieren aber das Hochwertwort bewusst, eine Stigmatisierung ist auch kaum möglich, selbst in der eigenen Partei. Man ersetzt das Ganze durch ein eigenes Leitbild, das abermals die Frage nach der konkreten Wirtschaftsordnung unbeantwortet lässt.

Alle vorliegenden Äußerungen bekennen sich irgendwo und irgendwie zur vorherrschenden Wirtschaftsordnung oder zu etwas Ähnlichem, wobei es dann allerdings auch noch Varianten hinsichtlich des Begriffsverständnisses gibt.

Die SPD soll an dieser Stelle noch einmal genauere Betrachtung erfahren: Die Sozialdemokraten vermeiden ebenso wie die Grünen inmitten der Wirtschaftskrise und unter Konkurrenzdruck von links die explizite Erwähnung des vormaligen Hochwertwortes *soziale Marktwirtschaft*. Es wird aber davon gesprochen, dass die „Schieflage" des Vorranges von „Marktöffnung" vor „politischer Marktgestaltung" zu beenden sei. Im Grundsatzprogramm der SPD finden wir dann aber das deutliche Bekenntnis zur sozialen Demokratie mit einer „koordinierten" Marktwirtschaft, eingerahmt in einen demokratischen Kontext:

*„Soziale Demokratie garantiert nicht nur die bürgerlichen, politischen und kulturellen, sondern gleichermaßen die sozialen und wirtschaftlichen Grundrechte aller Menschen. Sie sichert die gleichberechtigte soziale Teilhabe aller durch gesellschaftliche Demokratisierung, vor allem Mitbestimmung, durch den auf Bürgerrechte gestützten vorsorgenden Sozialstaat und durch eine koordinierte Marktwirtschaft, in der der Vorrang der Demokratie vor den Märkten gewährleistet ist."[160]*

---

[159]Europawahlprogramm der Linken 2009, S.6; http://www.linke-kk.net/images/stories/Beitrage/LAG%20Europapolitik/europawahlprogramm2009.pdf; Download 29.03.09
[160]Grundsatzprogramm der SPD (Hamburger Programm), S.19; http://www.spd.de/de/politik/grundsatzprogramm/index.html (Download 28.03.09). Zum Begriff „soziale Demokratie" vgl. oben.

Offenbar verstehen FDP und CDU etwas anderes unter sozialer Marktwirtschaft als die SPD. In semantischer (ideologischer) Sprachkonkurrenz[161] wird aber auf das alte Fahnenwort nicht verzichtet. Schwarz-Gelb geht davon aus, dass Marktwirtschaft immer irgendwie soziale Akzente setzt, die SPD will schon den Sozialstaat ausbauen, sagt sie zumindest, auf europäischer Ebene war dies bislang nicht erfolgt, auf deutscher Ebene hat die SPD mit den von Hartz vorformulierten Sozialstaatsreformen einen gegenteiligen Kurs eingeschlagen. Lippenbekenntnisse flankieren halbherziges oder gegenteiliges Handeln. Einen ähnlichen Weg wie die SPD gehen die Grünen mit dem neuen Fahnenwort der „grünen Marktwirtschaft". Wasch mir den Pelz, aber mach mich nicht nass. Die verkürzten programmatischen Aussagen der Grünen entsprechen einer möglichen Definition von „sozialer Marktwirtschaft" Man bejaht soziale Marktwirtschaft, es bleibt aber unklar, was wirklich unter „grüner Marktwirtschaft" zu verstehen ist. Anscheinend ist es für die Grünen schon sozial, wenn man Sozialdumping nicht zum Ziel eigenen Handelns erhebt.

Im Bundestagswahlkampf 2009 wurde dieser Ansatz mit dem Fahnenwort „Grüner New Deal"[162] vertieft. Inhaltlich wenig vergleichbar mit der Situation in den USA Anfang der dreißiger Jahre des zwanzigstens Jahrhunderts, erreicht man doch die Botschaft, die gewünscht ist. Emotional und persuasiv erscheinen die Grünen als die innovative Kraft der Bundespolitik, welche die Probleme lösen kann. Die inhaltliche Innovationskraft der grünen Partei findet sich hier in sprachlicher Symbolik wieder, inhaltlich ist dies weniger belastbar. Der New Deal verdeutlichte damals in den USA die Abkehr vom reinen Kapitalismus hin zu einem Modell sozialerer Marktwirtschaft, auch bezüglich staatlicher Krisenpolitik ein echter Politikwechsel, wenngleich kein Systemwechsel. Einen solchen Ansatz implizieren die Grünen auch, vor allem überzeugt jedoch zunächst ihre Analyse:

> „Wir erleben die schwerste Finanzkrise seit den 30er Jahren des letzten Jahrhunderts. In den letzten Wochen sind weltweit einige der größten Banken zusammengebrochen, in den USA wie in Europa wurden milliardenschwere Rettungspakete geschnürt und Teile des Bankensystems verstaatlicht, weltweit sind die Börsenkurse abgestürzt. Mittlerweile hat die Finanzkrise auch

---

[161] Diesen Effekt nennt Klein „ideologisch motivierte Bedeutungskonkurrenz". Vgl. Klein 2005, S. 139f..

[162] Die Krisen bewältigen – für einen Grünen New Deal. Beschluss der 28. Ordentlichen Bundesdelegiertenkonferenz 14. – 16. November 2008; http://www.gruene-partei.de/cms/default/dokbin/258/258004.gruener_new_deal.pdf (Download 5.08.09)

*die Realwirtschaft erfasst. Dabei werden die Gefährdungen wegen bereits vorher bestehender Strukturprobleme (z.B. die Rohstoffverknappung) und Innovationsschwächen (z.B. in der Automobilbranche) verschärft. Die USA, viele Länder der EU, darunter auch Deutschland, aber auch zahlreiche Entwicklungs- und Schwellenländer stehen am Beginn einer Rezession, deren Ausmaß derzeit noch nicht absehbar ist. Die Folgen der Krise werden also nicht nur die Banken treffen: in den USA haben hunderttausende Menschen ihre Häuser verloren, Millionen könnten folgen.* "

Die Lageanalyse zur Finanz- und Wirtschaftskrise von Grünen und Linken sind sehr ähnlich, die Sprache, v.a. die Lexik, unterscheidet sich massiv.

*„Weltweit werden zig Millionen arbeitslos werden. Die ersten Länder sahen sich schon von einem möglichen Staatsbankrott bedroht. Ökonomien des globalen Südens kommen besonders schwer unter Druck. In unserem Land drohen die Einnahmen des Staates in der Rezession zurückzugehen und damit die Spielräume für Investitionen in Bildung oder Soziales. Bereits heute mühen sich fast sieben Millionen Überschuldete mit der Bewältigung ihres prekären Alltagslebens.*
*Eine neue Verschuldungswelle nach krisenbedingtem Arbeitsplatzverlusten droht und könnte den Schuldensockel ansteigen lassen.* "[163]

Trotz der deutlich werdenden Dramatisierung ist dem nichts hinzuzufügen, bis auf die politischen Konsequenzen, die zu ziehen sind. Die fehlen nicht, aber wie gesagt, zunächst zählt die Botschaft. Die Grünen sind anders. Also, alle gleichen sich darin, anders sein zu wollen. Die Grünen versuchen aber anders als die anderen zu sein:

*„Für uns Grüne ist deshalb klar, dass sich die Konsequenzen aus der Krise nicht auf einige Detailänderungen an den bestehenden Regulierungsvorschriften oder auf eine Erhöhung der Transparenz und Verbesserung der Aufsicht beschränken können, so richtig diese Forderungen sind.* "[164]

Woraus bestehen aber nun die Vorschläge der Grünen?

---

[163] Dito, S.1
[164] Dito, S.2.

*„Wir setzen auf einen Grünen New Deal. Mit einem konzentrierten sozial-ökologischen Investitionsprogramm wollen wir in Deutschland und in Europa gegen die Rezessionsgefahr angehen.*

*Zugleich geht es darum, den Grünen New Deal auch als globale Strategie zu buchstabieren, der die Verantwortung der reichen [Länder] für die Entwicklungsländer praktisch einlöst. Schließlich geht es um grundlegende Strukturveränderungen im Finanzsystem. Das betrifft die Regeln für Finanzakteure und Finanzprodukte, die staatliche Finanzaufsicht und die Rating-Agenturen, den öffentlichen und genossenschaftlichen Bankensektor, den Verbraucherschutz auf den Finanzmärkten und die Regeln für Managervergütung. Es schließt aber auch eine neue Weltfinanzarchitektur ein und eine europäische Wirtschaftsregierung, die Diskussion über künftige Wechselkurspolitik, die Austrocknung von Steueroasen und die Einführung einer Finanzumsatzsteuer.*

*Beim Krisenmanagement muss konsequenter gehandelt werden, als dies die Bundesregierung bisher getan hat. Dazu gehört, dass der Staat seine Sicherung gegenüber den Banken nur gegen Mitsprache- und Kontrollrechte leistet. Eine intelligente Form der Teil-Verstaatlichung durch Übertragung von Aktien auf den Bund als Gegenleistung für eine Garantie muss in den Instrumentenkasten der Politik. Die Politik darf sich auch nicht scheuen, gegebenenfalls durch eine vom Finanzsektor zu finanzierende Sonderabgabe zu verhindern, dass die Krisenintervention der öffentlichen Hand diese ausbluten und handlungsunfähig werden lässt.*

*Außerdem wollen wir durch mehr Transparenz über die Verflechtungen des Finanzsystems, einer Förderung von dezentralen Wirtschaftsstrukturen und dem Entgegenwirken gegen Konzentrationsprozesse im Finanzsektor den Ursachen der Krise entgegenwirken.“*[165]

Die Analyse offenbart – fast analog zur Position der Linken, das völlige Versagen der kapitalistischen Wirtschaftsordnung im globalen Maßstab, es wird ein *New Deal*, also ein qualitativ anderer Kurs implizit angekündigt, die Maßnahmen selbst beinhalten nichts, was nicht auch in den anderen Parteien diskutiert und tlw. auf nationaler und

---

[165] Dito, S.2f.

internationaler Ebene vorangetrieben worden ist. Man könnte die Grünen als Semantik-Revoluzzer oder Meister politischer Diktion bezeichnen. Der Inhalt ist nicht entscheidend, es geht um die Botschaft, das Signal, die Wirkung des Fahnenworts *Grüner New Deal*. Der Begriff *Soziale Marktwirtschaft* findet sich in diesem wichtigen wirtschaftspolitischen Positionspapier nicht ein einziges Mal. Das ist alter Tobak, stattdessen wird wie erwähnt von *Grüner Marktwirtschaft* geschrieben. Die Grünen betonen dafür sehr umfassend, dass neben dem ökologischen Aspekt der soziale gestärkt werden müsse. Es ist zurzeit noch nicht absehbar, ob diese Neuausrichtung ein getarnter Abschied vom Modell der sozialen Marktwirtschaft darstellt.

Trotz der verschiedenen Absatzbewegungen stellt „Soziale Marktwirtschaft" weiterhin ein zentrales Fahnenwort oder zumindest Hochwertwort der L.R.S. dar. Alle grenzen sich voneinander ab, ohne in ihrer sprachlichen Diktion den gesellschaftlich angenommenen Grundkonsens zu verlassen. Semantisch ergeben sich aber weit weniger Gemeinsamkeiten als zunächst angenommen. Eine wichtige Frage stellte in diesem Zusammenhang Oskar Lafontaine, damals Partei- und Fraktionsvorsitzender der LINKEN, im Bundestag:

> *„Für uns geht es hier auch um eine grundsätzliche Frage. Was verstehen wir unter sozialer Marktwirtschaft? Ich habe heute wieder interessante Aufsätze und Interviews zu diesem Thema gelesen. Ich ermutige jeden, der das Wort „soziale Marktwirtschaft" in den Mund nimmt, zu sagen, was er darunter versteht. Heute habe ich gelesen, dass das etwas mit Einstieg und Aufstieg zu tun habe. Ob damit etwas Brauchbares oder Verwertbares gesagt ist, weiß ich nicht. [...]*

> *Ich möchte für meine Fraktion festhalten: Für uns ist eine Marktwirtschaft dann sozial, wenn sie fallende Löhne sowie Monopol- bzw. Oligopolpreise verhindert. So einfach ist die Definition. [...]*

> *Als hätte unsere verehrte Bundeskanzlerin mir heute ein Argument liefern wollen, hat sie in einem Interview zur sozialen Marktwirtschaft auf die Frage, was sie denn eigentlich bewirkt und erreicht habe, geantwortet: Weniger Staat ist ein Zugewinn an Freiheit für viele Bürger. Jetzt müssen Sie klatschen. Mit diesem Satz steht die verehrte Bundeskanzlerin in krassem Gegensatz zum Aufklärer Rousseau, der gesagt hat:*

*Zwischen dem Schwachen und dem Starken ist es die Freiheit, die unterdrückt, und das Gesetz, das befreit.*
*Nun stehen wir vor der schwierigen Frage, wer recht hat: Frau Merkel oder der Aufklärer Rousseau? Wenn man die Geschichte der Menschheit betrachtet, sieht man: Überall dort, wo die Schwachen durch Gesetze nicht geschützt werden, werden sie in größere Schwierigkeiten kommen und ihr Leben immer weniger bewältigen können. [...]*[166]

In unserem oben zitierten Schulbuch wurde Rousseau nicht als geistiger Vater der *sozialen Marktwirtschaft* gesehen, er ist es wohl auch nicht. Lafontaine legt aber den Finger in die Wunde. Unter sozialer Marktwirtschaft wird kaum das verstanden, was Müller-Armack u.a. meinten. Das Attribut impliziert, dass wir eben im Gegensatz zur freien Marktwirtschaft eine Wirtschaftsordnung haben, die innerhalb der Gesellschaft für eine angemessene und v.a. gerechte Verteilung des gesellschaftlich produziertem Reichtums sorgt. Das ist zur Zeit aber nicht der Fall.

Erinnern wir uns darüber hinaus kurz daran, dass die Grünen für „wirtschaftlichen Erfolg ... auf starke Arbeitnehmerinnen und Arbeitnehmer" setzen. Lafontaine hat aber nicht unrecht, soziale Marktwirtschaft muss vor allem sozial Schwachen hilfreich zur Seite stehen, wobei die konträre Attribuierung von *stark* und *schwach* grundsätzlich als irreführend zu bezeichnen ist. Armut ist grundsätzlich kein guter Indikator von Leistungsfähigkeit. Es wird impliziert, dass die Starken zu Recht reich, die Schwachen zu recht arm sind. In der Marktwirtschaft ist Vermögens- und Einkommensverteilung zu einem großen Teil aber nicht leistungsbezogen. Reichtum wird in der Regel vererbt. Hinzu kommen Seilschaften, Selbstbedienungsmentalitäten der Managerkaste usw. Anders ist es nicht zu erklären, dass HRE-Manager das verdienen, was sie verdienen, und auf der anderen Seite Krankenhausärzte in der Onkologie ihren Teil mit ihren Arbeitszeiten sowie Arbeitsbedingungen.

Fasst man nun die Stellungnahmen der Parteien zusammen, dann ist zu erkennen, dass sich deshalb alle zur sozialen Marktwirtschaft bekennen können, weil jeder im Sinne ideologischer Sprachkonkurrenz etwas anderes darunter versteht resp. verstehen will, die Definition von Lafontaine ist ein guter Beleg dafür. Sich begrifflich von sozialer Marktwirtschaft zu distanzieren, scheint nicht ohne weiteres möglich zu sein, es sei denn, man verspricht mehr soziale Standards, so dass die

---

[166]Rede im Bundestag, 20.06.2008

Linken dies anscheinend halbwegs schadfrei vollziehen können. Dass diese sich von Marktwirtschaft völlig abwenden, kann man allerdings trotz aller Sozialstaatsrhetorik auch nicht erkennen, wenn man Lafontaines obigen Redebeitrag betrachtet.

Dass Begriffe semantisch unterschiedlich belegt sind, ist weder in der L.R.S. noch an anderer Stelle ungewöhnlich[167], aber es ist bemerkenswert, dass dann nicht der Begriff, das Hochwertwort/ Fahnenwort fallen gelassen wird, sondern quasi durch tlw. bewusste Sememverschiebung, also gezielte Veränderung des Begriffsverständnisses, lax gesagt, der Begriff der veränderten eigenen politischen Position angepasst wird. Dabei scheinen Sememveränderungen diesen Begriff schon die letzten 60 Jahre begleitet zu haben, da die Ursprungsdefinition sich doch deutlich von dem Begriffsverständnis in der alten BRD der siebziger Jahre unterscheidet. Für die Bürgerinnen und Bürger ist das nicht einfach zu durchschauen. Man wirbt für dasselbe Fahnenwort, meint aber inzwischen etwas ganz anderes. Die fortgesetzte Benutzung des etablierten Fahnenwortes evoziert die Illusion, alle politischen Parteien wären weiter für soziale Marktwirtschaft. Dabei hat sich Schwarz-Gelb quasi davon verabschiedet, wegen der vorgeblichen Sachzwänge der Globalisierung. Die Grünen wollen nur keinen weiteren Sozialabbau als Ziel akzeptieren, was denselben an sich nicht ausschließt. Die SPD wendet sich vom Begriff *demokratischer Sozialismus* ab, was ebenfalls Auswirkungen auf das Verständnis sozialer Marktwirtschaft beinhaltet, da man das jetzige System ja akzeptiert und nun nicht mehr systemrelevant reformieren möchte. Und dass die Linken, sobald sie sich in Regierungsverantwortung befinden, etwa im Land Berlin, eine qualitativ andere Politik verfolgt, ist nicht erkennbar. Solange diese Mechanismen nicht der breiten Öffentlichkeit bewusst sind, arbeiten sich die politischen Akteure weiter an diesem Begriff ab. Die Auseinandersetzung um den Sozialstaat, den einige abbauen, andere ausbauen, andere verteidigen wollen, wird dadurch kaschiert, dass alle die heilige Kuh *soziale Marktwirtschaft* anbeten, jeder sich aber seinen eigenen Götzen bastelt.

Es handelt sich dabei m.E. auf der politischen Ebene großenteils um keine bewusste Täuschung der Öffentlichkeit. Vielmehr glaubt man der eigenen Propaganda selbst. Das Schlimmste, was politischen Akteuren passieren kann.

Eine solche semantische Orientierungslosigkeit kann u.U. durch eine Rückbesinnung auf den Ursprung zumindest teilweise aufgehoben

---

[167]Zum Problem der semantischen Varianz im politischen Sprachgebrauch nochmals der Verweis auf Dieckmann 2005, S. 19. Ebenso Klein 2005, S.139f.

werden. Die Grundidentität *soziale Marktwirtschaft* heißt eigentlich, vielleicht etwas platt ausgedrückt: Es soll sozial gerecht sein, aber Sozialismus wollen wir nicht[168]. Das vormalige Hochwertwort und Fahnenwort *soziale Marktwirtschaft* postulierte bis 1989 in diesem Sinne tatsächlich eine gesellschaftliche Grundeinstellung, v.a. in Abgrenzung zum gegnerischen politischen System im Osten und in Anlehnung an demokratische Strukturen in der Gesellschaft, auch in der Wirtschaft. Sozialistisch wollte keiner sein, deswegen auch die Abkehr vom Marxismus in Bad Godesberg durch die SPD. Übrig geblieben ist nur das Formativ, das nun unterschiedlich ausgelegt wird.

Der Begriff selbst ist aufgrund der historischen Entwicklung der Bundesrepublik Deutschland, gerade auch in Zeiten des Kalten Krieges und in Konfrontation mit der DDR, kaum hinterfragbar, also tabuisiert. Da eine Stigmatisierung auf den Urheber zurückfallen würde, hilft nur Ignoranz oder Uminterpretation des Begriffes. Einzig die Linke kann es sich erlauben, den inkriminierten Begriff *Kapitalismus* zu verwenden, aus sachlich-programmatischen Gründen wie auch persuasiv motiviert, angesichts ihrer Zielgruppe. Ihre Wählerschaft will nicht das Tucholsky'sche Radieschen-Deutsch der SPD hören.

Der Begriff *Marktwirtschaft* selbst ist im Übrigen bereits ein Fahnenwort gewesen, um das Stigma des inhaltlichen Pendants „Kapitalismus" zu vermeiden. *Markt* ist positiv besetzt, wer bummelt nicht gern am Samstagvormittag über den Wochenmarkt, um frischen Käse oder einen guten Sonntagsbraten einzukaufen. Doch da die Erfahrungen von 1929 und 1933 in Westdeutschland die Erkenntnis gebracht haben, dass das vormalige wirtschaftspolitische System gescheitert war sowie der Begriff Marktwirtschaft somit bereits negativ konnotiert war und auch inhaltlich fragwürdig erschien, fand man in Konfrontation zum *real existierenden Sozialismus* als Fahnenwort die *soziale Marktwirtschaft*. Unser Schulbuch und auch die oben zitierten politischen Akteure verweisen nicht auf den propagandistischen Charakter dieses Begriffes.

System und Begriff hatten, wie bekannt ist, großen Erfolg, spätestens 1989 wurde die Unterlegenheit des gegnerischen Systems deutlich. Aus der Niederlage des gesellschaftlichen Systems im Osten und dessen offensichtlichem wirtschaftlichen Unvermögen schloss man, quasi im Umkehrverfahren, auf die Alternativlosigkeit des eigenen, wobei man aber auch nun das Attribut *sozial* flexibel auslegen konnte, der Kalte Krieg war ja gewonnen.

*Sozial* ist ein denkbar unpassendes Attribut zu Marktwirtschaft, fast schon ein Oxymoron, es wird versucht zu implizieren, dass der an sich

---

[168] Vgl. Kapitel IV.2.

unsoziale Markt sozial durch das Primat der Politik gestaltet werden kann. Die SPD verweist sogar im oben zitierten Programm auf den „Vorrang der Demokratie vor den Märkten"[169], was nun wirklich fernab jedweder Realität ist. Ohne dies vertiefen zu wollen, sei auf die international agierenden „Global Player" und im Gegensatz dazu die national agieren Regierungen verwiesen, wobei nur wenige Staaten versuchen Marktwirtschaft sozial auszugleichen. Hinzu kommt, dass unser Wohlstand und damit der soziale Charakter unserer Wirtschaft durch die Ausbeutung der Länder in Südamerika, Afrika und Asien finanziert werden. In ihrer Neujahrsansprache 2009 äußerte sich auch Bundeskanzlerin Merkel zu dieser Frage:

> *„Der Staat ist der Hüter der wirtschaftlichen und sozialen Ordnung. Der Wettbewerb braucht Augenmaß und soziale Verantwortung. Das sind die Prinzipien der sozialen Marktwirtschaft. Sie gelten bei uns, aber das reicht nicht.*

> *Diese Prinzipien müssen weltweit beachtet werden. Erst das wird die Welt aus dieser Krise führen. Die Welt ist dabei, diese Lektion zu lernen.*

> *Und das ist die Chance, die in dieser Krise steckt, die Chance für internationale Regeln, die sich an den Prinzipien der sozialen Marktwirtschaft orientieren.*

> *Ich werde nicht locker lassen, bis wir solche Regeln erreicht haben."*[170]

Frau Merkel erweckt den Anschein, als ob sie allein die soziale Marktwirtschaft weltweit einführen könne. Offensichtlich haben alle Kanzler davor einfach zu locker gelassen. Darüber hinaus sind die logischen Brüche des ehemaligen CDU-Fahnenwortes gut illustriert. Ein Wettbewerb mit sozialer Verantwortung? Mit Augenmaß? Das erste ist schlicht falsch, das zweites ist sinnbefreit. Außerdem ist die BRD als Staat keineswegs laut Grundgesetz Hüter der wirtschaftlichen Ordnung. Grundrechte und politische Rahmenbedingungen, resp. sozialer Rechte, sind festgeschrieben, aber mitnichten die Marktwirtschaft. Das Recht auf Eigentum besteht, aber auch die Möglichkeit der Enteignung.[171] Das änderte sich erst mit Lissabon.[172]

---

[169]Ebenda.
[170]http://www.freiehonnefer.de/neujahrsansprache-von-bundeskanzlerin-angela-merkel-zum-jahreswechsel-20082009.htm; Download 29.03.09

Auch wenn Frau Merkel nicht die Welt retten wird, bleibt festzuhalten, dass die Weltwirtschaft im Zuge der Wirtschaftskrise, die 2007 eher öffentlich unbeachtet begann, durchaus in Bewegung geraten ist, wenngleich kaum in Richtung sozialer Marktwirtschaft. Und in Phasen der Destabilität geraten vorhandene Strukturen in den Fokus.

> *Inmitten der Finanzkrise platzt am 28.03.09 eine Nachricht wie so viele auch, trotz großer Verluste erhalten die Spitzenmanager der Dresdner Bank Boni in Millionenhöhe.*

> *Dazu äußert sich Bundeskanzlerin Merkel: „Früher haben wir gedacht, Bonus gibt es für was Gutes, jetzt wissen wir, Boni gibt es auch, wenn man total versagt hat. [...] Es zeigt auch, dass wir auch wieder Anstand brauchen."*

> *Zum selben Thema meint der Bundesinnenminister Schäuble, die Manager seien „Totengräber am Prinzip der sozialen Marktwirtschaft".* [173]

Interessant ist zunächst, dass man anhand des Zitates der Kanzlerin erkennen kann, wie intensiv sich Politiker mit Sprachfindungen beschäftigen[174]. Schäuble und Merkel implizieren erstens, dass soziale Marktwirtschaft gut ist und alles das, was jetzt deutlich wird, damit nichts zu tun hat. Zweitens kommt das alles völlig überraschend. Die Boni werden seit Jahrzehnten ausgeschüttet, die Höhen sind explodiert, aber nie hat jemand, auch nicht Frau Merkel, moniert, dass die Manager Gehälter und Bonuszahlungen in Millionenhöhe erhalten, was dem Mehrfachen des Gehaltes des Bundeskanzlers bzw. der Bundeskanzlerin entspricht. Eher streicht man, wie 2010 geschehen, den Konsum von Alkohol und Tabakwaren aus dem Hartz IV-Warenkorb.
In der Finanzkrise sind die Diskrepanzen natürlich exorbitant größer hervorgetreten. Erst in dieser Situation, in welcher der Staat die Finanzhäuser rettet und diese sich trotzdem bedienen, spricht man von Anstand:

---

[171] GG, Art. 14, Satz 3
[172] S.o.
[173] heute-Sendung, 28.03.09
[174] Vergleiche S.11, Simonis (Fußnote 35).

*Auch Finanzminister Peer Steinbrück (SPD) und Wirtschaftsminister Karl-Theodor zu Guttenberg (CSU) fanden ungewohnt deutliche Worte. Mit solch einem unanständigen Verhalten fügten diese Leute unserem Gesellschaftssystem schweren Schaden zu, sagte Steinbrück der "Bild"-Zeitung.*

*Zu Guttenberg appellierte an die Moral der Banker. Es sei eine Frage des Anstands, dass die Manager ihre Boni zurückzahlten oder spendeten, sagte er dem Blatt: "Ich habe kein Verständnis für maßlose Forderungen von Managern, deren Unternehmen ohne die Hilfe der Steuerzahler keine Gehälter und schon gar keine Boni mehr zahlen könnten."* [175]

Wir hatten schon einige Beispiele betrachtet, in denen L.R.S. moralisiert und emotionalisiert. Es geht an vielen Stellen nicht um sachbezogene Diskussion, sondern um Öffentlichkeitswirksamkeit, um Effektorientierung und Signalsetzung. In unserem Fall, legen Steinbrück und von Guttenberg Wert auf die Aussage, dass sie an Anstand und Moral appelliert haben. Anstand und Moral hatten der Höhe der Gehälter und Boni jedoch auch vor der Krise, also immer, im Wege gestanden. Es geht den beiden Recken wie allen anderen auch um öffentlich wirksame Positionierung, um im Wahljahr nicht als Unterstützer dieser unsozialen Seite unserer Gesellschaft zu erscheinen, der man aber doch real ist. Die Politiker würden ihr Verhalten, wenn es nicht das ihre wäre, populistisch nennen, letztlich ist es vor allem opportunistisch. Soziale Begleitung der Marktwirtschaft wird allerorts gefordert, aber immer weniger umgesetzt. In bestimmten Bereichen werden auf Kosten der Steuerzahler, wobei Unter- und Oberschicht prozentual (pro Kopf) am wenigsten beitragen, große Missstände verhindert, letztlich aber die Akkumulation des Kapitals befürwortet.

Erinnern wir uns an das Kapitel II. Politisches Handeln gilt nur dann als erfolgreich, wenn es medial wahrgenommen wird. Umgekehrt ist Fehlverhalten ebenfalls nur dann schädlich, wenn die Medien es transportieren. Vor der Finanzkrise geriet u.a. Ackermann, Vorstandsvorsitzender der Deutschen Bank, wegen seiner üppigen Bezüge in die Kritik. Beim Mannesmann-Prozess rechtfertigt Ackermann die Zahlungen an Esser als „legal" sowie „international üblich" und man habe sich am „Prinzip der Leistungsgerechtigkeit" orientiert. [176]

---

[175] http://www.tagesschau.de/wirtschaft/dresdnerbank132.html, Meldung vom 28.03.09, Download 29.03.09.
[176] http://www.spiegel.de/wirtschaft/0,1518,283038,00.html, Meldung vom 22.01.2004, Download 29.03.09

Mit Markt und Sonntagsbraten hat das alles nichts zu tun, es handelt sich um reinen Kapitalismus, da Geldmacht offensichtlich das zentrale Prinzip ist. Das ist nüchtern festzustellen. Auch beim Mannesmannprozess gab es Kritik aus der Politik, aber dass 2009 diese Zahlungen immer noch rechtens waren, zeigt die Diskrepanz zwischen dem sprachlichen Getöse und dem realen Handeln bzw. Dulden von Seiten der politischen Eliten.

Von einer sozialen Ausgestaltung der Marktwirtschaft kann nach 1990 immer weniger die Rede sein. Der Druck, sozial attraktiver als die DDR zu sein, fiel weg. Und selbst Parteien wie SPD und Linke, welche sich programmatisch distanziert zeigen, agieren wie bereits erwähnt in der *Realpolitik* v.a. marktwirtschaftsorientiert[177].

In diesem Sinne ist auch das Fahnenwort „Sozialstaat" einzuordnen. Niemand würde es politisch überleben, kündigte er den *Sozialstaat* auf. Dennoch wird eben dieser seit Jahren abgebaut, auch oder gerade von der SPD (Hartz IV). Punktuell spiegelt sich dies auch in Neologismen der L.R.S. nieder, etwa *Neue Soziale Marktwirtschaft*. Dies ist der Name einer bemerkenswerten Lobbyorganisation zum Vorantreiben von Sozialstaatsabbau, taucht aber auch in anderen Zusammenhängen auf. Wenden wir uns zunächst der INSM zu, über die eine wissenschaftliche Studie urteilte, sie bereite das klimatische Fundament in der Öffentlichkeit, damit Unternehmen anschließend ihre Interessen besser durchsetzen können[178].

*Wikipedia über die „Initiative Neue Soziale Marktwirtschaft":*

*„Die INSM möchte nach eigener Aussage die Bürger der Bundesrepublik Deutschland von der „Notwendigkeit marktwirtschaftlicher Reformen" überzeugen. Die Soziale Marktwirtschaft müsse an die Bedingungen des 21. Jahrhunderts angepasst werden: „An die Globalisierung, die Wissensgesellschaft, die Veränderungen in der Arbeitswelt und den demografischen Wandel." Die INSM orientiere sich dabei an den Idealen Eigeninitiative, Leistungsbereitschaft und Wettbewerb. Sie sieht sich dabei in der Tradition von Ludwig Erhard.*

*Im Einzelnen bedeute dies:*

- *Beschränkung des Staates auf seine „Kernkompetenzen"*
- *Abbau von Bürokratie und Vereinfachung von Genehmigungsverfahren*

---

[177] Vgl. z.B. die rot-rote Landesregierung in Berlin.
[178] Hans-Böckler-Stiftung, 09.09.2004, zitiert nach Wieczorek 2010, S.255

- *Senkung von Steuern und Abgaben (bringe neue „Freiräume" für die Eigeninitiative von Bürgern und Unternehmen, verbessere die Wettbewerbsfähigkeit und sei Voraussetzung für das Entstehen neuer Arbeitsplätze)*
- *Abbau von Subventionen (verzerrten den Wettbewerb, diskriminierten Nichtsubventionierte, erhöhten die Abgabenlast)*
- *Arbeitslose müssten sinnvoll qualifiziert statt alimentiert werden. Alles, was aus Sicht der Initiative im Sozial- und Arbeitsrecht die Schaffung neuer Arbeitsplätze verhindert, müsse dereguliert werden*
- *Prinzip der Hilfe zur Selbsthilfe in der Sozialpolitik. Ansprüche auf eine aus Sicht der INSM bestehende „Rundum-Absicherung" seien nicht mehr bezahlbar. Wer mehr Schutz oder eine höhere Rente wolle, müsse über das Kapitaldeckungsverfahren zusätzlich privat vorsorgen.*
- *Die Tarifpolitik müsse sich stärker an den Bedürfnissen der Betriebsparteien ausrichten. Das bedeute zum Beispiel die weitere Flexibilisierung der Arbeitszeiten, die Senkung der Lohnnebenkosten.*
- *In der Bildungspolitik gehe es um mehr Wettbewerb, mehr Effizienz und mehr Tempo. Die Einführung von Studiengebühren sowie die Auswahl der Studierenden durch die Hochschulen sei hierzu ein notwendiger Beitrag."[179]*

Eine gute Zusammenfassung, die nichts verfälscht. Es ist geradezu bemerkenswert, dass dieser Artikel von der INSM bei Wikipedia geduldet wird. Offensichtlich rechnen die Verantwortlichen, wahrscheinlich zu Recht, nicht damit, dass dieser Artikel schädlich sein könnte. Wenn man aber die Euphemismen und Paraphrasen aus dem Text entfernt, bekommt man ein klares Bild über die Zielrichtung dieser Gruppe. Die INSM möchte den Sozialstaat abbauen (Punkt 1), weniger Regeln z.B. bei baulichen oder anderen Genehmigungen (Punkt 2; die BP-Ölplattform im Golf von Mexiko lässt grüßen), die steuerliche Belastung von Unternehmen senken (Punkt 3), möglichst alle Subventionen abbauen (Punkt 4), Leistungen für Arbeitslose reduzieren (Punkte 5 und 6), Arbeitszeiterhöhungen und (reale) Lohnsenkungen

---

[179]wikipedia.de; Download 29.03.09, Stichwort „Initiative Neue Soziale Marktwirtschaft"

(Punkt 7) sowie eine stärkere soziale Selektion im Bildungsbereich ( Punkt 8).

Die INSM präferiert ganz eindeutig eine freie, privatkapitalistische Wirtschaft begleitet von einem Nachtwächterstaat. Das Neue an dieser sozialen Marktwirtschaft ist, dass das Soziale fehlt. Keine politische Partei könnte ernsthaft diese Punkte programmatisch aufgreifen, dennoch finden sie ihren Niederschlag in der realen Politik und wie wir gesehen haben, im Verständnis von *sozialer Marktwirtschaft*. Die Grundidentität der *sozialen Marktwirtschaft* ist äußerlich unantastbar, real dürfen wir aber nicht glauben, dass die soziale Marktwirtschaft unantastbar ist. Das Gegenteil ist der Fall. L.R.S. verschleiert hier und dennoch erfahren wir an dieser Stelle sehr viel über unsere Gesellschaft. U.a. ist beachtlich, dass hier durch die zusätzliche Attribuierung *neu* zusätzlich zum Ausdruck gebracht wird, dass sozialstaatliche Akzentuierungen, wie sie der Begriff *sozial*, nicht mehr zeitgemäß sind. Sozialstaatlichkeit wird in der L.R.S. zunehmend im Sinne von antiquiert konnotiert.

Wie schon bei *Demokratie* wird deutlich, dass massiv Fahnenwörter und Hochwertwörter postuliert werden, Gegenkonzepte stigmatisiert werden, dennoch aber die Realität unserer Gesellschaft sich nicht automatisch demokratisch oder sozial darstellt. Das öffentliche Bewusstsein fordert dies zwar ein, wie wir bereits gesehen haben, nur, hat das nichts zu sagen.

Der britische Soziologe William Thomas hat ein für uns in diesem Zusammenhang interessantes Theorem aufgestellt, wonach eine Situation in ihren Folgen real ist, wenn die Menschen diese Situation für wirklich existent halten, obgleich diese es nicht ist.[180] Also ist die öffentliche Meinung ein wichtiger Aspekt zur Aufrechterhaltung des Sozialstaates und von Demokratie oder auch für ihren Abbau. Wenn die Menschen glauben, dass Demokratie und Sozialstaat reformbedürftig sind, dann sind im Ergebnis beide auch wirklich reformbedürftig und krisengeschüttelt. Die Menschen hören jeden Tag, dass die Rente nicht sicher ist, dass der Sozialstaat wankt, alle politikmüde sind und nicht zu Wahl gehen, also formt sich ihr Bewusstsein und es entstehen Verhaltensmuster, die zur Berichterstattung passen.

L.R.S. indiziert also nicht nur die Instabilität unseres wirtschaftlichen und politischen Systems, sie stabilisiert oder destabilisiert selbst. Gleichzeitig stellen sprachliche Tabus, v.a. Stigmawörter wie *Sozialismus* und Hochwertwörter wie *soziale Marktwirtschaft*, Barrieren zu einer unvoreingenommenen gesellschaftlichen Entwicklung dar, gestaltet durch die breite Bevölkerung. Es werden reale gesellschaftliche

---

[180]Vgl. http://garfield.library.upenn.edu/merton/thomastheorem.pdf

Prozesse verdeckt, etwa der Abbau von Sozialstaatlichkeit. Das alles ist kein Produkt einer Regierung usw., Verschwörungstheoretikern soll nicht das Wort geredet werden, vielmehr manifestieren sich alle relevanten Grundidentitäten und Erscheinungsformen dezentral aufgrund der gegebenen gesellschaftlichen Bedingungen. Dessen ungeachtet zeichnen hierfür konkrete Akteure verantwortlich. Jede Politikerin, jeder Politiker hat die Pflicht, die Demokratie zu stärken, trotz eventueller Nachteile der eigenen Person im politischen Konkurrenzkampf. Es geht hierbei nicht um naive Sichtweisen auf Realitäten, ganz im Gegenteil. Sich im Gefangenendilemma einzurichten ist seinerseits naiv, da man die Folgen auf die demokratische Kultur in der Gesellschaft ignoriert.

Bezogen auf die Grundidentität *soziale Marktwirtschaft* bleiben die Begrifflichkeiten, semantisch wächst aber die Diskrepanz zwischen Realität und u.U. auch nur vorgeblichem Anspruch. Das wird durch den Prozess der ideologischen Bedeutungskonkurrenz unter den Akteuren verstärkt. Die Menschen spüren das und gehen angesichts ihrer Desorientierung auf Distanz.

Hinzu kommen historische Altlasten, so dass Bürgerinnen und Bürger zum demokratischen Gemeinwesen, dem Staat, ein gestörtes Verhältnis aufweisen. Diese Staatsferne hat natürlich auch ihre Wurzeln in den Erfahrungen mit dem NS-Regime, dann mit dem stalinistischen und in der Folge autoritär-staatlichem System unter Ulbricht/Honecker bzw. im Westen mit dem konservativ-autoritären Staats- und Gesellschaftsverständnis in der Adenauer-Zeit.

Der freiheitlich-demokratische Staat[181] wird in seiner marktwirtschaftlichen Orientierung als das Ende der Geschichte und die Erfüllung aller verwirklichbaren Wünsche der Menschen dargestellt. Es wird immer wieder postuliert, dass die soziale Marktwirtschaft und die Demokratie die gerechteste Gesellschaftsordnung verkörpern, die umsetzbar ist. Da die Menschen in ihrem alltäglichen Leben diese Erfahrung nicht machen, wiederholt man es, bis es alle glauben, höchstwahrscheinlich sogar, weil man es selbst glaubt.

*Noch einmal aus der Rede Schäubles als Parteivorsitzender der CDU in Essen 2000:*
*„Die soziale Marktwirtschaft ist die gerechteste und effizienteste Ordnung."[182] Verabsolutierend und im Superlativ ertrinkend, verdeutlicht Schäuble, der kurz darauf an der CDU-*

---

[181]Warum eigentlich freiheitlich und nicht frei? Man ist an Radio Jeriwan erinnert. Sind wir eine freie Gesellschaft? Im Prinzip ja ...

[182] http://www.rp-online.de/public/article/politik/247554/Die-Rede-von-Wolfgang-Schaeuble.html, Download 29.03.09

*Spendenaffäre scheitern wird, welche Bedeutung die Grundidentität „soziale Marktwirtschaft" inne hat.*

Es gibt eben keine bessere Wirtschaftsordnung und es gibt keine bessere Gesellschaft. Punkt. Wer diese Meinung nicht teilt, und es gäbe übrigens einige Argumente, dies nicht zu tun, stigmatisiert sich selbst. Z.B. ist Effektivität ein fragwürdiges Kriterium. Diktionen sind in der Regel sehr effektiv, allein deswegen sind sie noch nicht gerechtfertigt. Daher nehmen fast alle politischen Kräfte auf diese Grundidentität Bezug, obgleich es sich nicht mit den eigenen politischen Vorstellungen deckt. Bei der FDP tritt dies überdeutlich hervor.

Wie gesagt, das Hohelied der sozialen Marktwirtschaft in ihrer ungenauen Bedeutung wird von den meisten gesungen, so weit es die Ordnungsvorstellungen von „Marktwirtschaft" und „Demokratie" betrifft. Geht es um die Rolle des Staates innerhalb der sozialen Marktwirtschaft, dann weht hier ein anderer Wind:

> *Im Zuge der sehr intensiven, weil v.a. emotionalen Debatte um die „Gesundheitsreform" äußerte sich der Präsident des Bundesärztebundes Hoppe dahingehend, dass er eindringlich vor der Umwandlung des Gesundheitssystems in eine Staatsmedizin warnte.*

Beachtlich ist, dass Hoppe das Bestimmungswort „Staat" stigmatisierend verwendet. Gerade das Gesundheitswesen ist doch abhängig davon, dass der Staat hier gesellschaftliche Verantwortung übernimmt. Die USA unter dem neuen Präsidenten Obama rangen 2009 darum, Standards zu installieren, die in Deutschland selbstverständlich sind. Wenn Marktwirtschaft sozial sein soll, dann geht es nur darum, dass der Staat hier Verantwortung übernimmt.

Eine gewisse Staatsskepsis existiert in Deutschland nicht erst seit 1945, bereits in der liberalen und sozialdemokratischen Bürgerrechtsbewegung im Kaiserreich und vorher im Biedermeier hat diese ihre Wurzeln. Dass diese aber in der Demokratie immer noch lebendig ist, ist bemerkenswert, resultierte doch vormalige Politikverdrossenheit aus undemokratischen Strukturen. Das Ganze manifestiert sich in eben jener Politikverdrossenheit und in einem bewusst hedonistischen Lebensstil:

> *Als ich Juli 2009 – zu Beginn des Bundestagswahlkampfes – im Kino die Werbung vor dem Film über mich ergehen ließ, keine Chance zum Wegzappen, erschien auf einmal der altbekannte*

*Hinweis von Politikwerbung, dass für den folgenden Wahlwerbespot die Parteien verantwortlich sind, die diesen ausstrahlen. Das gesamte Kino stöhnte vor Entsetzen. Vox populi in beeindruckender Einigkeit. Als sich das Ganze dann als Gag des Komikers Hape Kerkeling, der Werbung für seinen neuen Film machte, entpuppte, war die Volksseele wieder befriedet.*

Soziale Marktwirtschaft stellt wohl die am stärksten tabuisierte Grundidentität der L.R.S. dar, gleichzeitig wird in der politischen Realität relativ deutlich, dass aus unterschiedlichen Gründen dieses Modell nicht als überlebensfähig angesehen wird bzw. nicht mehr gelebt wird.

Interessant ist hierbei, dass der Kapitalismus als Wirtschaftssystem – außer von den Linken - kaum hinterfragt wird, was angesichts der beispiellosen Finanzkrise durchaus zu erwarten wäre. Kritik an bestimmten Problemen gibt es schon, die Systemfrage wird aber nicht gestellt. Wenn sie dann doch im Kampf um mediale Aufmerksamkeit gestellt wird, eine Systemumstellung wird real auf keinen Fall betrieben. Schauen wir uns einige kritische Äußerungen an, die bekannteste ist wohl die „Heuschrecken-Metapher" von Franz Müntefering, mitten im NRW-Landtagswahlkampf 2005, in dem bekanntlich die Bundesregierung Schröder unter besonderem Druck stand:

*„Bei Ackermann stimme die Unternehmensethik nicht mehr, wenn er eine Eigenkapitalrendite von 25 Prozent zum Ziel erklärt und bei gewachsenen Gewinnen am selben Tag ankündigt, 6400 Menschen zu entlassen', wetterte Müntefering in der ‚Bild am Sonntag'. ‚So etwas deprimiert die Menschen und raubt ihnen das Vertrauen in die Demokratie.'*

*Seine Kritik am Kapital verschärfte der SPD-Chef noch einmal: ‚Manche Finanzinvestoren verschwenden keinen Gedanken an die Menschen, deren Arbeitsplätze sie vernichten. Sie bleiben anonym, haben kein Gesicht, fallen wie Heuschreckenschwärme über Unternehmen her, grasen sie ab und ziehen weiter.' Eine bestimmte Schicht von Leuten aus der Wirtschaft und auf den internationalen Finanzmärkten führe sich auf, ‚als gebe es für sie keine Schranken und Regeln mehr', sagte Müntefering. ‚Gegen diese Form von Kapitalismus kämpfen wir.'"[183]*

---

[183] Die Zeit vom 20.04.05, http://www.zeit.de/2005/16/kapitalkritik (Download 05.08.2009)

In diesem Fall wird das Hochwertwort „Marktwirtschaft" vermieden, man kämpft ja dagegen an, daher passt dann doch der pejorativ belegte Begriff „Kapitalismus". Aber aufgemerkt, Müntefering SPD kämpft nicht gegen den Kapitalismus an sich, sondern gegen „diese Form". Nicht das System Marktwirtschaft wird hinterfragt, sondern nur eine *schlimme* Sonderform, da diese „die Demokratie" gefährde, weil sie die Regeln nicht beachte[184]. Als ob die Heuschrecken außerhalb von Recht und Gesetz agiert hätten. Moralische Regeln kennt diese Branche ansonsten nicht.

Die Metapher „Heuschreckenschwärme"[185] mit biologistischem Bildgehalt ist eher LTI und könnte darüber hinaus auch von Kaiser Wilhelm II. stammen. Mitten im Wahlkampf entdeckt Müntefering, wie gemein der Kapitalismus ist, wenig authentisch.

2008 und 2009 liefern sich Porsche und VW ein Duell, bei dem sich Marx sehr selbstgefällig auf die Schultern hätte klopfen können. Erst will Porsche, mit dem Vorstandsvorsitzenden Wiedeking an der Spitze, VW übernehmen, überschätzt sich, d.h. verschuldet sein Unternehmen massiv, dann übernimmt am Ende VW Porsche. Und Herr Wiedeking bekommt für die fällige Entlassung 50 Millionen Euro Abfindung.

> *„Aber Aufregung gibt es in jedem Fall über die höchste Abfindung, die jemals an einen deutschen Manager bezahlt wurde. ,Es macht einen schon fassungslos, zu sehen, dass jemand im Prinzip ein Unternehmen an die Wand fährt und dafür am Ende noch mit mehreren Millionen belohnt wird', sagt Joachim Poß, SPD-Finanzexperte. Dass Wiedeking überhaupt noch Geld für seinen Abgang bekommt, hält Poß für unbefriedigend. Die Größenordnung spiele da beinahe keine Rolle mehr. Aber Wiedeking sei letztlich auch nur Teil eines Systems, das nach wie vor für Misswirtschaft Boni auszahle. ,Auf solch einer Basis kann eine Volkswirtschaft auf Dauer nicht existieren', sagt Poß. Die 25-Millionen-Spende ändere auch nichts an dieser Tatsache. ,Das kaschiert den ganzen Vorgang nur', erklärt Poß. Sein Parteifreund Björn Böhning fordert im Gespräch mit ,handelsblatt.com' sogar, Auswüchsen bei Abfindungen per Gesetz entgegenzuwirken. Auch bei der CDU gibt es Unmut. Der finanzpolitische Sprecher der Unionsfraktion, Otto Bernhardt, hält diese Abfindung für ein falsches Signal in Zeiten der Krise. Dietmar Bartsch, Bundesgeschäftsführer der Linken, sagt: ,Diese Summe ist*

---

[184] Ebenda.
[185] Ebenda.

*absurd hoch und steht in keiner Relation zu irgendeiner geleisteten Arbeit.'"*

Ein paar Tage später hat sich die Aufregung schon gelegt, aber über Wochen erregen sich dafür die Medien über die sogenannte Dienstwagenaffäre von Gesundheitsministerin Ulla Schmidt. Sie war im Urlaub, mit Dienstwagen. Der Fahrer war mit dabei, dadurch sind Kosten zwischen 3000 bis 10000 € entstanden, wobei letztgenannte Summe deutlich zu hoch gegriffen sein dürfte. Der Dienstwagen wurde gestohlen, tauchte wieder auf, eine Randnotiz. Eigentlich. Wochenlang vor der Bundestagswahl 2009 wird nun dieses Thema kolportiert. Und die Medien haben eine eindeutige Meinung, vox populi?

*Kölnische Rundschau: „Reicht es denn schon, wenn der Umweltminister im Urlaub eine Windmühle besichtigt, die Bildungsministerin vor einer Schule steht und der Verkehrsminister ein Modell-Boot zu Wasser lässt - und schon darf die gepanzerte Limousine anrollen - quer über den Kontinent? Das ist absurd. Es drängt sich also der Verdacht auf, dass hier einige nicht besonders wichtige Vor-Ort-Termine arrangiert wurden, um eine gute Erklärung dafür zu haben, dass der praktische Dienstwagen - mit Chauffeur versteht sich - auch unter südlicher Sonne bereit steht. Wohlgemerkt, es ist nur ein Verdacht. Die Ministerin hat ein Recht darauf, dass ihre Argumente gehört werden. Nur muss sie sich schnell und einleuchtend äußern."*

*Stuttgarter Nachrichten (teilweise wortgleich): „Es drängt sich der Verdacht auf, dass hier einige nicht besonders wichtige Vor-Ort-Termine arrangiert wurden, um eine gute Erklärung dafür zu haben, dass der praktische Dienstwagen - mit Chauffeur versteht sich - auch unter südlicher Sonne bereitsteht. Ulla Schmidt sollte sich dazu schnell und einleuchtend äußern. Man hätte übrigens auch gern gewusst, ob es andere Kabinettsmitglieder ähnlich halten wie die Gesundheitsministerin."*

*Münchner Merkur: „Die Gesundheitsministerin ist lange im Geschäft und kennt die Spielregeln. Die Kette grenzwertigen bis missbräuchlichen Umgangs mit Privilegien durch politische Entscheidungsträger - ob es sich um Dienstwagen, Flüge oder*

*Spesen handelt - ist schon lang genug und hat viel Vertrauen zwischen Regierenden und Regierten zerstört. Gerade im Angesicht der weltweiten Finanzkrise und milliardenschwerer staatlicher Hilfsprogramme für Banken und Unternehmen dürfen die Bürger einen redlichen Umgang mit Steuergeldern erwarten. Ulla Schmidt braucht jetzt ein paar verdammt gute Argumente. "*

*Mindener Tageblatt: „Politiker, zumal solche in herausragenden Ämtern, stehen bei einem nicht kleinen Teil der Bevölkerung unter Generalverdacht, ihre Positionen und Privilegien für persönliche Vorteilsnahmen auszunutzen. Was, von Zeit zu Zeit vorkommende Einzelfälle ausgenommen, zweifelsohne ein ungerechtes pauschales Vorurteil ist. Dieses jedoch stellt durch seine pure Existenz gewissermaßen eine hilfreiche vorbeugende Therapie gegen Amtsmissbrauch dar und trägt zur politischen Hygiene bei: insofern, als sich Amts- und Würdenträger aller Art unter ständiger, besonders misstrauischer Beobachtung wissen. Dies vorausgesetzt, wäre eine «Dienstwagen- Affäre» der Bundesgesundheitsministerin Ulla Schmidt - auch noch mitten im Wahlkampf - wahlweise entweder eine besonders peinliche oder eine besonders unsensible Darbietung. "[186]*

Manager gestehen sich im Rahmen einer sogenannten *sozialen Marktwirtschaft* horrende Gehälter und dann nach dem Scheitern „angemessene" Abfindungen zu, aber eine Gesundheitsministerin steht am medialen Pranger, angesichts ihres Dienstwagens im Urlaub. Im Bereich der Wirtschaft werden Ausuferungen ganz anderen Kalibers viel dezenter behandelt, auf jeden Fall nicht verhältnismäßig. Selbst bei der HSH-Nordbank reagierten Medien und Bevölkerung sehr zurückhaltend, als die Bank 2009 nur durch Milliardenzuwendungen der selbst hoch verschuldeten Nordländer Hamburg und Schleswig-Holstein gesichert werden konnte und trotzdem sehr großzügige Boni, u.a. an den Vorstandsvorsitzenden Nonnenmacher in Höhe von 2,9 Millionen, ausgeschüttet wurden.

*„Schleswig-Holsteins Ministerpräsident Carstensen hat an den Vorstandschef der HSH Nordbank, Nonnenmacher, appelliert, auf seine umstrittene Bonuszahlung zu verzichten. Der CDU-Politiker sagte im Deutschlandfunk, er habe Nonnenmacher*

---

[186] http://www.sol.de/news/welt/tagesthema/Inlandspresse-Pressestimmen-zur-Dienstwagenaffaere;art7325,3060577,2 (Download 05.08.09)

*nahegelegt, einer neuen Regelung zuzustimmen. Dieser habe zwar einen vertraglichen Anspruch auf das Geld. Eine moralische Rechtfertigung gebe es aber im Moment nicht. Denkbar sei etwa, den Bonus in Höhe von 2,9 Millionen Euro nur dann zu zahlen, wenn es der HSH Nordbank wieder besser gehe. Zudem kündigte Carstensen [2009] für den Fall seiner Wiederwahl nach der Landtagswahl im September harte Sparbeschlüsse an.* "[187]

Erst nickt der Ministerpräsident die Abfindungen ab, werden sie öffentlich, appelliert Herr Carstensen an die Moral. Guttenberg und Steinbrück lassen grüßen. Die in der Folge beschlossenen Sparbeschlüsse der schleswig-holsteinischen Landesregierung treffen v.a. Geringverdiener und die Mittelschicht. Von sozialer Marktwirtschaft im eigentlichen Wortsinn sind diese Vorgänge weit entfernt. Von Moral auch, unabhängig vom Zeitpunkt.

Die Reaktionen der Bevölkerung auf die aufgezeigten Meldungen sind schwer zu beurteilen, weil die Medien hier stark verzerrend wirken. Durch die Fülle medialer Wirkungen sind reale Stimmungen kaum mehr greifbar, schon gar nicht durch Abstimmungen. Auffällig ist jedoch, dass die Nonnenmacher-Abfindung kaum Widerhall fand, zumindest nicht bundesweit, die Dienstwagenaffäre aber schon. Bei der Relation der Sachverhalte wirklich bemerkenswert, zumal auch Schmidt sich an die gegebenen Regeln gehalten hatte. Der Münchner Merkur verknüpft zwar im eben genannten Kommentar argumentativ Bankenkrise und Dienstwagenaffäre, aber v.a. um Schmidt zu kritisieren. Man gibt den Banken Milliarden, da kann man doch nicht mit dem Dienstwagen in den Urlaub fahren. Nimmt Nonnenmacher den Bus? Der Trainer des Drittligisten Holstein Kiel bekam im Jahre 2009 mehr Gehalt als die Bundeskanzlerin. Holstein Kiel spielte zwischenzeitlich in der vierten Liga.

Einerseits rettet der Staat unsere Gesellschaft vor den Folgen der kapitalistischen Wirtschaftsordnung, aber nicht etwa der Marktwirtschaft, sondern dem Staat gilt das Misstrauen der Bevölkerung. Vielleicht steht dies im Zusammenhang damit, dass der Staat die eigentlichen Ursachen für wirtschaftliche und soziale Fehlentwicklungen nicht bekämpft, teilweise noch nicht einmal benennt. Wenn sie benannt werden, dann sind externe Motivationen wie Wahlkämpfe etc. überdeutlich, dies

---

[187] Deutschlandradio, Meldung vom 26.07.09; http://www.dradio.de/nachrichten/200907261200/1 (Download, 05.08.09)

kaschiert L.R.S. kaum noch, es ist offenkundig. Hierin liegt dann auch eine wichtige Ursache für Politikverdrossenheit und verstärkt die Distanz zum Staat.

*Soziale Marktwirtschaft* spielt hierbei als Grundidentität eine zentrale Rolle. Der Begriff suggeriert Distanz zum Kapitalismus sowie Kontrolle entfesselter Märkte, ohne dass dies stimmt und ohne Handlungsverpflichtungen, gegen Fehlentwicklungen vorzugehen. Es suggeriert aber v.a., dass der Staat in Schach gehalten wird. Nur so viel Staat wie möglich. Kein Sozialismus, keine Experimente. Was wir haben, das haben wir.

## 5. Wir sind ein Volk - Political Correctness in der L.R.S.

Auf einer Zugfahrt nach Hamburg mit der Deutschen Bahn AG war eine Übersichtskarte mit folgender Überschrift zu besichtigen:

*„Bahnlinien in Schleswig-Holstein (mit Hinweisen auf Einrichtungen für mobilitätseingeschränkte Reisende)"*[188]

Man braucht ein paar Sekunden, um die Aussage zu verstehen. Gut gelaunt könnte man kalauern, dass alle Kunden der Deutschen Bahn mobilitätseingeschränkt sind. Gemeint ist hier natürlich etwas anderes. Der Neologismus im obigen Beispiel soll die offenbar unerwünschte Benutzung des Begriffs „Behinderte" vermeiden. Das heißt nicht, dass es keine *behinderten Reisende* geben soll, sie sollen sich nur nicht durch die Überschrift verletzt fühlen. Die vorliegende Wortneuschöpfung ist umständlich und natürlich nicht lexikalisiert. Daneben findet aber *behindert* und *Behinderung*[189] durchaus weit verbreiteten Eingang in die Gegenwartssprache. Dass diese Überschrift Behinderten zu nahe träte, wenn dort von *Behinderten* expressis verbis die Sprache wäre, kann mit Recht bezweifelt werden. Diesbezüglich ist aber eine Tendenz innerhalb der L.R.S. erkennbar, vermeintlich Schutzbedürftige durch vorsichtige Benennungen zu schonen, also inkriminierte Begriffe zu vermeiden[190]. Erfolgt dies nicht, kann das für die Betroffenen, also die Absender der unkorrekten Äußerung, ungemütlich werden.

So stieß 2006 der damalige Vorsitzende der SPD, Kurt Beck, eine Diskussion über neue „Unterschichten" an:

*„ 'Deutschland hat ein zunehmendes Problem', sagte Parteichef Kurt Beck der 'Frankfurter Allgemeinen Sonntagszeitung' [am 08.Oktober 2006]. 'Manche nennen es Unterschichten-Problem.' Beck ließ keinen Zweifel daran, wen er da meinte. 'Es gibt viel zu viele Menschen in Deutschland, die keinerlei Hoffnung mehr haben, den Aufstieg zu schaffen. Sie finden sich mit ihrer*

---

[188]Beobachtet vom Autor am 12.08.08 im Zug Kiel – Hamburg.

[189] Vgl. z.B., dass 2003 das „Jahr der Menschen mit Behinderungen". Stötzel/ Eitz 2003, S.50

[190] Sigrid Luchtenberg unterscheidet zwischen „verhüllenden" Euphemismen (etwa im vorliegenden Fall), wo Sprecher und Hörer gleichberechtigt aus Rücksicht auf den Wert anderer oder allgemeiner gesellschaftlicher Moralstandards agieren, und „verschleiernden" Euphemismen. Diese haben demnach die Aufgabe, bestimmte Sachverhalte dem Hörer in einer vom Sprecher ausgewählten Weise darzustellen, wodurch i.a. eine für den Sprecher günstige Auswahl getroffen wird." Luchtenberg 1985, S.24. Eine interessante Unterscheidung, allerdings für die Betrachtung der L.R.S. unpraktikabel. Es kann nicht um die Intention des Sprechers, wie will man diese ergründen, sondern v.a. um die Wirkung resp. Folgewirkung solcher sprachlicher Strukturen gehen.

*Situation ab. Sie haben sich materiell oft arrangiert und ebenso auch kulturell.'"* [191]

Eine ehrliche Analyse, welche die Hierarchisierung unserer Gesellschaft eindrucksvoll beschreibt. Es gibt die Wohnung ohne Bücher, mit drei Spielkonsolen und leerem Kühlschrank, das Gefrierfach ist aber mit Pizzen gefüllt. Und es gibt sie massenhaft. Sozialisation findet weiterhin v.a. innerhalb der Familie statt und dies geschieht in sehr unterschiedlicher Art und Weise. Es gibt eben die Kinder, welche mit sechs Jahren reiten, schwimmen und musizieren, und diejenigen, welche im Schlafanzug zum Kindergarten gebracht werden. Es war mutig und notwendig von Beck, dieses Thema anzusprechen. Den Begriff „Unterschicht" hätte er besser nicht erwähnen sollen. Und es spielte keine Rolle, dass er sich diesen nicht einmal zu eigen gemacht hatte. Die Aufregung war jedenfalls groß, selbst die eigene Partei relativierte ihren damaligen Vorsitzenden:

> *„ 'Unterschicht', das sei eine Formulierung ,lebensfremder Soziologen', sagte der damalige Vizekanzler Franz Müntefering heute [16.10.2006]. ,Es gibt keine Schichten.' Und der damalige Generalsekretär Hubertus Heil warnte: ,Mit dem Begriff sollte man vorsichtig sein.' Die SPD und ihr Chef Kurt Beck würden ihn sich jedenfalls nicht zu eigen machen, weil man damit Menschen stigmatisiere."* [192]

Die SPD-nahe Friedrich-Ebert-Stiftung nennt daher die *Unterschicht* lieber *abgehängtes Prekariat* und der damalige SPD-Generalsekretär diese die *neuen Armen* [193]. Die einen stürzen sich damit in die Konnotationslosigkeit wissenschaftlicher Fachsprache und neutralisieren damit jedwede politische Wirkung. Der andere erschafft einen Neologismus, um von der Klassendiskussion abzulenken. Die SPD versuchte natürlich eine neue v.a. innerparteiliche Diskussion über Schröders Agenda 2010 zu vermeiden, da diese von vielen als Ursache für die Zunahme der Unterschicht betrachtet wird, was übrigens alles andere als abwegig ist. Dies umfasst aber nicht alle Gründe für diese Diskussion. Münteferings Hinweis, es gebe keine Schichten [194], ist in diesem Zusammenhang wirklich beachtlich. Wir kommen darauf zurück.

---

[191] Volkery, Carsten: Die SPD scheut das U-Wort. Spiegel-online, 16. Oktober 2006
[192] dito
[193] dito
[194] dito

Es wird sich also bemüht, niemanden zu diskreditieren. Das kann taktische, aber im Einzelfall auch durchaus ehrbare Gründe haben. Die gesellschaftliche Wirkung ist jedoch problematisch. Jeder soll sich wohl fühlen können, auch wenn er sich aus bestimmten anderen Gründen überhaupt nicht wohl fühlt. Einen Angehörigen der Unterschicht zu verletzen, indem ich seine soziale Klasse benenne, scheint schwerer zu wiegen, als dass dieser unter der Zugehörigkeit zu der Klasse aus den Alltagssorgen heraus sowieso leidet, etwa, weil seine Kinder schlechteres Essen, schlechtere Kleidung, schlechtere Chancen besitzen. Und wenn Kurt Beck Recht hat, dass es den Unterschichtangehörigen egal ist sowie, dass sie sich arrangiert haben, dann wird deren Kummer über das Wort *Unterschicht* überschaubar sein. Warum also dieser Aufwand? Einerseits wird „verhüllt", um zu schützen, andererseits offenbar aber auch gezielt „verschleiert".[195]

Es gibt das Bestreben, sich politisch korrekt auszudrücken, auch wenn die Umstände, die damit bezeichnet werden, alles andere als korrekt sind. Sprache kann aber auch ein Mittel sein, um gegen Ungerechtigkeiten vorzugehen. 1993 gab die deutsche UNESCO-Kommission Richtlinien für einen nichtsexistischen Sprachgebrauch heraus[196]. Die empfohlenen Mittel befremden oder belustigen zuweilen, sie haben aber den Zweck Sexismus und Chauvinismus zu bekämpfen. Dies ist unbedingt zu unterstützen:

> *So sollen bei Anreden sowohl die männliche als auch die weibliche Form verwendet werden, letzte zuerst, z.B. „Meine Damen und Herren...", Anredeformen und Namen sind symmetrisch zu verwenden, z.B. Frau Anne Meier und Herrn Otto Meier. Gleiches gilt für Bezeichnungen, was aber auch sehr lästig sein kann. Referendarinnen und Referendare in der Lehrerausbildung verzweifeln beispielsweise, wenn sie auf nur drei Seiten begrenzt einen Unterrichtsentwurf niederschreiben müssen, aber jedes Mal die Formulierung „Schülerinnen und Schüler" zu verwenden haben.*

Es gibt weiterhin eine Ungleichbehandlung von Frauen in Vergleich mit Männern, die hier tlw. gewählten Formen positiver Diskriminierung sind daher zu begrüßen, auch wenn sie zuweilen in einigen Kreisen auf Ablehnung stoßen. Hier ein besonders prägnantes Beispiel:

---

[195] Vgl. Luchtenberg 1985, S.24
[196] Hellinger, Bierbach 1993. (auch im Internet unter: http://www.psychologie.uni-heidelberg.de/personen/frauenbeauftragte/deUNESCO.pdf); vgl. auch Guentherodt/ Hellinger/ Pusch/ Trömel-Plötz 1980

*In seinem politischen Sachbuch „Das Ende des klassischen
Staates" schreibt Oberstudiendirektor Ulrich March 2002:*
*„In einer Reihe von Staaten droht heute beispielsweise insofern
eine Aushöhlung des in den Verfassungen verankerten
Gleichheitsgrundsatzes, als in der administrativen und teilweise
auch legislativen Praxis Frauen, Behinderte, Homosexuelle und
sonstige Randgruppen (sic!) objektiv begünstigt, somit Männer,
Gesunde und Heterosexuelle indirekt benachteiligt werden. Der
Sachverhalt ist ebenso komplex wie delikat: Einerseits ist ja die
offene oder versteckte Diskriminierung der genannten Gruppen
nach wie vor verbreitet, die Bemühung um Gleichberechtigung
also grundsätzlich gerechtfertigt. Andererseits ist im Einzelfall
die Gefahr nicht auszuschließen, dass im Namen der Gleichheit
neue Ungleichheit geschaffen wird..."*[197]

Die hier vorliegende sprachliche Diskriminierung, Frauen sind nun
einmal keine Randgruppe, ist sicher v.a. unbewusst geschehen. Aber
gerade unbewusst Artikuliertes ergibt oft tiefgehendere Einsichten. Ein
reiner Flüchtigkeitsfehler ist denkbar, aber unwahrscheinlich, da der
Autor grundsätzlich viel Wert auf einen exakten Sprachgebrauch legt. Es
handelt sich wohl doch um internalisierte Haltungen. Unabhängig von
der vorgenommenen Randgruppierung von Frauen, stellt die hier
deutlich werdende Abwehrreaktion auf die vielerorts anzutreffende
positive Diskriminierung keinen Einzelfall dar. Quotierungen, z.B. im
politischen Bereich, treffen viele aktive männliche Politiker hart, sind sie
doch meist in der Mehrzahl, weniger aktive Frauen haben einfach
bessere Chancen.
Widerstände dieser Art sind hinzunehmen oder zu überwinden, da der
normative Anspruch des Grundgesetzes, wonach alle Frauen und Männer
gleichberechtigt sind, noch lange nicht reale Selbstverständlichkeit ist,
worauf das Grundgesetz selbst hinweist:

*Auszug aus dem Grundgesetz:*

*„(1) Alle Menschen sind vor dem Gesetz gleich.
(2) Männer und Frauen sind gleichberechtigt. Der Staat fördert
die tatsächliche Durchsetzung der Gleichberechtigung von
Frauen und Männern und wirkt auf die Beseitigung bestehender
Nachteile hin.*

[197] March, Ulrich: Das Ende des klassischen Staates. Frankfurt a.M. 2002, S.76.

*(3) Niemand darf wegen seines Geschlechtes, seiner Abstammung, seiner Rasse, seiner Sprache, seiner Heimat und Herkunft, seines Glaubens, seiner religiösen oder politischen Anschauungen benachteiligt oder bevorzugt werden. Niemand darf wegen seiner Behinderung benachteiligt werden.* "[198]

Diskriminierung hat aber viele Gesichter und sexistischer Sprachgebrauch ist keine alleinige Domäne der Männer.

Zur Bundestagswahl 2009 präsentiert Vera Lengsfeld – frühere Bürgerrechtlerin in der DDR, erst grünes MdB, dann für die CDU – ein Wahlplakat das Aufsehen erregte. Ihr Berliner Wahlkreis ließ vermuten, dass die CDU bei den Erststimmen nur auf Platz 4 eintrudelt, da der Grüne Ströbele sich dort eine unangefochtene Stellung erarbeitet hatte und SPD sowie Linke ebenfalls sehr stark sind.

Es galt also aus der Sicht Lengsfelds mediale Aufmerksamkeit zu erheischen, was auch gelang. Lengsfeld ist auf dem Plakat in einem Ballkleid mit tiefem Ausschnitt zu erkennen, daneben ist die Kanzlerin montiert, in ähnlichem Outfit. „Wir haben mehr zu bieten" ist der Slogan des Plakates, eindeutig eine Anspielung auf sekundäre Geschlechtsmerkmale der beiden Frauen. D.h., Frau Lengsfeld wirbt damit, dass sie eine Frau mit üppigen Busen ist, während der Hauptkontrahent, so möchte man ergänzen, ein Mann ist und deshalb auch ohne Busen. Hätte sich das analog ein männlicher Kontrahent gewagt, die konkrete Visualisierung von denkbaren Möglichkeiten bleibe dem geneigten Leser oder eben der Leserin überlassen, sein politischer Absturz wäre wahrscheinlich gewesen, da hier eine aggressive Form sexistischer Wahlwerbung vorliegt. Die Wahlwerbung war im Übrigen nicht erfolgreich, wurde allerdings auch nicht von der eigenen Partei sanktioniert.

Zusammenfassend bleibt festzuhalten, dass positive Diskriminierung oder sexistischer Sprachgebrauch unter bestimmten Umständen möglich ist. Dies steht im Zusammenhang mit dem Selbstverständnis der demokratischen Grundordnung, wonach alle gleichberechtigt sind, obwohl nicht alle gleich sind, was wiederum das Bedürfnis evoziert, Benachteiligungen zu bekämpfen. Dies schlägt sich in der L.R.S. nieder, Sprache wird zu diesem Zwecke teilweise bewusst eingesetzt, wie in der UNESCO-Richtlinie gesehen. Wenn eine erfolgversprechende Bekämpfung sprachlich nicht möglich ist, Sprache kann nicht alles, dann

---

[198] GG, Art.3

treten Versuche auf, Benachteiligungen zumindest sprachlich zu nivellieren oder zu verdecken[199].

Allerdings entstehen aus der vermeintlichen Political Correctness Tabus, die über das normale Maß einer freien Gesellschaft weit hinaus gehen.

Von Antiantisemitismus haben wir schon gesprochen. Verletzen Sie einmal diese Grundidentität und die Folgeschäden werden schwerwiegend sein, selbst, wenn dies sachlich nicht geboten ist. Und jetzt kommt Stiegler:

> *Der damalige stellvertretende Fraktionsvorsitzende der SPD-Bundestagsfraktion Ludwig Stiegler, der Mann mit dem roten Pullunder, äußerte sich am 12.07.05 folgendermaßen: „Beim Satz 'Sozial ist, was Arbeit schafft' falle ihm der Slogan (!) 'Arbeit macht frei' ein."[200] Ein Sturm der Entrüstung auf allen Kanälen war die Folge. Am 13.07.05 bat er öffentlich in der Tagesschau um Entschuldigung.[201]*

Der von Stiegler kritisierte Satz „*Sozial ist, was Arbeit schafft.*" ist in der Tat fragwürdig, nach dieser Diktion würde etwa Sklavenarbeit wie im Römischen Reich einen Vorzeigesozialstaat generieren. Im Übrigen erinnert er an LTI, hat doch Hugenberg, auch noch im NS-Staat als treuer Wegbereiter der NS-Diktatur politisch aktiv, den Satz geprägt: „Sozial ist, wer Arbeit schafft." Parallelen zwischen L.R.S. und LTI sind an dieser Stelle kaum verkennbar. Im Übrigen sind realistische Diktionen immer falsch[202], dennoch fällt die deutsche Öffentlichkeit über Stiegler her, obgleich er doch nur gesagt hatte, dass ihm beim Hören des ersten Satzes der zweite einfällt. Ohne Zweifel von Stiegler eine bewusste Provokation in Richtung CDU, dem damaligen Koalitionspartner, aber eine, die sprachlich sehr vorsichtig erfolgt. Aber Stiegler vergleicht Nazis mit der CDU, dem demokratischen Partner. Es müsste ihm klar gewesen sein, dass er massive Kritik zu ertragen hat, ungewöhnlich daher diese Entgleisung, aber sie schafft Aufmerksamkeit. Dennoch dürfte ihm die Aktion mehr geschadet als genutzt haben.

Man sollte also vermeiden, Demokraten mit Nichtdemokraten zu vergleichen. Es sei denn, es ist erfolgreich gelungen eine demokratische Kraft als undemokratisch zu desavouieren. Früchte der Totalitarismusdebatte in der L.R.S.:

---

[199] Vgl. oben und Luchtenberg 1985, S.24.
[200] aol.de, 12.07.05
[201] Tageschau um 20.00 Uhr, 13.07.05
[202] Sogar diese.

*„Schmidt hatte der Zeitung "Bild am Sonntag" gesagt, Charisma für sich genommen mache noch keinen guten Politiker aus. Auch Adolf Hitler sei ein charismatischer Redner gewesen. "Oskar Lafontaine ist es auch", fügte Schmidt hinzu.*

*Zudem verglich er Lafontaine mit dem französischen Rechtspopulisten Jean Marie Le Pen. "Der eine ist links, der andere ist rechts. Aber vergleichbare Populisten sind Lafontaine und Le Pen schon", sagte der Alt-Kanzler. Lafontaine hatte sich bei seinen politischen Forderungen jüngst auch auf Schmidt berufen.*

*Schmidt zeigte sich besorgt über den Erfolg von populistischen Parteien. "Es ist ja kein Zufall, dass solche Gruppierungen - linke wie rechte - gerade in den Teilen Deutschlands ihre Wahlerfolge feiern, in denen es den Menschen wirtschaftlich nicht so gut geht. Also vor allem in den sechs neuen Bundesländern"[203], sagte Schmidt.*

*"Berlin ist die Hauptstadt der Arbeitslosigkeit, die Hauptstadt der 'Hartz IV'-Empfänger." Der Populismus sei jedoch kein spezifisch deutsches Problem, obwohl es so scheine, sagte Schmidt. "Das finden Sie auch in Holland, Belgien, in Frankreich: rechte Populisten wie Le Pen und Konsorten", sagte er. [...]"[204]*

Wieder die Populismusdebatte, verbunden mit einem Hitlervergleich und dem Totalitarismustheorem. Politisch korrekt ist das nicht, dennoch wird der damalige Parteivorsitzende der Linken nur von seiner eigenen Partei verteidigt. Wieder ein Indiz für die extrinsische Motivation von Political Correctness

*„Mit demonstrativer Gelassenheit hat Linke-Chef Oskar Lafontaine auf den Hitler-Vergleich von Altkanzler Helmut Schmidt reagiert. "Helmut Schmidt hat auch Charisma", aber man solle "seine Worte auch nicht mehr so wichtig nehmen", sagte Lafontaine am Montag in Berlin. "Wir gehen zur Tagesordnung über", erklärte er.*

*Bodo Ramelow sagte: "Schmidt will Lafontaine dämonisieren,*

---

[203] Einer der wenigen Belege, in denen Berlin als neues Bundesland mitgezählt wird.
[204] http://www.fr-online.de/in_und_ausland/politik/aktuell/1593960_Ein-Populist-wie-Le-Pen.html, (14.09.2009; Download 28.03.09)

*aber dabei verharmlost er Adolf Hitler." Mit der "ingenieurtechnischen Ermordung von Millionen Menschen" sei Hitler der Repräsentant eines weltweit singulären Verbrechens. "Es kann nicht sein, dass aus Hass und Ressentiments gegen einen früheren SPD-Bundesvorsitzenden ein solcher Vergleich hergestellt wird."*[205]

Eine schlüssige Argumentation, der sich Wolfgang Thierse (SPD) kaum entziehen kann:

*„Für Bundestagsvizepräsident Wolfgang Thierse (SPD) beglich Schmidt mit seinen Äußerungen eine alte Rechnung. Thierse verwies auf eine Verbalattacke 1982 des damaligen Saar-SPD-Vorsitzenden Lafontaine gegen Bundeskanzler Schmidt in der Diskussion über den Nato- Doppelbeschluss. Lafontaine, der den Ausstieg Deutschlands aus der Nato forderte, hatte damals gesagt: "Helmut Schmidt spricht weiter von Pflichtgefühl, Berechenbarkeit, Machbarkeit, Standhaftigkeit. Das sind Sekundärtugenden. Ganz präzise gesagt: Damit kann man auch ein KZ betreiben." Thierse sagte im MDR: "Also insofern steht es eins zu eins zwischen Helmut Schmidt und Oskar Lafontaine." Lafontaine soll sich später für seine Äußerung bei Schmidt entschuldigt haben."*[206]

Linke dürfen offenbar verunglimpft werden, als Linksextremisten, als Populisten usw. Schmidts Äußerung ist dessen ungeachtet völlig unangemessen und deutlich verurteilenswerter als Stieglers. Eine Äußerung Lafontaines aus dem Jahr 1982, für welche sich dieser später auch entschuldigt hatte, als Generalentschuldigung anzuführen, ist eigentlich nur das Eingeständnis Thierses, dass man Schmidts Formulierung schon als falsch ansieht, dies aber nicht verbalisieren möchte. Vielleicht hat auch nur Schmidts Status als neue heilige Kuh der BRD ihn vor Ungemach geschützt. Dass Lafontaine der Adressat der Beleidigung gewesen ist, war wohl hilfreich, im Zweifel entscheidend.

Beachtlich ist, dass man als links attribuierte Politiker eher durch NS-Vergleiche inkriminieren kann als andere. In der 2010 durch den damaligen Bundesbanker Sarrazin, ehemaliger Berliner Finanzsenator, neu entfachte Integrationsdebatte kritisierte 2010 der Fraktionsvorsitzende von Bündnis 90/ Die Grünen im Bundestag Jürgen

---

[205] Dito.
[206] Dito.

Trittin den bayrischen Ministerpräsidenten Horst Seehofer, nachdem dieser sich gegen die Zuwanderung bestimmter Ethnien, v.a. aus dem arabischen Raum, ausgesprochen hatte:

> *„Es gibt schon lange ein rechtsextremes Potenzial in Deutschland. Daher ist es schäbig und stärkt diese Kräfte, wenn ein Demokrat wie Seehofer anfängt, solches Gedankengut hoffähig zu machen.“*[207]

Seehofer grenzt also Personen ohne deutsche Staatsbürgerschaft pauschal aus, will bestimmten Ethnien sogar einen generellen Zuwanderungsstopp zumuten. Obgleich hier gegen die Grundidentität des Antiradikalismus verstoßen wird, bleibt Trittin vorsichtig bei der Kritik. Lafontaine hätte sich wohl etwas anderes anhören können. Dabei hat Trittin durchaus recht. Seehofer geht es vor allem um den Effekt, er möchte eine *rechtspopulistische* Partei rechts von der Union verhindern, indem er selbst rechtspopulistische Positionen besetzt. Dennoch sind die Ausführungen Seehofers an der Grenze zum Rassismus, weiße Kanadier sollen andere Einwanderungsbedingungen haben als Araber und Türken. PC schützt hier rechte Positionen, linke können unter bestimmten Umständen dagegen mittels NS-Vergleichen inkriminiert werden. Gründe dafür sind wohl darin zu suchen, dass antikommunistische Ressentiments stärker wirken als P.C.

Letztlich ist Political Correctness in der L.R.S. primär extrinsisch motiviert und nicht generell sichtbar. Es gibt Missstände in diesem Land, diese werden mit Euphemismen, Metaphern u.Ä. sprachlich geschönt resp. verschleiert[208]. Es gibt eine Unterschicht in diesem Land und sie wird größer, dank Hartz IV. Müntefering verneint sogar die Existenz von Schichten generell[209], als ob die Probleme damit verschwinden würden. Es kann sogar als politisch inkorrekt aufgefasst werden, Probleme, sprachlich zu verdeutlichen, wie das Beispiel der Unterschichten-Debatte zeigt.
L.R.S. zeigt damit auf, dass die demokratische Grundordnung auf dem Kopf steht. Der normative Anspruch einer demokratischen, auf Grundrechten basierenden Gesellschaftsordnung, wie er im Grundgesetz postuliert ist, wird im politischen Sprachgebrauch manifestiert, der Bezug zur Realität allerdings tlw. ins Obskure verzerrt. Die Agenda 2010

---

[207] KN, 18.10.2010
[208] Vgl. Luchtenberg 1985, S.24 sowie Förster 2005, S.197
[209] Vgl. oben.

und v.a. Hartz IV haben Armut geschaffen und was will Politik daran ändern? Den Begriff:

*Bundesarbeitsministerin Ursula von der Leyen (CDU) wünscht sich, dass es den Begriff „Hartz IV" bald nicht mehr gibt. „Es ist ein absolut wünschenswertes Ziel, dass auf die Dauer das Wort Hartz IV verschwindet", sagte von der Leyen WELT ONLINE. Der Begriff sei so negativ besetzt, dass er eine differenzierte gesellschaftliche Debatte über Langzeitarbeitslosigkeit behindere. Neue Begriffe könne man aber nicht von oben verordnen.[210]*

Selbstverständlich kann man Begriffe von oben verordnen, in einer pluralistischen Gesellschaft ist das aber nicht immer erfolgreich. Wenn Müntefering die Begriffe „Schicht" und „Unterschicht" meidet, dann doch deswegen, weil er genau wie von der Leyen das Scheitern des normativen Anspruches einer gerechten Gesellschaft nicht eingestehen will.

CDU und SPD haben sich im zwanzigsten Jahrhundert aus unterschiedlichen programmatischen Gründen heraus das Ziel der Aufhebung der Klassengesellschaft gesteckt. Im 21. Jahrhundert, v.a. im Zuge der Wirtschaftskrise ab 2008, vertiefen sich die sozialen Disparitäten dramatisch. Andere Missstände, etwa in der Frage der Gleichberechtigung der Geschlechter, kommen hinzu. Die Gesellschaft scheitert (noch) an deren Lösung, Political Correctness ist deshalb eine zentrale Grundidentität der L.R.S. Missstände werden vermeintlich bekämpft, ohne systemisch relevante Entscheidungen treffen zu müssen. Letztlich wird gesellschaftlicher Fortschritt auf diese Weise impliziert, ohne ihn zu erreichen. Verschwindet der Begriff „Hartz IV", übrigens vox populi und sehr charakterisierend, dann geht es niemandem besser. In der medial tradierten öffentlichen Wahrnehmung fällt aber ein Reizthema weg. Mobilitätseingeschränkte Reisende bleiben behindert, vielleicht hilft es dem einen oder der anderen Betroffenen, nicht als behindert benannt zu werden, größere gesellschaftliche Akzeptanz erlangen sie dadurch noch lange nicht. Sie wird nur impliziert. Und das reicht der L.R.S. Solange es nur scheint, dass wir politisch korrekt sprechen, wirkt die politische und wirtschaftliche Ordnung menschenfreundlicher. Deswegen gibt es für Müntefering keine Unterschichten, missfällt von der Leyen „Hartz IV", sprechen wir nicht mehr von Zigeunern, Eskimos usw. Und dies geschieht oft nicht aus

---

[210] Welt-online.de, 31.01.10

Respekt vor den betroffenen Menschen oder aus einer allgemeinen humanistischen Grundhaltung, sondern aus politischen und strategischen Überlegungen heraus.

L.R.S. indiziert die realen Probleme, etwa im Falle sexistischer Sprache. Abwehrender Sprachgebrauch bleibt dennoch meist nicht intrinsisch motiviert. In der Regel werden solche Formulierungen verordnet, etwa im Rahmen der staatlichen Bürokratie, z.B. in Verwaltungen, oder durch quasi-moralische Instanzen, etwa Gleichstellungsbeauftragten. Viele halten sich daran, viele auch nicht, den meisten ist es lästig, wie immer bei verordnetem Sprachgebrauch. Hierin unterscheiden sich die Wirkungen demokratischer und diktatorischer Sprachnormierungsversuche durch Euphemismen nicht. Die zentrale Kontrolle von Massenmedien wie zum Beispiel in der DDR hat die positive Wirkung von z.B. Euphemismen als wichtiges Element politisch korrekten Sprachverhaltens eher konterkariert, im heutigen Deutschland erfolgt die Kontrolle im Sinne des Political Correctness dezentral als allgemeine Grundidentität, aber dadurch auch effektiver.

L.R.S. suggeriert den Nutzern mit der hier behandelten Grundidentität und den daraus sich ergebenden sprachpolitischen Maßnahmen, dass die Probleme angegangen werden. Die scheinbare Multiperspektivität von Medien, Akteuren der L.R.S. und allgemeinen gesellschaftlichen Bedingungen blockiert aber gleichzeitig eine empirische Überprüfung von euphemistischer Sprache, ganz anders als Forster 2005 für Demokratien festhält[211]. Gerade in demokratischen Strukturen kann paradoxer Weise sprachliche Kosmetik im Sinne von Political Correctness u.U. nachhaltiges Handeln be- oder sogar verhindern, auf jeden Fall droht mittel- und langfristig wegen des Problems der verblassenden Wirkung von PC-Paraphrasen, Euphemismen usw. das allgemeine Verdrängen öffentlichen Problembewusstseins.

Man muss sich davor hüten, Political Correctness in der Demokratie per se als moralisch motiviert und allgemein gesellschaftlich nutzbringend anzusehen, genau so, wie in einer diktatorischen Gesellschaft Political Correctness nicht in jedem Fall unmoralisch motiviert sein muss. Die Vermeidung sexistischen Sprachgebrauchs hat wohl in jeder Gesellschaft positive Wirkung und ist nicht unbedingt an politische Strukturen und deren Demokratiegehalt anzubinden. Im Übrigen gibt es zurzeit keine lupenreinen Demokratien, wie es auch bei Diktaturen klug erscheint, differenziert die Sachlage zu betrachten. Im Falle der L.R.S. überschneiden sich positive Effekte und negative Effekte vom

---

[211] Forster 2005, S.207: Auch hier wieder der krampfhafte Versuch, auf jeden Fall dem (angenommenen) Vorwurf zu begegnen, man unterstelle eine grundsätzliche Gleichheit sprachlicher Manipulation in der DDR und in der BRD.

derzeitigen Verständnis politisch korrekten Sprachverhaltens. Die Sprachwissenschaftlerin Leinfellner hat bereits 1971 betont, dass „... die Tatsache, dass die Politiker politische Euphemismen in ihren Reden verwenden, ... noch nicht zu Folge [hat], dass dadurch ein Staatssystem undemokratisch wird. Das undemokratische Element tritt erst dann in Erscheinung, wenn –auf welche Weise immer- verhindert wird, dass die Sprache des Politikers analysiert, kritisiert und u.U. verworfen wird."[212]

Im Falle der in diesem Kapitel thematisierten Grundidentität der L.R.S. ist dies vielerorts der Fall. Kritik an zum Beispiel überzogenen PC-Sprachgebrauch zur Vermeidung von Sexismus ist öffentlichen Akteuren innerhalb der L.R.S. kaum möglich, tlw. geradezu tabuisiert. Im Übrigen ist es grammatisch wirklich sachlich sinnbefreit, Schüler als *Schülerinnen und Schüler* bezeichnen zu müssen, da im Plural das Genus nicht aktiv ist. Es manifestiert sich hier schlicht keinerlei sprachliche Diskriminierung, was aber kaum öffentlich vermittelbar ist.

Weiterhin erscheint es geradezu abstrus, Unterschichten nicht als Unterschichten bezeichnen zu dürfen. Und dann wird das Ganze auch noch von Leuten diktiert, welche das Anwachsen der Unterschicht durch falsche Politik verursacht haben. Das „undemokratische Element" benutzt hier die Waffen der PC, womit an anderer Stelle undemokratischen Strukturen nur unzureichend begegnet wird bzw. diese auch noch beschönigt und verschleiert werden.

---

[212] Leinfellner 1971, S.157

## 6. Nationalismus – eine verlorene Grundidentität?

Seit sich in Europa und anderswo der Nationalstaat als das dominierende Staatsmodell herausgebildet hat und Vielvölkerstaaten zunehmend zerbrachen, finden wir in allen Nationen einen ausgeprägten Patriotismus. Und es ist dort ganz selbstverständlich Patriot zu sein. Spätestens seit den Terroranschlägen 2001 sehen wir den jeweiligen US-Präsidenten immer mit kleinem US-Fähnchen am Revers und erklingt in Großbritannien die Nationalhymne, dann wird aufgestanden. Ob sich die Briten auch zu Sendeschluss allein im heimischen Wohnzimmer erheben? Ich weiß es nicht, es dürfte aber wahrscheinlicher als in Deutschland sein. Ob es anzustreben ist, bleibt eine offene Frage, obwohl, eigentlich nicht.

Nun flammt in Deutschland aber immer wieder die öffentliche Diskussion über die Frage auf, ob, inwiefern und inwieweit die Deutschen stolz auf ihr Land sein dürfen, z.B. 2001. In diesem Jahr hatte der Bundesparteitag von Bündnis ´90/ Die Grünen beschlossen, sich dafür einzusetzen, den Asylbeschluss von 1993 aufzuheben. Nach diesem Beschluss werden seitdem alle Asylsuchenden, welche aus sogenannten sicheren Drittstaaten einreisen, also nahezu alle, abgeschoben. Im Zusammenhang mit der inhaltlichen Debatte um diesen Beschluss fiel Laurenz Meyer, damals CDU-Generalsekretär, ein, dass er stolz ist, ein Deutscher zu sein. Die FAZ hat zentrale Zitate der 2001 sehr intensiv geführten Debatte dokumentiert:

*„ 'Ich bin stolz, ein Deutscher zu sein.' (CDU-Generalsekretär Laurenz Meyer am 28.10.2000 im Magazin „Focus" im Zusammenhang mit der Debatte um Zuwanderung und die „deutsche Leitkultur")*

*,Mit vielem können wir in Deutschland sehr zufrieden und auf manches auch mit Recht stolz sein.' (Bundespräsident Johannes Rau in seiner Weihnachtsansprache 2000)*

*,Das ist die Flachheit, der geistige Tiefflug, der jeden rassistischen Schläger in dieser Republik auszeichnet.' (Bundesumweltminister Jürgen Trittin (Grüne) am 12.3. im WDR zur Äußerung von Meyer, er sei stolz, ein Deutscher zu sein)*

*,Ich bin stolz darauf, wenn die deutsche Fußball-Nationalmannschaft Weltmeister wird. Die haben mich zwar nie*

*mitspielen lassen, trotzdem bin ich stolz darauf.'* (FDP-Vize
Rainer Brüderle am 15.3. auf einer Wahlkampfveranstaltung in
Mainz und am 20.3. vor Journalisten in Berlin)

*‚Sich mit Goethe, Schiller und Beethoven zu identifizieren, setzt
voraus, dass man sich für Auschwitz und Hitler schämt - was
nicht heißt, dass junge Menschen für das Dritte Reich schuldig
sind.'* (Der Vizepräsident des Zentralrates der Juden in
Deutschland, Michel Friedman, in der Berliner Tageszeitung
„B.Z." vom 17.3.)

*‚Die Menschen in Deutschland können stolz auf unser Land sein,
stolz auf unsere Demokratie, unsere Rolle als Partner für
Frieden, Wohlstand und soziale Sicherheit für alle.'* (Hessens
Ministerpräsident Roland Koch (CDU) in der „Rheinischen
Post" vom 17.3.)

*‚Wir können gemeinsam stolz sein auf unser Land, auf das, was
wir in unserem Land geschaffen haben, und wir können stolz sein
auf die Menschen in unserem Land, die ihr Bestes geben wollen.'*
(CDU-Chefin Angela Merkel am 17.3. in einem Brief an 400
CDU-Funktionäre)

*‚Ich bin stolz auf unser Land und auf die Deutschen, die zum
Beispiel vor elf Jahren mit Kerzen Herrn Honecker das Fürchten
gelehrt haben.'* (FDP-Generalsekretär Guido Westerwelle am
17.3. in den „Bremer Nachrichten")

*‚Wir sind nun einmal nicht Franzosen oder Polen. Wir haben
eine andere Geschichte.'* (Die Grünen-Politikerin Katrin
Göring-Eckardt im „Tagesspiegel" vom 18.3.)

*[...]*

*‚Ich könnte mir nie vorstellen, auf Deutschland stolz zu sein.'*
(PDS-Chefin Gabi Zimmer am 19.3. in Berlin)

*‚Der Satz 'Ich bin stolz, ein Deutscher zu sein' suggeriert, dass es
nicht gut ist, wenn man kein Deutscher ist.'* (SPD-Fraktionschef
Peter Struck, am 19.3. im ZDF)

*[...]*

*,Der Begriff 'Stolz' sollte in Deutschland erst dann wieder ganz vorsichtig zur Anwendung kommen, wenn es uns gelungen ist, den neuen Nazi-Scheiß zu stoppen.' (Alt-Rocker Udo Lindenberg am 20.3. im ddp-Interview)* "[213]

Im Gegensatz zu den Grundidentitäten, welche in den vorangegangenen Kapiteln betrachtet worden sind, wird dieses sehr ambivalent gehandhabt. Nationalstolz ist unzweifelhaft tendenziell emotional sowie empathisch motiviert und ohne Zweifel weit verbreitet. Betrachtet man den Hype bei der Fußball-WM 2006, tlw. auch 2008 und 2010 sichtbar, oder die allgemeine Hysterie um den olympischen Medaillenspiegel, dann wird das klar. Auf einmal sind alle Biathlon-Fans oder bewundern die Schönheit des Doppel-Männer-Rodelns? Natürlich fiebern Claudia Roth und Angela Merkel mit der deutschen Fußballmannschaft und es geht dabei nicht um den Sport an sich, sondern stellt ein Äquivalent für eine vorhandene Identifikation mit der deutschen Nation und ihrer Kultur dar.

Die öffentliche Diskussion von 2001 spiegelt die eben ausgeführte These scheinbar nicht wider, wobei der Ausgangspunkt der Dispute denkbar unglücklich ist, aber interessant für die Analyse. Der patriotische Streit entzündet sich an der Frage, ob man Asylsuchende, also politisch oder ob der Bedrohung ihrer Grundrechte verfolgte Menschen helfen soll. In ihren Heimatländern verfolgte Menschen lösen eine Auseinandersetzung aus, ob man stolz auf Deutschland sein darf. Darauf braucht man bestimmt nicht stolz sein. Genau betrachtet ist aus diesem Kontext heraus Meyers gedanklicher Ansatz inhaltlich befremdlich, taucht aber in der politischen Diskussion in vielerlei Gestalt immer wieder auf.

*Im Nachhall der Sarrazin-Debatte 2010 um die Integration von Menschen mit Migrationshintergrund in die deutsche Gesellschaft erklärt Angela Merkel auf dem Deutschlandtag der Jungen Union die Idee einer Multikultigesellschaft für tot. Dieser Ansatz sei gescheitert, „absolut gescheitert".*[214]

Der Beifall der Jungen Union war hier gewiss, was die Bundeskanzlerin aber für gescheitert ansah oder ansieht, bleibt unklar. Die KN erklärt in dieser Diskussion den Begriff „Multikulti":

---

[213] Faz.net, 09.02.2010
[214] Bild, 18.10.10, S.2.

*„Multikulti" ist die Abkürzung für multikulturell. Eine Gesellschaft gilt als kulturell vielfältig, wenn sie aus Menschen mit unterschiedlicher Muttersprache, verschiedenen Traditionen und Religionen besteht. Manche empfinden das als bereichernd, andere eher nicht. So wird letztlich der Begriff auch auf zwei Arten interpretiert. Die einen verwenden ihn, um auf befürchtete Gefahren der Zuwanderung hinzuweisen, die anderen thematisieren damit ein möglichst gutes Zusammenleben in einer pluralistischen Gesellschaft."*[215]

Wenn Merkel das Scheitern von Multikulti proklamiert, verkündet sie damit, dass Menschen unterschiedlicher Sprache und Kultur nicht in Deutschland leben können? Gilt das Grundgesetz, Art. 3, Satz 3, wonach niemand wegen seiner Abstammung usw. benachteiligt werden darf, nur noch für hier lebende Nichtdeutsche mit einer zufriedenstellenden Berufsausübung? Denn Merkel erklärt bei gleicher Gelegenheit, dass sie Zuwanderung nicht regional beschränken möchte, wie es Seehofer kurz zuvor vorgeschlagen hatte. Der bayrische Ministerpräsident wollte ja, wie oben bereits betrachtet, Ausländer aus Arabien und der Türkei einfach pauschal die Tür nach Deutschland verschließen. Denn:

*„Deutschland ist auf den Zuzug von Spezialisten angewiesen",* so Merkel.[216] *Die Junge Union mit ihrem Chef Mißfelder, der Mann der Menschen ab 80 keine künstlichen Hüftgelenke mehr zubilligen wollte, äußert sich ähnlich:*
*„Es gehe nicht um Herkunft oder Religionszugehörigkeit, sondern allein um Qualifikation."*[217]

Wenig überzeugend, man vermeidet den Eindruck offener Ausgrenzung, ein Zeichen, dass hier extrinsisch moralische Schranken zumindest noch Wirkung zeigen, die angelegten sachlichen Kriterien evozieren aber eine vergleichbare Wirkung. Nationalismus bleibt eine Option, diese offen zu vertreten, bleibt schwierig, darauf zu verzichten fällt bestimmten politischen Lagern aber schwer. Nur so erklären sich Heftigkeit und Inhalt der Diskussion, welche sich an der Integrationsdebatte sowie der Nationalstolzdiskussion entzündet. Nationalismus wirkt weiter als Grundidentität, wird aber unterdrückt.

---

[215] Kieler Nachrichten, 18.10.10, S.3.
[216] Bild, 18.10.10, S.2.
[217] Kieler Nachrichten, 18.10.10, S.1.

Ein Indiz, dass Nationalismus eine unterdrückte Grundidentität ist, gibt Sarrazin in seinem bemerkenswert schlechten Buch „Deutschland schafft sich ab".

- *„Heimatverbunden? Aber gerne*
- *Lokalpatriot? Natürlich!*
- *Europäer? Sowieso!*
- *Weltbürger? Klar doch, das gehört sich so!*
- *Deutscher? Nur bei der Fußballmeisterschaft, sonst eher peinlich!"*[218]

Die unterschiedlichen Meinungsbilder in der Nationalstolzdebatte teilen das Land, zumindest das politische Establishment, wobei die CDU relativ geschlossen, die SPD durchaus ambivalent dasteht. Grün und Links halten auch eher klischeehafte Erwartungen ein. Dabei ist der Satz „Ich bin stolz, ein Deutscher zu sein!" eindeutig fragwürdig.

Stolz als Emotion bezieht sich v.a. auf etwas, was man selbst geleistet hat oder an dem man mitgewirkt hat. Erfolg ist dabei der entscheidende Faktor. Das Gegenteil von Stolz ist Scham. Deutscher ist man in der Regel per Geburt, an dieser hat man zwar mitgewirkt, aber Hochgefühle angesichts der Tatsache, dass man per Geburt männlich, weiblich, Mensch und was auch immer ist, stellen sich selten ein. Stolz gilt auch deshalb als sekundäre Emotion, da solche Gefühle erst ab etwa dem 27. Lebensmonat einsetzen, während Angst und Freude bereits viel früher erkennbar sind.

Die zu untersuchende Frage ist nun, warum die hinter dem Stolz auf das Deutschsein der eigenen Person versteckte Nationalismusdebatte in Deutschland dermaßen ambivalent geführt wird.
Selbstredend ist die Debatte belastet durch die nationalsozialistische Vergangenheit. Übersteigerter Nationalismus und die verheerenden Verbrechen, die durch Deutsche begangen worden sind, blockieren in vielen Bereichen Patriotismus und Nationalgefühl, auch wenn kollektive Scham angesichts der historischen Verbrechen ebenfalls nicht aufsteigt. Mutmaßlich wird von Seiten der politischen Akteure vermutet, dass Nationalismus zumindest teilweise inkriminiert ist, möchte aber auch dadurch möglich ansprechbare Wählerinnen und Wähler nicht verlieren. In anderen Ländern sind ähnliche Reflexe nicht festzustellen, obgleich

---

[218] Sarrazin 2010, S.18.

auch hier übersteigerter Patriotismus verheerende Folgen hatte. Die englischen und französischen Kolonialkriege oder die Vernichtung bzw. Unterdrückung der indogenen amerikanischen Bevölkerung durch die USA müssen in einen ähnlichen Zusammenhang gestellt werden dürfen, ohne dies z.b. mit der Shoa gleichsetzen zu wollen[219]. Dennoch finden wir in den besagten Ländern einen deutlich gesteigerten Nationalismus vor. Natürlich ist der Bruch in Deutschland 1945 ein tiefgreifender gewesen, welchen kaum ein anderer Staat erlebt hat. Aber auch Japan wäre eine Debatte, ob man Patriot sein dürfe, fremd.

In Deutschland bleibt man aber in dieser Frage indifferent. Das Grundgefühl, stolz auf sein Land, also patriotisch zu sein, ist hier durchaus vorhanden. Der bereits erwähnte zwanghafte öffentliche Blick auf die Olympischen Spiele, v.a. auf die Medaillenwertung, lässt aber schon vermuten, dass man hinter dem Gebaren beispielsweise englischer Fans nicht zurückstehen möchte. Man liebt sein Land und eigentlich ist das ein nachvollziehbarer Reflex. Der damalige Bundespräsident Johannes Rau versuchte den Spagat.

> *„Man kann nur stolz auf etwas sein, wozu man selber beigetragen hat. [...] Ich bin stolz auf das, was wir in Deutschland in den Jahren seit 1949 und nach 1989 an Freiheit und Gerechtigkeit in Solidarität aufgebaut haben. Ich bin gerne Deutscher - wie alle deutschen Patrioten. Und deshalb lehne ich Nationalismus ab. [...]Ein Patriot ist jemand, der sein Vaterland liebt. Ein Nationalist ist jemand, der die Vaterländer der anderen verachtet.“[220]*

Der damalige CSU-Generalsekretär Thomas Goppel nutzt diese Äußerung, um die Eignung Raus für das Präsidentenamt grundsätzlich infrage zu stellen. Dass Stolz eine der sieben Hauptsünden nach dem Katechismus der katholischen Kirche ist, stört den strammen CSU-Parteisoldaten nicht.

> *„Bei einem Bundespräsidenten, der diesen Stolz nicht hat, darf man fragen, ob er die 80 Millionen Bürgerinnen und Bürger seines Landes angemessen vertritt.“[221]*

---

[219] „Es sind nicht alle Sklaven frei, die ihrer Ketten spotten." (Lessing)
[220] Bundespräsident Johannes Rau am 19.3.2001. in Berlin; Faz.net, 9.2.2010
[221] Faz.net, 9.2.2010

Goppel versucht den Satz „Ich bin stolz auf Deutschland." strategisch für seine politische Richtung zu besetzen. Eine Besetzung dieser Phrase wäre für das Ziel sehr wichtig, eine „rechtspopulistische" Partei zu verhindern, zumal Grüne und Linke hier stigmatisieren, die SPD aber mindestens laviert. Der Satz taugt also für einen unempfindlichen Polittaktiker als instrumentalisierbares Alleinstellungsmerkmal. Inhaltlich ist Goppels Angriff nicht belastbar. Aber schauen wir doch mal dem Volk aufs Maul:

*Auszug aus einem Internetblog zur Frage: „ Stolz auf's Vaterland = Nationalist? "*

- *„Nein. Aber trotzdem sollte man nur Stolz empfinden für Dinge, die man selber geschaffen hat.*
- *Ich bin nicht "stolz" Deutscher zu sein, sondern froh, dass der Zufall es so wollte.*
- *Echte Nationalisten sollte man isolieren. Sie haben mit ihrer Abwertung anderer schon viel Unglück gebracht - Unglück für andere Völker aber auch Unglück für das eigene Land.*
- *Nationalismus*
- *Übersteigertes Bewusstsein vom Wert und der Bedeutung der eigenen Nation. Im Gegensatz zum Nationalbewusstsein und zum Patriotismus (Vaterlandsliebe) glorifiziert der Nationalismus die eigene Nation und setzt andere Nationen herab. Zugleich wird ein Sendungsbewusstsein entwickelt, möglichst die ganze Welt nach den eigenen Vorstellungen zu formen.*[222]
- *Man kann nicht stolz auf sein Vaterland sein, was hast du persölich geleistet?*
- *ACH QUATSCH*
- *Leider ja.Man braucht dieses Thema hier auch nicht anfangen zu diskutieren.*
- *also ich finde Deutsche wissen nicht was es heisst stolz auf sein vaterland zu sein ich lebe seit 6 jahren in schweden hier sind leute stolz zu sagen ja bin schwede aber in deutschland wenn du sagst du bist stolz deutscher zu sein kriegst du gleich einen riegel vorgeschoben bist du etwar nazis. es ist schwer da stolz zu sein wenn niemand einen stolz sein lässt(wenn man im ausland ist)*

---

[222] Der Blogger hat, um die eingangs gestellte Frage zu beantworten, die Definition von der Seite der Bundeszentrale für politische Bildung eingefügt, hier der Link, den wir der Übersichtlichkeit halber, wiedergeben: *http://www.bpb.de/popup/popup_lemmata.html?guid=94YSQE*

- *Ja das stimmt... aber man hat halt diese Vergangenheit und
  kann sie nicht ändern... es wird immer so sein, dass man
  einen „riegel vorgeschoben" bekommt*
- *nationalist hat nix mit Nazis zu tun und ist nix schlimmes"*

Die sich hier äußernden Blogger scheinen innerlich zwischen dem
Bedürfnis, ihr Land zu lieben, und der Befürchtung, dass dies falsch
verstanden wird, zerrissen zu sein.
Patriotismus wird angesichts des potentiellen Nationalismus-Vorwurfes
unterdrückt. Sicherlich sind unsere Beispiele nicht repräsentativ, aber
doch bezeichnend. Nur ein Teilnehmer, der letzte hier zitierte Eintrag,
hält Nationalismus für vertretbar, eine Begründung wird aber nicht
gegeben. Ansonsten erfolgen Bekenntnisse zum Land, aber eben kein
Nationalismus. Eigentlich ja eine sympathische Position, wenn sie denn
intrinsisch wäre. Es liegt der Verdacht nahe, dass nur die Angst vor dem
Nazi-Vorwurf solche Effekte zeitigt. Viele politische Akteure sind in
diesem Land nationalbewusst und sicher auch gutes Stück weit
nationalistisch.

*Mike Mohring empfiehlt sich [2010] dem konservativen Flügel
der CDU. Kurz vor Beginn einer zweitägigen Klausur, auf der
die CDU ihr enttäuschendes Wahlergebnis analysieren will, hat
Mohring zu mehr Nationalstolz aufgerufen. Integration werde
besser gelingen, "wenn wir dem Stolz auf unser Land mehr Raum
geben. Es muss erstrebenswert sein, dazuzugehören", sagte
Mohring der rechtskonservativen Jungen Freiheit. Dies sei ein
wesentlicher Beitrag, um die Bildung von Parallelgesellschaften
zu verhindern. Dazu müsse auch über "unsere Nation" ganz neu
und anders nachgedacht werden, forderte der CDU-Politiker. Es
müssten auch Muslime einen Platz in der deutschen Gesellschaft
haben. Die Aufgabe der CDU sei es, dafür zu sorgen, „dass
dieser Platz im Einklang mit der europäischen Leitkultur in
Deutschland gefunden wird".[223]*

Alle müssen sich einordnen, aus der deutschen Leitkultur wird eben die
europäische, ein neues Hochwertwort, gegen das keiner etwas sagen
kann, gemeint ist eben aber doch die deutsche Leitkultur. Keine
Parallelgesellschaften in Deutschland! Multikulti ist tot. Davon
abgesehen, dass es Parallelgesellschaften hier bereits gibt und eigentlich
lange Zeit gab, genau genommen immer, ist diese Formulierung

---

[223] http://www.zeit.de/politik/deutschland/2010-01/mohring-junge-freiheit?page=all, 12.02.10

dennoch bezeichnend: Der Nationalismus ist nicht tot in Deutschland. Es wäre vielleicht auch gar nicht gut, wenn dies so wäre. Darüber hinaus zeigt die L.R.S. auf, wie in der Debatte versucht wird, entweder die verloren geglaubte Grundidentität „Nationalismus" – wenngleich mitunter verstohlen - zu besetzen oder es zu inkriminieren. Tlw. können sich die einzelnen Akteure nicht entscheiden, da wohl auch bei ihnen zutage tritt, dass Nationalismus von kollektiven Emotionen und Archetypen getragen wird. Dass Eliten und Volk sich aber insgesamt in dieser Frage dermaßen winden, kann für das demokratische Gemeinwesen kein gesunder Prozess sein.

Nachdem wir verschiedene Grundidentitäten in das Zentrum der Betrachtung gestellt und damit quasi die weltanschaulichen Grundpfeiler der L.R.S. erkundet haben, wird es Zeit, sich Techniken und Methoden politischen Sprachgebrauchs zu widmen.

## V. Zentrale Techniken und Methoden im politischen Sprachgebrauch der L.R.S.

Sie möchten Politiker werden und brauchen noch Tipps? Dann sollten Sie die folgenden Seiten besonders aufmerksam lesen, in der Hoffnung, dass alle vorhergehenden Ihre Selbstkompetenz nicht unnötig erhöht haben. Das könnte bei Ihnen die Aktionsbereitschaft eventuell abgesenkt haben, das Spiel mitzuspielen. In diesem Sinne zunächst ein paar nicht ernst gemeinte einleitende Ratschläge, die jedoch einen guten Überblick über Mechanismen der L.R.S. eröffnen:

**Grundregel:** Die eigene Seite hat immer Recht, die andere Unrecht. Wer der anderen Seite zustimmt, ist ein Feind. Differenzierungen sind Zugeständnisse und Zeichen von Schwäche (**Verabsolutierung**). Und die Sprache ist unsere Waffe. Im **konkurrierenden Sprachgebrauch** müssen Sie dafür sorgen, dass Ihre Seite für Freiheit, Wachstum und Demokratie den Sieg davonträgt. Sachliche Richtigkeit ist dabei nur sekundär wichtig.

**Einige Instrumente:**
1. Nehmen Sie zentrale Elemente ihres politischen Programms und versehen Sie diese mit positiv konnotierten Begriffen. Diese bilden Ihre **Fahnenwörter**, z.B. *Gesundheitsprämie, freie Welt, Bürgerversicherung, Friedensmacht!*
2. Besetzen Sie Begriffe, möglichst Hochwertwörter, damit Ihre politischen Vorstellungen in der Öffentlichkeit mit diesem Begriff verbunden werden: *Wir werben für eine bürgerliche Mehrheit.*
3. Verunglimpfen Sie die Fahnenwörter oder das Programm des Gegners, indem Sie Stigmen (auch Stigmawörter; Sg.: **Stigma**) verwenden, z.B. statt Gesundheitsprämie *Kopfpauschale*; statt Gemeinschaftsschule *Einheitsschule.*
4. Behaupten Sie etwas, verdeutlichen Sie aber nicht explizit, dass es sich um eine Behauptung handelt. Formulieren Sie diese **realistische Diktion** möglichst **einfach und griffig**, jeder soll die Botschaft begreifen, z.B.: *Zum eingeschlagenen Sparkurs gibt es keine Alternative. Der Sozialstaat muss in Zeiten der Globalisierung verschlankt werden. Die notwendigen*

*Lehrer für das neue Gymnasium werden Sie von dieser Landesregierung nicht bekommen. Die Mehrwertsteuer ist Wahlbetrug.*

5. Sprechen Sie, wie schon gesagt, in **kurzen Sätzen mit überschaubarer Wortwahl,** flechten Sie aber **blumige Metaphern** ein, damit auch wirklich jeder ihre Botschaft versteht und die Journalisten Sie schön zitieren können, z.B.: *Bei der Gesundheitsreform ist es wie im Fußball. Es ist egal, wann das Finale stattfindet, Hauptsache, man schießt ein Tor. / Deutschland ist ein Sanierungsfall./ Wir stehen an der Wand. /Es ist fünf nach Zwölf. /Deutschland hat die rote Laterne.*

6. Führen Sie **autoritäre Argumente** an, gern auch **Vergleiche,** übrigens auch dann, wenn das Argument bzw. der Vergleich unlogisch oder unpassend sein sollte, z.B.: *Schon Bundeskanzler Schröder hat darauf hingewiesen.../ PISA zeigt, dass das finnische Schulsystem im Gegensatz zum deutschen besser funktioniert.*

7. Verwenden Sie berühmte **Zitate:** *Ein ungeheurer Anschlag auf das, was die Welt im Innersten zusammenhält.*

8. Übertreiben Sie, entweder in der Kritik des Gegners oder hinsichtlich der Bewertung der eigenen Seite. Ihre **Hyperbel** kann gar nicht dick genug aufgetragen sein, z.B.: *Die Große Koalition verschläft unsere Zukunft.*

9. Auch, wenn es sich nicht immer um Stigmen oder Fahnenwörter handelt, sollte ein begabter Politiker seine Sprache emotional färben. Verwenden Sie daher **positive/euphemistische** oder **pejorative Konnotationen,** scheuen Sie auch nicht vor inhaltlichen Ungenauigkeiten und Fehldarstellungen zurück, z.B.: *Achse des Bösen, Koalition der Willigen, neues Europa.*

10. Benutzen Sie **Gemeinschaftstopoi**[224], denn alle sollen sich mit Ihren Zielen und Ihrer Lage identifizieren, z.B.: *Unser aller Bestreben ist es, Frieden zu schaffen! Der Terrorismus bedroht uns! Du bist Deutschland!*

---

[224] Gemeinschaftstopos (Pl. G.topoi): Stereotype Redewendung, welche die Gemeinsamkeiten einer sozialen Gruppe bis hin zur Gesellschaft durch direkte Ansprache herausstellt. Zwischen Sprecher und Empfänger soll eine emotionale Beziehung hergestellt werden, eine Identifikation mit der Gruppe und somit mit den Inhalten des Sprechers wird angestrebt.

*11.* Benutzen Sie **Statistiken**, inhaltliche Richtigkeit spielt keine Rolle, gern auch emotionale Bezüge herstellen: *Der Ölpreis ist in den letzten Monaten um 10 Dollar gestiegen, die Ökosteuer macht beim Benzinpreis gerade mal sechs Euro-Cent aus./ Jeder Kieler Bürger ist mit 1400 € verschuldet, da sind die Babys schon mit drin.*

12. Zeigen Sie sich in einigen Momenten **von der menschlichen Seite**, werden Sie als Person erkennbar, nicht nur als politischer Funktionär, haben Sie Verständnis für die Mitbürger oder wen auch immer. Sie verstehen, was der Andere meint, damit Sie anschließend diese Position schön zerpflücken können: *Ich weiß, dass wir den Menschen, gerade auch Familien, viel zugemutet haben...*

13. Verwenden Sie **rhetorische Fragen**, um eine Verbindung zum Adressaten herzustellen: *Wollen Sie denn nicht auch, dass auch unsere Kinder eine gesicherte Zukunft haben?*

Wie bereits verdeutlicht, erfüllt politischer, öffentlicher Sprachgebrauch der L.R.S. mehrere Funktionen. Vor allem dient dieser der Eigendarstellung sowie der Auseinandersetzung mit den politischen Gegnern, letztlich also das, was Grünert politische Sprachspiele genannt hat[225].

An sich stellen die Techniken, derer sich in der L.R.S. bedient wird, keine verurteilungswürdigen Instrumente dar, sie sind im Prinzip in den meisten Fällen unverzichtbare Möglichkeiten der inhaltlichen Diskussion in einem komplexen Gemeinwesen. In Verbindung mit den eigenen, oft auch persönlichen Zielen, Anschauungen resp. der Auffassung über Andersdenkende erhalten Reden und andere Beiträge aber entweder einen konstruktiven, wenngleich mitunter überspitzten Charakter oder tragen Kennzeichen einseitiger, intoleranter und undemokratischer Auseinandersetzung.

Dies ist wie gesagt auch und gerade in einer Demokratie möglich. L.R.S. ist Sprache innerhalb einer repräsentativen Demokratie, nicht demokratische Sprache an sich. Sprache beinhaltet immer alle Möglichkeiten. Es gibt Tabus und Grundregeln, die man nicht verletzen sollte[226], ausdehnen kann man sie allemal.

Angesichts der Bestimmungsfaktoren der L.R.S. gibt es einige Grundmerkmale des Vorgehens politischer Akteure. Sie alle stehen im

---

[225] Vgl. Kapitel III.
[226] Vgl. Kapitel IV.

inhaltlichen Disput, was in der Gemengelage persönlicher Interessen und Eitelkeiten sowie von Parteistrategien, Lobbyeinflüssen und Machtauseinandersetzungen erstaunlich komplexe Anforderungen an den Einzelnen stellt[227]. Um auf diesem Handlungsfeld zu überleben, muss man nachhaltige Image-Effekte erzielen, also Stärke zeigen und beeindrucken. Dies trägt durchaus archaische Züge, vielleicht ein Grund, dass Frauen immer noch in politischen Spitzenämtern die Ausnahme sind. Merkel ist ein Sonderfall und bleibt es vielleicht auch für die nächsten Jahre.

Neben den fachlichen, methodischen, persönlichen und sozialen Kompetenzen müssen politische Akteure mit ihrer jeweiligen Organisation auch im konkurrierenden Sprachgebrauch bestehen. Eigene Begrifflichkeiten müssen in aller Munde sein, entweder, weil man sie selbst erfunden oder erfolgreich besetzt hat, die der Gegenseite eben nicht. Es ist ein bedeutsamer Vorteil, wenn der Begriff, der das eigene politische Ziel kennzeichnet, gesellschaftliche Akzeptanz besitzt, wie dies z.B. bei *Marktwirtschaft* der Fall ist. Das Pendant in der Sprachkonkurrenz, *Kapitalismus*, ist aus der L.R.S. verbannt. Ein Gymnasiallehrer in Bad Bramstedt weigerte sich 2001 ein Planspiel, das sogenannte Börsenspiel, das von Banken an Schulen veranstaltet wurde, mitzutragen, mit der Begründung, dieses „kapitalistische Planspiel" habe „fragwürdige Ziele"[228]. Der Schulleiter monierte daraufhin ideologischen Sprachgebrauch.[229] Ein Spiel, das nur den Umgang mit Kapital zum Gegenstand hat, als kapitalistisch zu bezeichnen, wird als ideologisch betrachtet. *Neoliberalen*[230] kann in diesem Einzelfall ein Erfolg im konkurrierenden Sprachgebrauch bescheinigt werden, selbst die Genossen von der SPD sprechen von Marktwirtschaft, da sie ja soziale Marktwirtschaft zum eigenen Programm erklärt haben.

Alles muss gemäß den Spielregeln klar, eindeutig und prägnant formuliert sein. Zweifel, differenzierte Standpunkte oder Einschränkungen gibt es natürlich, aber selten vor laufender Kamera, dies birgt immer die Gefahr in sich, als schwach und unentschlossen zu gelten. Der mündige Bürger will aber, so wird es zumindest angenommen, entschlossenes Handeln.

An vier Bereichen sollen nun wesentliche Methoden der L.R.S. exemplarisch offen gelegt werden.

---

[227] Vgl. Kapitel II.
[228] Hörprotokoll des Autors. Die Sitzung fand am 21.10.01 statt.
[229] Dito.
[230] Dieser Begriff soll hier nicht problematisiert werden. Vgl. Lexikliste!

## 1. Dramatisierung und Emotionalisierung

Am 02.04.09 resümiert der Focus angesichts des gerade anlässlich der allgemeinen Wirtschaftskrise stattgefundenen G-20-Gipfels über das politische Vorgehen Merkels:

> *„Merkel griff zu einem Mittel, das sie vor einem Gipfel so noch nie angewandt hatte: Sie dramatisierte die Situation. Gemeinsam mit Frankreichs Präsident Nicolas Sarkozy richtete sie einen flammenden Appell an die Kollegen, die sich gerade für den Empfang bei der Queen fein machten. Es gehe um die Zukunft der Welt, holte Merkel aus. „Wir wollen solche Ergebnisse, die auch wirklich ein Resultat sind und die Welt verändern", fuhr sie fort. Die Staaten müssten zeigen, dass sie ihre Lektion gelernt haben."*[231]

Noch nie angewandt?

> *Angela Merkel erwiderte am 01.07.05 auf die Regierungserklärung des Bundeskanzlers Schröder: „Noch nie hat eine Regierung durch ständiges Nachbessern, ohne etwas besser zu machen, durch ständige Ankündigungen und Aufkündigungen, durch Kommissionen anstelle von Entscheidungen das Vertrauen so verspielt wie diese Bundesregierung."*[232]

Zur Erinnerung: Die öffentliche Meinung ist für die Politikerinnen und Politiker entscheidend für den eigenen Machterhalt resp. Machterwerb oder, benennen wir es freundlicher, die eigenen Gestaltungsmöglichkeiten. Flammende Appelle erfolgen über die Medien, nicht im direkten Gegenüber. Die Partner oder eben auch die politischen Gegner geraten in Zugzwang. Nichtstun wird als Schwäche gebrandmarkt, etwa Schröders Parole von der Politik der „ruhigen Hand". Im politischen Dissens, etwa aus der Oppositionsrolle heraus, wird in der Regel dramatisiert. Alles, was der politische Gegner macht, ist nicht nur falsch, sondern das Falscheste, was je gemacht wurde oder gemacht werden konnte (Superlativismus). Im Zweifel kommt der Verfassungsbruch-Vorwurf.

---

[231]Focus de, Nachricht v. 02.04.09; Vgl. KN 03.04.09, S.3.
[232] Rede A. Merkels im Bundestag. Download am 03.07.05:
http://www.cdu.de/doc/pdf/05_07_01_Rede_Merkel_Vertrauensfrage_StBericht.pdf

*Als am 22.März 2002 ein Zuwanderungsgesetz den Bundesrat passieren sollte, kam es bei der Abstimmung des Landes Brandenburg zu einem Eklat. Das Land stimmte nicht einheitlich ab. Der Ministerpräsident von Hessen war hoch empört, einige seiner Einwürfe: „Das geht ja wohl gar nicht!...Herr Schönbohm hat widersprochen! Nein, das geht nicht Herr Präsident!... Herr Präsident, Sie brechen das Recht!...Jawohl! Das ist ja unglaublich! Das ist glatter Rechtsbruch!..."*
*Auch der Ministerpräsident des Saarlandes, Peter Müller, zeigte sich empört: „Das ist unmöglich!...Selbst Sie sind an die Verfassung gebunden, Herr Präsident! ... Auch Sie sind an das Grundgesetz gebunden, Herr Präsident!... Das Grundgesetz gilt auch für Sie!"[233]*

*Ein paar Tage später erklärt Müller vor Zuhörern das Zustandekommen dieser Situation so: „Die dort geäußerte Empörung hinsichtlich der Feststellung des Bundesratspräsidenten entstand nicht spontan. Die Empörung haben wir verabredet (lautes Gelächter im Publikum). Und ich sage: Das war Theater – aber legitimes Theater. Warum war es legitim? Weil die dort zum Ausdruck gebrachte Empörung einen ehrlichen Hintergrund hatte, als wir hörten – allerdings in der Nacht vorher-, dass die Absicht besteht, eine Entscheidung für gültig zu erklären, obwohl derjenige, der dieses zu tun hat, damit eindeutig gegen den Wortlaut der Verfassung verstößt, [...] gab es Empörung. [...] Diese Empörung musste mitgeteilt werden, die war in einem kleinen Zimmerchen in einer großen Parteizentrale. Da war kein Journalist dabei. Also müssen Sie diese Empörung dokumentieren. Das haben wir dann gemacht..."[234]*

Politik im 21. Jahrhundert ist zu einem wichtigen Teil Machtkampf in Form von Medienpräsenz, Meinungsführerschaft und Dominanz im konkurrierenden Sprachgebrauch geworden. Es wird Theater gespielt, ob legitim oder nicht, sei dahingestellt. Fakt ist aber auch, dass diese Form von gelebter Politik für ein demokratisches Gemeinwesen sehr ungünstig ist. Die Leute erleben Politik als Schaukampf und wenden sich ab. Die

---

[233]Aus dem Protokoll der Bundesratsdebatte am 22.03.2002;
http://www.bundesrat.de/cln_090/nn_44002/SharedDocs/Downloads/DE/Plenarprotokolle/2002/Plen
arprotokoll-774,templateId=raw,property=publicationFile.pdf/Plenarprotokoll-774.pdf (13.04.09)
[234]Der Spiegel, Nr. 14/ 2002, S.22

Opposition diskreditiert die Regierung in einer Art und Weise, die schwer widerlegbar ist. Der Bundesratspräsident konnte tatsächlich seine Entscheidung gut begründen, unabhängig davon, ob das BVG sie später wieder kassiert hat. Die Asymmetrie der größeren Wirkung unsachlicher Argumentationsstrategien im Vergleich zu sachlichen ist bemerkenswert und bleibt festzuhalten. Dramatisierende Effekte sind in der Öffentlichkeit der begrenzten medialen Auftritte überzeugender als Sachargumente. Solche asymmetrische Diskurse treten in der L.R.S. mannigfaltig auf. Sie sind System. [235]

Bei den bisherigen Beispielen kann man getrost von Dramatisieren sprechen, die Beteiligten selbst sprechen ja von „Theater". Man erzeugt emotionale Spannung und klare Feind-Freund-Zuordnungen. Die Frage ist nur, wer ist am Ende der Held? Diese Frage ist für die CDU-Ratsfraktion Kiel Weihnachten 2010 geklärt.

> *In ihrer Fraktionszeitung „Die Sprotte" erklärt Stefan Kruber, seines Zeichens Vorsitzender der oppositionellen CDU-Fraktion: „In stürmischen Zeiten ist das Schiff Landeshauptstadt Kiel führungslos unterwegs: Der Kapitän, Oberbürgermeister Torsten Albig, ist in Gedanken schon von Bord, seine Wirtschaftsdezernentin hat noch vor Ende ihrer Einarbeitungsphase beschlossen, sich nach Köln zu verabschieden, und der tüchtige Ordnungsdezernent Kurbjuhn wird nach nur einer Wahlperiode in den vorzeitigen Ruhestand geschickt.*
> *Die Erosion an der Verwaltungsspitze fällt in eine Zeit, in der in Kiel dringende Probleme gelöst werden müssen."[236]*

Die sich in der Verwaltungsspitze Kiels anbahnenden Personalveränderungen werden dramatisiert. Die Allegorie des führungslosen Schiffes, verbunden mit einer naturbezogenen Metaphorik wird umfassend entfaltet. Die Zeiten sind „stürmisch", die Verwaltungsspitze unterliegt einer „Erosion", man befindet sich ohne „Steuermann" in „schwerer See". Dabei ist es egal, dass Albig mal als Kapitän und mal als Steuermann bezeichnet wird. Es geht nicht um inhaltliche Veranschaulichung, sondern um den Transport emotionaler Botschaften auf einer quasi subrationalen Ebene. Deswegen führt Kruber im Folgenden weiter aus, dass das Eigenkapital bald *„aufgezehrt"*[237] sein wird, wieder metaphorisch. *Aufzehren* erinnert an, *Notzeiten,* in der das

---

[235] Vgl. im Kapitel V/3 die Ausführungen zum asymmetrischen Diskurs.
[236] Die Sprotte, hrsg. Von der CDU-Ratsfraktion Kiel 2010, S.1.
[237] Dito.

letzte Brot so lange wie möglich aufbewahrt werden muss. Kiel steckt in der „*Schuldenfalle*"[238] und die regierende Kooperation sowie der OB tun nichts:

> „*Kiel braucht eine entschlossene, mutige Politik, die sich an der langfristigen Stärkung des Standortes orientiert. Statt um Wirtschaftsansiedlungen kümmert sich die Ratsmehrheit von SPD, Grünen und SSW lieber um ideologisch motivierte Straßenumbenennungen. Die rot-grüne Ratsmehrheit steht für Stillstand und verschreckt Investoren.*
> *Der Oberbürgermeister droht mit kulturellem Kahlschlag bei den Theatern, in der Sozialpolitik passiert nichts mehr.*
> *Kiel hat Besseres verdient!*"[239]

Das Bessere ist natürlich die CDU, mit der die Landeshauptstadt Kiel dann aus der Schuldenfalle kommt und gleichzeitig die Sozial- und Kulturausgaben usw. steigert. Inhaltliche Argumentationen sind nicht entscheidend.

> *Als der Autor eine andere Presseveröffentlichung der CDU zum Thema „Bauhafen: Fauler Kompromiss zum Schaden der Kielerinnen und Kieler" auf Facebook kritisiert, antwortet ein führender CDU-Ratsherr: ,Keinen Humor, Herr Kollege?*"[240]

Was ist noch ernst gemeint oder ist nur noch alles ein Spiel, um die nächste Spielrunde in Form einer Wahl zu gewinnen? Die Wirkung zählt, die Inhalte müssen relativ unanfechtbar sein, d.h., eine eventuelle Erwiderung müsste komplex argumentierend vorgehen, um Fehldarstellungen zu korrigieren. Sobald dies der Fall ist, kann man damit rechnen, dass die eigene emotive Pressemeldung Wirkung erzielt, ohne dass der politische Konkurrent wirksam dem begegnen kann. Wer als Zweiter kommt, malt zuletzt, egal, ob er sachlich argumentiert oder die gleichen Waffen benutzt. Ist ein Thema in der öffentlichen Wahrnehmung einmal besetzt, dann ist dies schwer aufzubrechen oder gar umzukehren.
Sprachliche Metaphorik, zumal aus dem Naturbereich, womit Archetype und Instinkte im Menschen angesprochen werden sowie Ängste aktiviert werden können, erzielt eine rational nicht jedem bewusste Reaktion.

---

[238] Dito.
[239] Dito.
[240] Facebook-Eintrag vom 18.02.2011 zum Thema „Bauhafen: Fauler Kompromiss zum Schaden der Kielerinnen und Kieler".

Wenn dazu noch Sachverhalte falsch oder stark verzerrt wiedergegeben werden, sachlich richtige Aussagen in falschen Kontext gestellt werden, dann können uninformierte Bürger der manipulativen Intention solcher Sprachgestaltung schnell erliegen. Merken wir uns also:
Asymmetrische Diskurse sind in der L.R.S. System.

## 2. Etikettierung

> *Der Journalist Rainer Keller schreibt in seinem Artikel „Eine Partei mit vielen Etiketten" zum Landesparteitag der FDP in NRW: Die FDP in Nordrhein-Westfalen will vieles sein. Wirtschaftspartei ist sie bereits. Jetzt soll die Sozialpolitik in den Vordergrund rücken und etwas, das „weltoffener Patriotismus" heißt.*" [241]

Keller meint Inhalte, bezieht sich hinsichtlich seiner Begrifflichkeit v.a. auf eine seltsame Form von Nominalattribuierung.

> *Der von Bundeskanzler Schröder 2003 ins Leben gerufene „Agenda 2010", ein Fahnenwort mit anglisierendem Einschlag und einer Jahreszahl, um Modernität zu symbolisieren und zu signalisieren, folgte die „Agenda Arbeit"* [242] *der CDU. Ebenfalls ein Fahnenwort, das aber gleichzeitig durch den Parallelismus zum Neologismus von Schröder den Begriff der SPD stigmatisierte, da impliziert werden sollte, dass die „Agenda 2010" keine Arbeitsplätze schaffen würde, obgleich dies doch zentrales Ziel war. Die PDS setzte der SPD am 14.03.05 die „Agenda Sozial"* [243] *entgegen; dieses Fahnenwort implizierte nun, dass die SPD und die CDU unsozial agieren würden, was ebenfalls die gegnerische Politik stigmatisierte. Teilweise stehen hinter solchen Konzepten konkrete politische Programme. Diese werden aber in der Öffentlichkeit nicht artikuliert, letztlich beschränkt sich die zeitgenössische Auseinandersetzung auf drei Phrasen, wobei sich „Agenda 2010" letztlich allein als Begriff in der öffentlichen Wahrnehmung Bestand hatte.*

Gehen wir davon aus, dass hinter solchen Diskussionen inhaltliche Auseinandersetzungen stehen. Wenn das so ist, bleibt dennoch die Öffentlichkeitswirksamkeit eines Etiketts wichtiger als der Inhalt. Daher häufen sich Scharmützel um die Lufthoheit im Begriffe-Besetzen. Es werden sowohl Projekte etikettiert als auch der eigenen Partei ein

---

[241] Nachricht vom 21.04.2007,
http://www.wdr.de/themen/politik/parteien/fdp/landesparteitag_070421/index.jhtml (13.04.09)
[242] Stellungnahme von Dr. Angela Merkel anlässlich ihrer Kür zur Kanzlerkandidatin der CDU am 30.05.05. www.cdu.de, Download vom 02.07.05.
(http://www.cdu.de/doc/pdf/05_05_30_Merkel_Statement_KAH.pdf)
[243] Pressemittelung vom 14.03.05; www.sozialisten.de. Download vom 02.07.05.
(http://sozialisten.de/politik/agenda_sozial/index.htm)

Markenimage verpasst. Fehler in diesem Bereich rächen sich stärker als auf der inhaltlichen Ebene.

> *Viele Neologismen werden regelrecht erfunden und bewusst eingesetzt, in der Regel als Fahnenwort oder mindestens als Hochwertwort für eigene Konzepte, z.B. die „Bürgerversicherung"[244]. Die Konnotation ist positiv, vor allem das Bestimmungswort besitzt eine positive Einzelkonnotation, welche das gesamte Lexem dominiert. Alle Bürger sind versichert, es klingt nicht nach Gleichmacherei, sondern fair und ehrlich.*
>
> *Passend dazu sei an dieser Stelle erzählt, dass ein Kieler Ratsherr nach überstandener Ratsversammlung glücklich beim Bier erklärt, er liebe den Begriff „Investitionsbremse". Nur die Presse hätte daraus „Kreditbremse" gemacht, was ihn offensichtlich ärgerte. Es ging dabei um eine Erlass des Landes Schleswig-Holstein als Kommunalaufsichtbehörde zum Kieler Gemeindehaushalt, der die Investitionen der Stadt auf 30 Millioen Euro beschränkt hatte, diese Beschränkung aber tatsächlich nur sehr schwach begründen konnte. Dass dies so war, ließ sich aufgrund der inhaltlichen Komplexität des Themas medial nicht transportieren. Daher das Etikett.* [245]

Der *Bürgerversicherung* setzte die CDU 2004 das Konzept der „Kopfpauschale" gegenüber, wonach alle Bürger den gleichen Betrag unabhängig vom Einkommen einzahlen sollten. Der Begriff und das Konzept kamen kurz nach seiner öffentlichen Präsentation in die Kritik, vor allem der Begriff stieß auf Widerstand. Die SPD verwendet ihn seitdem als Stigmawort, da sowohl der Begriff „pauschal" negativ konnotiert ist, schließlich erinnert dieses Grundwort an „Pauschalurlaub" und an „Gleichmacherei". Das Bestimmungswort „Kopf" verstärkte dies durch Assoziationen an „Kopfsteuer" und „Kopfgeld". Der Begriff assoziiert, dass nicht der einzelne Mensch im Mittelpunkt stünde, sondern jeder als bloßer Zählkandidat betrachtet werden würde. Das flugs neu erfundene Fahnenwort „Gesundheitsprämie" konnte den Schaden nur teilweise beheben, da die CDU den alten Begriff selbst eingeführt hatte und die SPD ihn als Stigmawort rege gebrauchte[246]. Ein

---

[244] Vgl. www.buergerversicherung.spd.de (Download am 03.07.05)
www.abakus24.de. Download am 03.07.05
(http://www.abakus24.de/kopfpauschale_buergerversicherung/?utm_source=google&utm_medium=ppc&utm_campaign=pkv&utm_term=buergerversicherung)
[245] Hörprotokoll 25.08.2011
[246] www.abakus24.de. Download am 03.07.05

Teil der Schwierigkeiten, für die Kopfpauschale Mehrheiten zu gewinnen, rühren also nicht von sachlicher Seite her, sondern resultieren aus dem öffentlichen Wirkungsgeflecht und der Tatsache, dass jede Partei im oben bereits umrissenen Bedingungsgefüge für eigenes Handeln die Machtoption für die nächste Wahl nicht verlieren möchte.

Etikettierende Formulierungen müssen eindeutig, kurz und nötigenfalls auch programmatisch aussagekräftig sein. Der letzte Punkt ist aber keine notwendige Bedingung, was sich bei dem zunehmenden Trend zeigt, Regierungen farblich zu attribuieren. War „Rot-Grün" in Hessen in den achtziger Jahren noch Stigmawort, werden heute alle Parteien farblich etikettiert. Die meisten Parteien in Deutschland tragen programmatische Namen, sie wurden ja meistens noch vor dem Entstehen der Bundesrepublik benannt, zentrale inhaltliche Positionen leiten sich bereits von diesen ab. Ob „Christlich-Soziale Union", ob „Partei des demokratischen Sozialismus", ob „Sozial-Demokratische Partei Deutschlands" oder „Christlich-Demokratische Union". Es ist bezeichnend, dass diejenigen Parteien im aktuellen Bundestag, die sich nach 1949 bzw. nach der Einheit ihren Namen gegeben haben, also Grüne und Linke, lediglich orientierende Eigennamen gegeben haben. Zum Beispiel deuten „Die Grünen" durch ihre Farbsymbolik zumindest noch ansatzweise die wichtigste Programmausrichtung der Partei an, nämlich die ökologisch nachhaltige Organisation der gesamten Gesellschaft. Begriffe wie „Neue Mitte" und „Linkspartei" bleiben unscharf, auch symbolisch. Da sich die SPD als Volkspartei versteht, zumindest seit dem Parteitag 1959 in Bad Godesberg, ist folgerichtig die gesamte Bevölkerung Zentrum der politischen Bemühungen. Mit dem Fahnenwort „Neue Mitte" wollte man sich erneut von dem vermeintlichen Stigma der Arbeiterpartei befreien und das erfolgreiche Marken-Etikett der *bürgerlichen Parteien* konterkarieren. Ohne Zweifel bewusst, unbewusst nahm man stattdessen aber die spätere neoliberale Ausrichtung der Regierungsarbeit vorweg, was die SPD an der Basis frustrierte und die ehemalige Arbeiterpartei mit den Gewerkschaften überwarf. *Die Linke* hat mit ihrer Parteineugründung die Gelegenheit genutzt, ihren Parteinamen diesen Mechanismen anzupassen.
Reine Etikettierung und Entsemantisierung des Parteinamens, gerade für die PDS ein beachtlicher Schritt. Die Gegenseite greift das natürlich auf:

*Westerwelle im Sommerinterview 2009*

---

(http://www.abakus24.de/kopfpauschale_buergerversicherung/?utm_source=google&utm_medium=ppc&utm_campaign=pkv&utm_term=buergerversicherung); vgl. auch www.spd.de Download am 03.07.05 (http://www.spd.de/servlet/PB/show/1041841/2004-11-15-WBHM-Kopfpauschale.pdf)

*„Das ist wahr, und entsprechend ist es auch wichtig, dass man die FDP stark macht, damit eben auch ein Linksrutsch verhindert werden kann. Wir wollen, dass es keine linken Mehrheiten geben kann - SPD, Grüne und Linkspartei. Wir möchten, dass die Große Koalition, wie sie sich selbst nennt, jetzt beendet wird. Und wir wollen klare bürgerliche Mehrheiten, klare Verhältnisse, dafür steht die FDP. Das habe ich so eindeutig gesagt wie kein anderer Parteivorsitzender. "*[247]

Ein „Linksrutsch" war 2009 kaum zu erwarten. Dieses Kompositum erinnert in seiner Naturmetaphorik erneut an Naturkatastrophen, wie Erdrutsch, und desavouiert pauschalisierend Grüne, SPD und Linke als eine monogene politische Kraft. Man postuliert den Gegensatz zwischen „bürgerlichen Mehrheiten", gemeint sind Bürgertum-Mehrheiten, gegen die politischen Schmuddelkinder von der linken Bundestagsseite. *Linksrutsch* stellt dabei auch eine Allusion an traditionelle Feindbilder aus Kaiserreich, Weimar sowie BRD bis 1989 an: die rote Flut! Während früher die kommunistische Welle gegen die christlichen Deiche des deutschen Bürgertums prallte, droht nun eine Steinlawine von links. Nicht mehr ganz rot, aber im Prinzip die gleiche Gefahr. Klassenkampfrhetorik der pauschalen Variante. Gleichzeitig gibt sich Westerwelle als *Klartextpolitiker*. Die eigene Propaganda wird als Wahrheit dargestellt, realistische Diktion, die sich nur kein anderer traut auszusprechen. Wer ihm widerspricht, belegt Westerwelle.

*Ein Jahr später, nunmehr Vizekanzler und Außenminister, agitiert Westerwelle vielerorts mit der Stigmatisierung des politischen Gegners mittels* **„Linksetikettierung"**: *"Der linke Zeitgeist hält Geschäftemachen für fragwürdig. Die Gesellschaft muss sich daran gewöhnen, dass das künftig anders ist"*[248]
*Neben dem Aspekt, dass Westerwelle von eigenem Fehlverhalten im Zusammenhang der Zusammenstellung einer Südamerika-Delegation ablenken wollte, wird doch deutlich, dass er Sachkritik, die tlw. tatsächlich unbegründet ist, nicht argumentativ abwehrt. Zumindest schlägt sich dies in der medialen Berichterstattung nicht nieder.*

Für Westerwelle ist links böse, rechts natürlich auch, deshalb ist man selbst bürgerlich, in der Mitte und gut.

---

[247] http://berlindirekt.zdf.de/ZDFde/inhalt/15/0,1872,7613679,00.html, 11.08.09
[248] heute-Meldung, 13.03.2010; http://www.heute.de/ZDFheute/inhalt/26/0,3672,8051770,00.html, 23.03.2010

Die Stigmaparaphrase „linker Zeitgeist", welcher zu allem Überfluss „*Geschäftemachen für fragwürdig*" betrachte, stellt ein bemerkenswertes Beispiel für die sprachliche Neuinterpretation von Wirklichkeit dar. Allein die Tatsache, dass Westerwelle mit Linksetikettierungen ein erfolgreiches Stigmatisieren des politischen Gegners versucht zu erreichen, spricht dafür, dass eher das Gegenteil eines „*linken Zeitgeistes*" die öffentliche Meinungsbildung dominiert. So genannte neoliberale Sichtweisen prägen zurzeit fast alle politischen und öffentlichen Meinungsäußerungen. „*Geschäftemachen*" wird inzwischen als ökonomische Notwendigkeit im Rahmen des allgegenwärtigen Wachstumsdogmas als Leitmotiv gesellschaftlichen Handelns angesehen. Die sich daraus ergebenen Folgen wie Sozialabbau usw. werden damit begründet, auf allen politischen Ebenen. Die dagegen ankämpfen, bekommen das Etikett „*Sozialromantiker*". Die Etikette etikettieren vielleicht die eigene Position, die des politischen Gegners kaum bis gar nicht. Sie desorientieren in jedem Fall. Westerwelle veranschaulicht das im obigen Beispiel unbewusst sehr schön.

Es ist eine Eigenart dieser plakativen Attribuierung, die wir hier Etikettierung nennen, dass das Etikett zunächst Orientierung innerhalb einer komplexen Sachmaterie zu geben scheint. Dies kehrt sich aber um, sobald die Benennung eigentliche Sachinhalte in der öffentlichen Diskussion verdrängt. Etiketten werden nicht hinterfragt, dahinter stehende Inhalte und Zusammenhänge kaum deutlich, sie ersetzen Information und führen so zu einem Prozess der Desinformation bei gleichzeitig suggerierter Orientierung. Diese vermeintliche Orientierung ist aber durch die Begrenzung auf zentrale Phraseologismen und Begriffe anfällig für subalterne sprachliche Manipulation, eben durch Konnotation beispielsweise oder auch Exklusion zentraler inhaltlicher Aspekte. Inhaltlich Wichtiges, was die Bevölkerung u.U. begrüßt, findet dagegen nicht den Weg in die Öffentlichkeit, wird nicht wahrgenommen. Die demokratischen Entscheidungsprozesse können dadurch spürbar gestört werden, da auf die Entscheidungsträger politischer Druck durch vermeintlichen Volkswillen z.B. mittels Demonstrationen oder Umfragen aufgebaut werden kann. Auch in relativ klar umgrenzten fachpolitischen Diskussionen sind solche Methoden erkennbar:

*Im Jahre 2007 hat die NRW-SPD beschlossen, die Gemeinschaftsschule einzuführen*[249], *der Vorsitzende der JU Volmering bewertete diesen Beschluss als „Gleichmacherei" und die*

---

[249] Zum konkurrierenden Sprachgebrauch von „Gemeinschaftsschule und Einheitsschule vgl. unten.

*Bundesbildungsministerin Schavan wertete die Beschlüsse als aus der „Mottenkiste" und als Versuch „den Linken nachzulaufen"*[250].

Eine Gemeinschaftsschule wäre demnach ein veraltetes Konzept, obgleich das Gegenmodell, sofern es überhaupt als Modell betrachtet werden kann, das dreigliedrige Schulsystem, deutlich älter ist. Gleichzeitig liefe man den Linken nach, als ob die SPD diesen bildungspolitischen Ansatz nicht seit Jahrzehnten verfolge. Wie gesagt, nicht die Sachebene ist entscheidend, sondern die Außenwirkung. Es geht nicht um inhaltliche Richtigkeit, sondern darum, in der Öffentlichkeit die Botschaft zu verankern, dass die SPD-Bildungspolitik gleichmacherisch, veraltet und radikal ist. Klebt einmal das Etikett dem politischen Gegner am Revers, dann bekommt er es so schnell nicht wieder los, wenn überhaupt.

Die SPD wiederum schmückt sich in Schleswig-Holstein mit neu eingerichteten Gemeinschaftsschulen. Diese lösen nun mit einer schlechteren personellen Ausstattung die Gesamtschulen ab, für viele Gesamtschulleitungen eine deutliche Verschlechterung. Doch auch hier sind Sachargumente irrelevant. Wie gesagt: Das Etikett birgt für Erfolg oder Misserfolg.

---

[250] WDR-online-Meldung vom 27.08.2007; http://www.wdr.de/themen/politik/parteien/spd/landesparteitag_8_2007/070827.jhtml, 23.03.2010

## 3. Realistische Diktion

Ohne Zweifel ist realistische Diktion ein sperriger Terminus, der jedoch eine sehr gängige Technik der L.R.S. bezeichnet. Bei dieser Methode sollen „eigenen Prädikationen den Status von unproblematischen Sachverhaltsbezeichnungen"[251] erhalten oder, einfacher ausgedrückt, einer, also der eigenen Meinungsäußerung wird umfassender Realitätsgehalt zugewiesen.

> *Die Bundeskanzlerin Angela Merkel zeigte sich über den Ausweg aus der Finanz- und Wirtschaftskrise immer sicher, z.b. auch in der Haushaltsrede in der Generaldebatte im März 2010: „Die christlich-liberale Koalition wird die Wirtschaftskraft unseres Landes erneuern durch nachhaltiges Wachstum... wer an dem demografischen Wandel, an den Veränderungen des Altersaufbaus unserer Gesellschaft einfach vorbeisieht, wer so tut, als müsse und könne man die Rente mit 67 Jahren rückgängig machen, wer so tut, als könne man die Lohnzusatzkosten einfach an die Arbeitskosten gekoppelt lassen, wer so tut, als brauche man keine Kapitaldeckung in der Pflege, der lebt nicht im Sinne eines nachhaltigen Lebens, sondern der lügt sich in die Tasche. Das ist die Wahrheit."[252]*

Angela Merkel kennt die Wahrheit. Die Rente mit 67 ist unumkehrbar und man braucht eine kapitalgedeckte Pflegeversicherung. Allgemein gilt, dass es kein gesellschaftliches Gesetz gibt, was die derzeitige Entwicklung festschreibt. Die Alternativen mögen schlechter sein, Alternativen gibt es aber immer. Es ist Vorsicht angebracht, wenn behauptet wird, eine politische Entscheidung wäre alternativlos. Im konkreten Fall könnten die vorhandenen Alternativen sogar besser, jedoch unbequemer sein. Das Propagieren alternativloser Politik deutet eher auf Schwäche oder Unkenntnis hin.
Merkel legt viel Wert auf ihre DDR-Erfahrungen, diese Lehre sollte sie eigentlich aus ihren biografischen Erlebnissen heraus gezogen haben. Mit dem Anspruch und dem Selbstverständnis einer pluralistischen und demokratischen Gesellschaft sind solche Standpunkte nicht vereinbar.

> *Wachstum fordert irgendwie fast jeder, wenn es nicht eintritt, verlangt der ifo-Präsident Hans-Werner Sinn auch gern*

---

[251] Stötzel 1978, S.62
[252] http://www.bundesregierung.de/nn_1514/Content/DE/Bulletin/2010/01/06-1-bk-bt.html, 21.03.2010

*„niedrigere Löhne", natürlich nur, um Wachstum zu erreichen. Da stellt sich die Frage, wer eigentlich für wen da ist: „Die Binnennachfrage lahmt vor allem, weil die Unternehmen immer weniger Investitionsgüter kaufen. Deutschland hat die niedrigste Nettoinvestitionsquote aller entwickelten Länder. Wir brauchen dringend niedrigere Löhne, damit die Investitionsgüternachfrage wieder anspringt. Im zweiten Schritt wird dies dann auch Jobs schaffen und so die Konsumgüternachfrage stimulieren."[253]*

Es ist schon ein intellektuelles Kunststück zu behaupten, dass man mit niedrigeren Löhnen eine größere Binnennachfrage schafft. In erster Linie steigert man damit die Gewinnspanne der Unternehmen. Wenn die aber vorher bei vorhandenen Gewinnen nicht investiert haben, warum sollten sie dies das dann bei einer größeren Gewinnmasse tun, zumal Investitionen nicht notwendigerweise Arbeitsplätze schaffen? Interessant ist hier aber, wie eine subjektive Meinung den Charakter von Realität bekommt, als hätte Hans-Werner Sinn nun seinerseits nach Angela Merkel die gesellschaftlichen Gesetze, quasi die Pendants zu den Naturgesetzen, entdeckt. Es ist fraglich, ob es gesellschaftliche Gesetze an sich gibt, im politischen Bereich ist niemand im Besitz der einen Wahrheit. Dass in einer vorgeblich pluralistischen Gesellschaft jemand vorgibt, sein Weg sei der einzig richtige, erscheint bemerkenswert, umso mehr, wenn es die Kanzlerin selbst ist. Es muss daher die Rente mit 67 geben, alles andere ist nicht nur ein Irrweg, sondern unrealistisch. Das Gleiche gilt für die Abkoppelung der Lohnzusatzkosten, wodurch de facto der Unternehmeranteil an der Finanzierung sozialer Sicherungssysteme weiter sinkt. Argumentativ folgerichtig, aber eben inhaltlich nicht belastbar ist es dann auch, die Kapitaldeckung, d.h. de facto die Privatisierung von Teilen der Sozialversicherungssysteme zu fordern. [254]

*Wachstum* ist das Zauberwort der L.R.S. Frau Merkel befürwortet Wachstum, weil sich dadurch die staatlichen Kassen füllen, ohne dass man den Wählern oder bestimmten Interessengruppen weh tun muss und Vermögen im Land umverteilen muss. Soziale Einschnitte begründet sie

---

[253] http://www.cesifo-group.de/portal/page/portal/ifoHome/B-politik/20echointerv/_echointerv?item_link=ifointerview-Mittelstand-06-05.htm, 21.03.2010
[254] An dieser Stelle sei die gängige Lehrmeinung nur kurz skizziert: Nach dem Mackenroth-Theorem ist die Kapitaldeckung in Sozialversicherungssystemen sinnlos, erwirtschaftet doch jede Gesellschaft alle soziale Kosten aus dem laufenden BIP. Vgl. Gerhard Mackenroth: Die Reform der Sozialpolitik durch einen deutschen Sozialplan. in: Schriften des Vereins für Socialpolitik NF, Band 4, Berlin 1952.

mit absoluten Notwendigkeiten. Sie würde gern anders, geht aber leider nicht. Wer anderes behaupte, lüge sich nur in die Tasche.

Angesichts des Privatvermögens von 11,37 Billionen Euro 2012 gemäß dem Armuts- und Reichtumsbericht der Bundesregierung[255], wobei 10 Prozent der Bevölkerung davon 61 Prozent des Vermögens besitzen, ist es dennoch nicht überzeugend, einerseits harte Sparmaßnahmen z.B. im sozialen Bereich zu fordern, um den Staat zu sanieren, um andererseits genau dort nicht das Missverhältnis zwischen Vermögensbesitz und Staatsfinanzen fiskalisch zu korrigieren, wo es den Betroffenen, den Reichen, keinerlei Einschnitte in private Lebensgestaltung bringen würde, dafür aber wirklich enorme Lösungsmöglichkeiten offenbar werden. Herr Ackermann oder Dieter Bohlen müssen ihr Leben nicht ändern. Ob sie nun 10 Millionen im Jahr verdienen oder eine, es macht de facto keinen Unterschied. Man kann nur 24 Stunden am Tag Geld ausgeben. Der Arbeitslose merkt es aber wohl, wenn die Mehrwertsteuer um 3 Prozent erhöht wird, wie 2006 geschehen.

Merkel ist mit ihrer Auffassung aber Mainstream, die FDP, die Grünen, die SPD, alle sind mit dabei:

> *Der damalige Wirtschaftsminister Wolfgang Clement (damals noch SPD): „Der einzige Weg, die Sozialsysteme zu retten, ist Wachstum. Wirtschaftliches Wachstum. "[256]*

Fast scheint es, als ob der Erfolg dieser Diktion damit zu erklären ist, dass hier das kollektive Unbewusste im Sinne Jungs aktiviert wird. Das psychische Erbe der menschlichen Evolution dürfte ohne Zweifel geprägt sein von der Vorstellung, dass die Lebensgrundlage der Gemeinschaft, der man angehört (Horde, Staat…) sich stetig erweitern muss, um das Überleben zu sichern. Wachstum ist seit Anbeginn der Menschheit etwas Gutes, heutzutage global gesehen aber eben nicht mehr, da die Menschen die Erde fast vollständig in Besitz genommen haben. Die natürlichen Ressourcen bleiben letztlich dann doch endlich.

Im Allgemeinen handelt es sich bei realistischen Diktionen aber meist um einen durchaus bewussten Versuch, politische Entscheidungen, die sich auch in Inaktivität zeigen können, etwa bei der Nichteinführung der Vermögenssteuer, als unumgängliche Sachnotwendigkeit darzustellen. Die Gegenseite muss nicht nur dem Sachargument begegnen, sondern auch den Kokon der scheinbar unumstößlichen Realität durchbrechen, was nicht so einfach ist. Realistische Diktionen transportieren in der Regel eine einfache Botschaft und ein klares, leicht zu verstehendes

---

Argumentationsmuster. Wir können es uns einfach nicht leisten, das ALG I zwei Jahre zu zahlen. Gegenpositionen müssten mit komplexen Argumentationen diese schlagkräftigen Ein-Satz-Wahrheiten durchbrechen, was in der medialen Welt von heute unrealistisch ist, also wieder ein Beispiel für einen asymmetrischen Diskurs darstellt. Der mit der der einfachen Aussage ist effektiver in seiner Überzeugungskraft als derjenige, welcher komplexere Ausführungen tätigt. Meist sind aber die Umstände kompliziert und eben nicht einfach zu erklären, was dann dazu führt, dass die tendenziell falsche, weil eben pauschal vereinfachende Argumentation in der Regel erfolgreicher wirkt. Das gilt im Großen wie im Kleinen:

*In einem Kieler Kindergarten wurde 2010 auf einer Elternversammlung eine intensive Diskussion geführt. Ein Vater[257], auch im Elternbeirat aktiv, hatte zwei Initiativen. Zum einen wollte er mit Stiftungsgeld neue Spielgeräte anschaffen, zum anderen Bio-Essen einführen lassen. Er argumentierte sehr umfassend, scheiterte aber grandios, da er erstens auf das Argument prallte, mit einem Eimer Farbe könnte man die vorhandenen Geräte schön aufhübschen, das würde reichen, und zweitens, dass sie, die Eltern, auch ohne Öko-Essen aufgewachsen seien. Es hätte ihnen ja nicht geschadet.*

Sobald eine Gruppe eine realistische Diktion akzeptiert, ihrer Argumentation also folgt und der Diktion von den Zuhörern somit absoluter Wahrheitsgehalt zugesprochen wird, kann man dem nur schwer begegnen. Man müsste eigentlich durch klare Analyse den Fehlschluss aufzeigen können, dafür mangelt es aber meist an Zeit und Gelegenheiten oder im großen Spiel an Sendeminuten. Asymmetrischer Diskurs eben.

---

[257] Um Missverständnisse zu vermeiden, es handelt sich nicht um den Autor des Buches.

## 4.  Konkurrierender Sprachgebrauch

Politisch relevante Sachbezeichnungen sind in der L.R.S. prinzipiell immer Meinungssprache. Die politischen Akteure und Gruppen sind bemüht, die eigene Position sprachlich positiv zu verstärken und die des politischen Konkurrenten pejorativ zu konnotieren. Hintergrund des konkurrierenden Sprachgebrauchs ist die Tatsache, dass nicht der eigentliche Sachverhalt, also die politische Forderung oder Maßnahme in ihrer meist hohen Komplexität die Basis für die Bewertung und Beachtung in der Öffentlichkeit darstellt, sondern die Außenwirkung, welche mit Denotation und Konnotation des Begriffs in engem Zusammenhang steht, welcher sich am Ende in der öffentlichen Wahrnehmung durchsetzt. Auf die Diskussion zur Einführung der Gemeinschaftsschule anlässlich der Landtagswahl in Nordrhein-Westfalen sind wir bereits im Zusammenhang der Etikettierung eingegangen. Bisherige Überlegungen sollen aber an dieser Stelle vertieft werden.

*Zur NRW-SPD und ihrer Gemeinschaftsschule. Der Begriff „Gemeinschaftsschule" ist, positiv konnotiert, eine Gemeinschaft wird als positiv empfunden, der Begriff akzentuiert sprachlich klar das Bestreben, die Dreigeteiltheit des bundesdeutschen Schulsystems aufzuheben, grenzt sich auch von der Gesamtschule ab, welche aufgrund vorheriger Erfahrungen von vielen Eltern als gescheitert oder zumindest für das Fortkommen der eigenen Kinder als fragwürdig angesehen wird.[258] Die CDU reagierte mit dem Stigmawort „Genossen-Einheits-Schule"[259], Allusionen an die Einheitspartei, also die SED und die DDR werden evoziert, obgleich inhaltliche Parallelen kaum vorhanden sind.*

Die schulpolitischen Konzepte der Gemeinschaftsschule treten hinsichtlich der öffentlichen Wirkung  hinter die agitatorische Wirkung des sich durchsetzenden Sprachgebrauchs zurück. Die SPD setzt ein Fahnenwort „Gemeinschaftsschule", ersetzt dabei den verschlissenen Begriff „Gesamtschule", die CDU reagiert mit dem Versuch der Stigmatisierung des Konzeptes durch ein konkurrierendes Stigmawort.
Wenn man keine eigenen Fahnenwörter setzen kann, benutzt man vorhandene Hochwertwörter, welche durch eine äußerst euphemistische

---

[258] WDR-online-Meldung vom 27.08.2007;
http://www.wdr.de/themen/politik/parteien/spd/landesparteitag_8_2007/070827.jhtml, 23.03.2010
[259] Ebenda.

Konnotation positive Gefühle beim Adressaten auslösen. Mit etwas Glück spiegeln sich genau diese zentralen Begriffe, von denen man viel Wirkung erhofft, in der medialen Berichterstattung wider. Im folgenden Artikel wird über eine Rede des SPD-Urgesteins Eppler auf dem SPD-Parteitag 2009 nach der verheerenden Niederlage dieser Partei bei der Bundestagswahl berichtet:

> *„Der ehemalige Entwicklungshilfeminister und langjährige Chef der SPD-Grundsatzkommission geißelte in scharfer Form um sich greifenden Marktradikalismus. "Noch nie hat dieses Land die Sozialdemokratie dringender gebraucht als heute", sagte Eppler, der selbst am Godesberger Parteitag 1959 teilgenommen hatte. Mit den dort beschlossenen Grundsätzen habe die SPD den Abstand zwischen Wirklichkeit und Programm verringert.[260] Das Godesberger Programm markiert den Übergang der Sozialdemokraten von der sozialistischen Arbeiterpartei zur modernen Volkspartei. "*

Eppler distanziert sich wie die SPD im Ganzen auch von der eigenen Geschichte und dem eigenen Programm, das als unrealistisch angesehen wurde und angeblich an die Realität anzupassen war. Sprachlich verstärkt wird dies durch die Umattribuierung von „sozialistisch" zu „modern". Aber sollte nicht durch die politische Arbeit die Wirklichkeit im Sinne des Programms einer Partei umgestaltet werden? Dies wird tatsächlich kaum öffentlich von jemand eingefordert. Man rühmt dafür die Abkehr vom eigenen Programm in sehr eindrücklicher Art und Weise:

> *"Damals wurde das Fenster aufgemacht für alle, und es kam frische Luft herein", sagte Eppler in seiner Rede. In dem in Godesberg beschlossenen Satz "Freiheit und Gerechtigkeit bedingen einander" stecke "unsere ganze sozialdemokratische Philosophie drin", rief er aus. "*

Klingt gut, bleibt aber trotz der starken Metaphorik inhaltsleer. Auch die so genannten Marktradikalen (Stigmawort) fordern Freiheit, nämlich Freiheit des Marktes. Die Freiheit des Kapitals schließt aber eben Gerechtigkeit in der derzeitigen wirtschaftspolitischen Ordnung eher aus, als dass sie bedingt wird. Gerechtigkeit, soll sie für alle gelten, schließt Freiheit für alle, in uneingeschränktem Maße, aus. Dann noch zu

---

[260] Die Frage ist dabei, zu welchen Lasten.

behaupten, dass diese Umdeutung der eigenen Kernprogrammatik die „ganze sozialdemokratische Philosophie" sei, stellt eine massive Verkürzung und verzerrte Wiedergabe des ursprünglichen sozialdemokratischen Gedankens dar, der notwendig von der tiefgreifenden Umgestaltung der Gesellschaft ausgeht. Auch Godesberg hat den Sozialismus als Gesellschaftsziel aufrechterhalten. Die Erläuterung Epplers hilft bei der Erklärung dieser Widersprüche nicht weiter:

> *„So schaffe ein Höchstmaß an sozialer Gerechtigkeit auch mehr Freiheit für eine Vielzahl von Menschen. Die "marktradikale Welle" über Europa habe viel von dem weggeschwemmt, was Sozialdemokraten lieb und teuer sei. "Wer hätte in Zeiten Willy Brandts und Helmut Schmidts gedacht, dass wir noch einmal das Solidarprinzip in der Krankenversicherung werden verteidigen müssen", fragte Eppler rhetorisch. Auch habe Ludwig Erhard nie den geringsten Zweifel an progressiven Einkommensteuertarifen gehabt, deren Höchstsatz unter Konrad Adenauer Höchstsatz bei 53 Prozent gelegen habe. All das stelle die schwarz-gelbe Koalition jetzt mit dem FDP-Plan eines Stufentarifs infrage".* [261]

Wie gesagt inhaltlich suboptimal, in der Außenwirkung erfolgreich: Epplers Rede wird im vorliegenden Artikel auf Hochwertwörter, realistische Diktionen und Stigmata reduziert. Die SPD müsse das *Solidarprinzip* verteidigen, setze sich für *soziale Gerechtigkeit* und *Freiheit* ein. Die SPD werde in diesem Land mehr gebraucht denn je. Auch, wenn Eppler dies anders meint, angesichts der größten Wahlniederlage nicht einmal zwei Monate vorher stellt es eine beachtliche rhetorische Leistung dar, wenn diese Rede als authentisch in den Medien charakterisiert wird.[262] Das Parteitagsvolk, d.h. die anwesenden Parteifunktionäre, jubelt solchen Reden angesichts der medialen Selbstinszenierung immer zu. Und dies geschieht trotz der Tatsache, dass die meisten von Eppler kritisierten Erscheinungen von der SPD selbst durchgesetzt wurden, u.a. die Absenkung des Spitzensteuersatzes auf 42%. Noch einmal: Inhalte sind nicht primär wichtig, die Wirkung ist entscheidend. Sprachliche Mittel sind hier erfolgreicher als überzeugende, aber schwer verständliche Argumente.

---

[261] RP-Artikel vom 15.11.2009 zum SPD-Parteitag, Aus RP-online: http://www.rp-online.de/politik/deutschland/Eppler-ruft-zum-Kampf-fuer-soziale-Gerechtigkeit-auf_aid_782999.html, 27.03.2010
[262] Ebenda.

Also vermeidet man das suboptimal Wirkende und setzt im Grunde vor allem auf Signalsetzung.

Dies wird bestätigt durch den Vorteil, den Hochwertwörter gegenüber Fahnenwörtern zu haben scheinen, nämlich, dass sie weniger dem Verdacht der Ideologielast unterliegen. Ideologien dürften in der Regel hoch komplexe Argumentationsketten aufweisen, vielleicht von der nationalsozialistischen einmal abgesehen. Hochwertwörter sind daher im doppelten Wortsinn unbelastet, von Ideologie und überflüssigen Ballast an Verständnisvoraussetzungen. Sie sind allgemein positiv konnotiert, unabhängig von parteipolitischen Positionen der Adressaten. Daher auch die Umorientierung der SPD auf das Fahnenwort *Soziale Demokratie* statt *demokratischen Sozialismus.* Konservative haben das alte Fahnenwort der SPD dermaßen stigmatisiert, dass diese es nicht mehr benutzt, nicht mehr benutzen kann, ohne sich den Verdacht auszusetzen, keine Volkspartei mehr zu sein, unabhängig von allen inhaltlichen Fragen. L.R.S. spiegelt nicht nur inhaltliche Veränderungen beispielsweise von Parteiprogrammatiken wider, sondern lebt auch eigene Handlungsgesetzmäßigkeiten.

Dass Eppler seinerseits die Position der politischen Konkurrenz stigmatisiert, überrascht daher nicht, es ist ein Grundmechanismus von L.R.S. Konkurrierender Sprachgebrauch erscheint in diesem Sinne als Mittel der Machteroberung und -verteidigung in der L.R.S. als allgegenwärtig.

Ein weiteres Instrument stellt in diesem Sinne das der konträren Attribuierung dar. Nach Böke u.a. wird über „... die Attribuierung ... die eigene Verwendungsweise eines Wortes eines Wortes positiv gekennzeichnet und gegen die negativ attribuierte gegnerische abgegrenzt...“[263].

*Über soziale Marktwirtschaft haben wir bereits gesprochen, auch über die Initiative zur Neuen Sozialen Marktwirtschaft*[264]. *An dem Hochwertwort „soziale Marktwirtschaft“ muss festgehalten werden, also wird über ein ergänzendes Attribut, euphemistisch, die Denotation verändert, ohne die Konnotation massiv zu verschlechtern. Das wird dadurch erreicht, dass die eigentliche Zielsetzung dieser Attribuierung medial aufgrund der beschriebenen Rahmenbedingungen, unter denen sich L.R.S. manifestiert, den Adressaten nicht ersichtlich ist. Dadurch, dass Veränderungen und Neuerungen prinzipiell als positiv verstanden werden, zumindest in Verbindung mit dem Attribut sozial, ist also ein politischer Ansatz,*

---

[263] Böke u.a. 1996, S.49
[264] Vgl. Kapitel IV/4

*welcher kaum mehrheitsfähig ist, erfolgreich medial kommunizierbar.*

In der L.R.S. wird die Gegenseite oft massiv angefeindet. Dies geschieht meistens aggressiv, Zwischentöne und Differenzierungen sind selten. Guido Westerwelle ist nicht gerade für zurückhaltende Rhetorik bekannt, deswegen nun auch einmal ein Beispiel für eine differenziertere Stellungnahme, welche auch dem politischen Gegner Leistungen einräumt:

> *Der Regierungswechsel zu Rot-Grün [1998] hat einiges verändert, vieles verschlechtert, manches verbessert. Eine neue Richtung jedenfalls hat er dem Land nicht gegeben.[265]*

Diese Stellungnahme gibt er in seinem Buch „Neuland" ab, ein Versuch einer programmatischen Neudefinition seiner Partei nach der Bundestagswahlniederlage 1998. Wenig Öffentlichkeit, vielleicht daher der zurückhaltende Ton, den er allerdings auch nicht lange durchhält. Aber auch in diesem Beispiel wird deutlich, dass differenzierte Darstellungen in der Regel inhaltlich überschaubar bleiben, fast bleiben müssen.

Daher erklärt es sich, dass konkurrierender Sprachgebrauch eines der zentralen Merkmale der L.R.S. ist. Begriffe, die man als politische Gruppe selbst gesetzt hat und die erfolgreich im eigenen Sinne in der Öffentlichkeit kommuniziert werden, sei es, dass eigene Positionen gestützt oder gegnerische stigmatisiert werden, unterstützen die Umsetzung der eigenen politischen, strategischen und taktischen Ziele deutlicher als rein inhaltliche Argumentation, manchmal sogar entscheidend.

In der Sprachwissenschaft wird das teilweise begrüßt, so führt der Wengeler 2005 aus:

> *„Es ist jedenfalls auch heute nicht vermessen zu behaupten, dass der Streit um Worte ... eine genuin demokratische Angelegenheit ist, denn nur wo heterogener Sprachgebrauch zwischen konkurrierenden politischen Gruppen erkennbar ist, gibt es eine Auseinandersetzung um und keine diktatorische Festsetzung von Wirklichkeitssichten."[266]*

---

[265] Westerwelle 1999. S.9
[266] Wengeler 2005, S.191.

Innerhalb konkurrierenden Sprachgebrauchs geht es aber nicht um die Auseinandersetzung von Wirklichkeitssichten, sondern um die Besetzung von Wirkungspositionen, zum Beispiel in Gestalt von Hochwertwörtern. Es wurde bereits weiter oben ausgeführt, dass Inhalte (deskriptive Bedeutung) hinter Wirkungsabsichten (emotive bzw. evaluative sowie persuasive Bedeutung) zurücktreten. Wenn Wengeler weiter ausführt, es widerspräche „einer demokratischen Grundhaltung", wenn politische Akteure das „Begriffe-Besetzen" des Gegners mit „Empörungs- und Entlarvungsgestus" aufdeckten, da diese damit ja unterstellten, es gäbe für bestimmte Begriffe „nur eine … richtige Wirklichkeitssicht", dann ist das die logische Schlussfolgerung aus der oben zitierten verkürzten Analyse politischer Sprachauseinandersetzung. Deshalb wird diese aber nicht richtiger[267].

Dass politische Gegner sprachliche Manöver der Konkurrenten durch Offenlegung von sprachlichen Handlungsmechanismen zu stigmatisieren suchen, ist nicht Ausdruck einer undemokratischen Einstellung, sondern vielmehr ein Indiz dafür, dass dies tatsächlich Grundmechanismen der L.R.S. sind, deren sich alle Seiten bedienen. Dass solche Stigmatisierungen Demokratie stärken, wie Wengeler weiter ausführt, darf bezweifelt werden:

> „Denn wenn Akteure und Rezipientinnen[268] immer wieder damit konfrontiert werden, dass der jeweilige eigene Sprachgebrauch der einzig richtige und wahrheitsgetreue und der des politischen Gegners manipulativ und „falsch" sei, kann die Einsicht wachsen, dass Sprachgebrauch immer weltanschauungs- und interessenabhängig ist. Als Folge davon wird bewusster, dass es sich nicht um „wahre" oder „richtige" Bezeichnungen in der öffentlichen Debatte geht, sondern um verschiedene und jeweils (zumeist) legitime Weltsichten, die sich notwenderweise sprachlich niederschlagen."[269]

Es ist natürlich immer möglich, dass Einzelne auf die oben beschriebene Art und Weise im Rahmen konkurrierenden Sprachgebrauchs erkennen, dass „Sprachgebrauch immer weltanschauungs- und interessenabhängig ist". Dass dies die breite Bevölkerung auf diese Weise erfasst, ist fraglich. Politische Konkurrenten attackieren einander eben kaum, indem

---

[267] Ebenda, S.191f.
[268] Ein Fall für die Gleichstellungsbeauftrage, scheinbar politisch korrekt das Genus wechselnd, wird dem aktiven Part das Maskulinum, dem passiven, empfangenden Teil das Femininum zugeschrieben. Großartig.
[269] Ebenda, S.192.

sie Techniken und Methoden der L.R.S. aufzeigen. Vielmehr bleiben diese Techniken gewöhnlich intransparent. Hierin einen Beitrag zur Aufklärung der Gesellschaft zu sehen, ist hinsichtlich der Argumentation wenig belastbar. Es ist auch kaum möglich, dogmatischen Sprachgebrauch aufgrund der Komplexität seiner Struktur in einer öffentlichen medialen Übertragung zu entlarven, wie wir im Zusammenhang des asymmetrischen Diskurses bereits dargelegt haben. Wengeler selbst merkt an, dass dies seit 1990 kaum geschehen sei, was er sogar begrüßt und als Zeichen einer toleranteren, undogmatischeren und somit auch demokratischeren öffentlichen Auseinandersetzung wertet[270]. Es dürfte aber eben genau das nicht sein. Es handelt sich beim konkurrierendem Sprachgebrauch nicht einfach um legitime Weltsichten, die sich sprachlich niederschlagen, sondern um bewusstes Sprachhandeln politischer und gesellschaftlicher Organisationen und Akteure mit der Maßgabe maximaler Wirkungsabsicht.

Die politischen Parteien können sich gegenseitig schlecht vorwerfen, was sie selbst tun, minimiert das doch die Wirkungschancen aller, damit auch die eigenen. Alle spielen das Spiel mit, reflektieren jedoch immer weniger, dass die mediale Präsenz Mittel und Wege politischer Agitation zunehmend vorgibt und inhaltliche Auseinandersetzungen verdrängt. Sachbetonte und nachdenkliche Politikerinnen und Politiker werden immer weniger Darstellungsmöglichkeiten und Kommunikationswege für eine breite Öffentlichkeit besitzen. Daher ist es nicht nur legitim, indoktrinierenden Sprachgebrauch wie das Begriffebesetzen oder andere Formen konkurrierenden Sprachgebrauchs zu kritisieren, sondern sehr wichtig. Konkurrierender Sprachgebrauch in der Spielart der L.R.S. desorientiert und desinformiert, da Wirkungselemente inhaltliche Information verdrängen. Die Folge wird die schleichende Destabilisierung der Demokratie sein, nicht deren Stabilisierung.

Versuchen wir im Folgenden an praktischen Beispielen die L.R.S. in ihrer komplexen Wirkungsweise zu analysieren.

---

[270] Ebenda, S.192.

## VI. L.R.S. in der Praxis

### 1. Die Sozialdiskussion - Causa Westerwellis und die spätrömische Dekadenz von Hartz- IV-Empfängern

Als im September 2009 CDU/ CSU und die FDP die Bundestagswahlen gewonnen hatten, schienen für Angela Merkel, Horst Seehofer und Guido Westerwelle glückliche Zeiten anzubrechen. Die Wunschpartner hatten sich gefunden. Doch wie schon Rot-Grün 1998 begann der Start der Koalition extrem holprig. V.a. für die FDP brachen die Umfrageergebnisse ein, besonders das Agieren des damaligen FDP-Vorsitzenden wurde mit dieser Entwicklung in Verbindung gebracht.

In dieser Situation gerieten wie schon unter der Regierung Schröder 2005 die Landtagswahlen in NRW 2010 in eine Schlüsselrolle, drohte doch Schwarz-Gelb der Verlust der Bundesratsmehrheit.

In dieser Situation, politisch und persönlich stark unter Druck, eröffnete Westerwelle im Februar 2010 eine Debatte über den Sozialstaat, nachdem das Bundesverfassungsgericht die Regelungen bezüglich des Arbeitslosengelds II kritisiert hatte. Diese Diskussion soll an dieser Stelle genauer analysiert werden, um die L.R.S. an einem praktischen Beispiel in ihrer Komplexität aufzuzeigen:

> *Guido Westerwelle, Außenminister und FDP-Vorsitzender, hatte in einem Gastbeitrag für die Welt-online geäußert, dass die „ ... Diskussion nach der Karlsruher Hartz-IV-Entscheidung sozialistische Züge ... habe..."* und weiterhin ausgeführt: „Wer dem Volk anstrengungslosen Wohlstand verspricht, lädt zu spätrömischer Dekadenz ein."* [271]

Westerwelles Duktus ist dabei nicht überraschend, im Rahmen der vorliegenden Arbeit wurde mehrfach aufgezeigt, dass Gegenpositionen der FDP von dieser als sozialistisch attribuiert worden sind, um diese zu stigmatisieren, ganz im Sinne der Grundidentität Antiradikalismus. Dass dies wenig differenziert erfolgt und mittels binärer Metaphorik[272]

---

[271] Meldung von Welt-online, 17.02.2010, http://nachrichten.aol.de/nazi-vorwuerfe-hartz-iv-debatte-entgleitet/artikel/20100216134237196001932

[272] In der Sekundärliteratur finden sich unterschiedliche Termini für den hier bezeichneten Sachverhalt. Alle Termini erscheinen wenig überzeugend. Efing spricht sehr allgemein von

veranschaulicht wird, ist ein typisches Kennzeichen für Westerwelles Rhetorik.

Zur Erinnerung: Karlsruhe hatte die Berechnungsgrundlagen für die Regelsätze nach ALG II kritisiert, was die meisten Sozialverbände und politischen Parteien als Indiz für zu geringe und v.a. unangemessene Leistungen gewertet hatten. Keine relevante öffentlich geäußerte Meinung hatte systemrelevante Argumente geäußert, noch dem grundsätzlichen Ansatz, dass Arbeitslose in Arbeit gebracht werden sollen, widersprochen. Der Präsident des ifo-Institutes erklärt in dieser Diskussion zunächst, warum die Diskussion tatsächlich sozialistische Züge trage:

*Sinn: „Wir reden in Deutschland immer nur darüber, was der Staat zusätzlich gewähren kann, ohne die Frage zu stellen, wer das bezahlen soll. Die Perspektive der Steuerzahler, also der Leistungsträger, kommt stets zu kurz. Der Strom kommt aus der Steckdose und das Hartz-IV-Einkommen vom Amt. So denken leider viele. Dabei argumentieren sie mit der Bedarfsgerechtigkeit. Dieses Konzept geht auf Karl Marx zurück. So gesehen ist die Feststellung, dass die Diskussion sozialistische Züge aufweist, richtig. Nach dem Grundgesetz müssen wir das Existenzminimum sichern, aber das heißt nicht, dass die Steuerzahler und Leistungsträger so viele Lasten tragen müssen, dass jeglicher Bedarf gedeckt werden kann."*
*Dabei fällt Kritik an Westerwelle bei Sinn sehr gemäßigt aus: „Von der Sache her hat er recht. Seine Wortwahl ist aber in Deutschland nicht unbedingt mehrheitsfähig."*[273]

Der Bezug zu Karl Marx ist irreführend, der Begriff der Bedarfsgerechtigkeit war im 19. Jahrhundert v.a. auf die ausgebeuteten proletarischen Schichten in Arbeit bezogen. Merkmal der gesellschaftlichen Ordnung in Deutschland des Jahres 2010 ist aber, dass wir eine Arbeitsverdichtung bei der arbeitenden Bevölkerung haben, viele Arbeitslose aber gleichzeitig von Arbeitsplätzen ausgegrenzt werden, also keine Chance haben, ihre Leistung zu erbringen und somit ihre Lebensgrundlagen selbst zu erarbeiten.

---

Polarisierung. (Efing 2005, S.208) Der Göttinger Parteienforscher Franz Walter nennt dies umgangssprachlich „Schwarz-Weiß-Malerei und setzt auch gleich den Vergleich mit Lafontaine. Meldung von Welt-online 20.02.2010; http://nachrichten.aol.de/ist-guido-westerwelle-der-lafontaine-der/artikel/20100219152057767856437

[273] Interview in welt-online, 17.02.2010; www.welt.de/die-welt/politik/article6429384/Westerwelle-hat-recht.html

Das Systemproblem der wenigen Arbeitsplätze wird auf mangelnde Leistungsbereitschaft implizit zurückgeführt. Das Ganze wird dann noch mit spätrömischer Dekadenz, was im Römischen Reich aber v.a. die herrschenden Schichten berührte, beschrieben. Von einer umfassenden Versorgung der Hartz-IV-Empfänger kann aber keine Rede sein. Schon gar nicht, dass diese wegen Luxus an Geist und Körper degenerieren. Westerwelles Äußerung erfolgt jedoch nicht spontan, sondern hat einen geschichtsphilosophischen, von ihm selbst bereits 1999 geäußerten Ansatz, der allerdings klischeehaft formuliert wird:

> *„Es ist immer dasselbe mit den großen Kulturen: Erst werden sie groß, dann werden sie satt, dann werden sie starr, und dann sind sie weg. "*[274]

In diesem Satz bündeln sich mannigfaltige Instrumente der L.R.S.. Grundsätzlich ist zunächst festzuhalten, dass die Auffassung inhaltlich kaum belastbar ist. Der Untergang des weströmischen Reiches ist z.B. nicht mit der Sattheit der Gesellschaft, sondern eher anhand struktureller und teilweise klimatischer Veränderungen innerhalb und außerhalb des Imperiums zu suchen. Nicht die Tatsache, dass der Plebs kostenlose Getreidelieferungen bekam, hat die römische Gesellschaft destabilisiert, sondern im Gegenteil zum inneren Frieden beigetragen.

Viel wichtiger für das hier Behandelte ist, welche Funktion solche Aussagen erfüllen sollen. Als realistische Diktion wird vermittelt, dass die eigene Position einer vermeintlichen Reformbereitschaft absoluten Wahrheitsgehalt besitzt. Tragen politische Konkurrenten die eigene Position nicht mit, dann droht der Untergang. Emotionalisierend werden Existenzängste angesprochen, es wird dramatisiert. Auch hier liegt ein asymmetrischer Diskurs vor. Rationale Gegenargumente besäßen geringere Überzeugungskraft. Folgte man alternativen politischen Wegen, drohe der Untergang der bestehenden Gesellschaft. Ein trockener Verweis auf historische Gegebenheiten wird kaum öffentlichkeitswirksam sein.

Westerwelles Geschichtsumdeutung besitzt dabei den Charakter einer autoritären Argumentationsstruktur, zur Untermauerung der eigenen realistischen Diktion.

Vereinfachen, Dramatisieren, Emotionalisieren, realistisch Diktieren, es geht, ob in Westerwelles relativ unbeachtetem Sachbuch oder aber im Weltartikel, um die Wirkung. Man möchte künftige politische

---

[274] Westerwelle, Guido: Neuland – Die Zukunft des deutschen Liberalismus. München 1999, S.15

Beschlüsse vorbereiten. Das von der Bundesregierung 2010 vorgestellte *Sparprogramm* umfasste dann auch folgerichtig massive Einschränkungen für ALG-II-Empfänger.

## 2. Das „Jobwunder" 2010 im Spiegel der Presse

Medien werden in der Bundesrepublik Deutschland oft als vierte Gewalt gekennzeichnet, was ausdrücken soll, sie stellten ein Korrektiv für die ersten drei Gewalten, also den Staat an sich dar. Öffentliche Meinungsbildung ist in einer demokratischen Gesellschaft unerlässlich, ohne Medien ist dies nicht vorstellbar. Die Frage ist, wie dies mit den Medien funktioniert und wie sich die L.R.S. hier manifestiert.
Am 27.10.10 verkündete die Bundesarbeitsministerin Ursula von der Leyen, einen Tag vor der offiziellen Bekanntgabe, dass die Arbeitslosenzahl im Monat Oktober auf unter drei Millionen gefallen sei[275]. Gute Nachrichten überbringt man besser selbst. „Die Welt" kommentiert in Gestalt von Dorothea Siems diese Nachricht abgeklärt:

> *„Sozialromantik verhindert die Vollbeschäftigung*
>
> *Weniger als drei Millionen Arbeitslose, dieser Erfolg ist auch Schröder zu verdanken. Umso wichtiger, dass von der Leyen Hartz-IV nicht ausbaut. "*[276]

Zunächst ist anzumerken, dass *Hartz-IV* anscheinend vollständig lexikalisiert ist, der pejorative Charakter scheint auch bei neoliberalen Geistern, als solche outet sich Siems hier sehr schnell, verloren gegangen zu sein. Weniger als drei Millionen Arbeitslose, das klingt gut, vergleicht man die Zahlen früherer Jahre, vernachlässigt inhaltlich aber veränderte Erhebungspraktiken bei der Statistik, veränderte Charakter von Arbeitsverhältnissen, viele Billigjobs usw. Dies auszublenden, ist einfach und effektiv in der Argumentationswirkung, dies zu problematisieren eben nicht: asymmetrischer Diskurs.

Insgesamt stellt der Artikel ohne Zweifel einen pointierten Beitrag zur Meinungsbildung dar, ein Plädoyer für neoliberale Wirtschaftpolitik. Schröder habe mit Agenda 2010 seinen Beitrag geleistet und von der Leyen leistet diesen jetzt, da sie Hartz IV nicht ausbaut.
Die Botschaft ist klar, die Sprache unterstützt dies. Die als rückschrittlich angesehene Politik der Gegenposition, also die der jetzigen SPD und der Gewerkschaften, wird sprachlich desavouiert. In der Überschrift taucht bereits das Stigmawort *Sozialromantik* auf. Mit Romantikern werden träumerische, weltabgewandte, zu einem guten Teil

---

lebensunfähige Gestalten assoziiert, eine Mischung aus E.T.A. Hoffmann und Brentano. Mondenschein und Nachtigall scheinen nun gar nicht auf die heutige Politik assoziierbar. Das Bestimmungswort „Sozial-" verdeutlicht erst, wer oder was damit gemeint ist. Die gegenteilige Position wird damit auf einer subtextualen und tendenziell vorrangig emotional erfahrbaren Ebene diskreditiert, nahezu inkriminiert. Die alternative Position wird mit einem Begriff ihre Daseinsberechtigung abgestritten, ohne dies expressis verbis zu artikulieren.

> „Erfolg hat bekanntlich viele Väter. Altbundeskanzler Gerhard Schröder reklamiert den Aufschwung am Arbeitsmarkt ebenso für sich wie die heute zuständige Ministerin Ursula von der Leyen. Die SPD – die von Schröders „Agenda 2010" inzwischen am liebsten gar nichts mehr wissen will – führt die ausgabenfreudige Konjunkturpolitik in Zeiten der Finanzkrise als Begründung für das auch international vielbeachtete „deutsche Jobwunder" an. Tatsächlich dürften die Hartz-Reformen den Arbeitsmarkt sehr viel nachhaltiger in Schwung gebracht haben als Abwrackprämie und Kurzarbeit, die nur kurzfristig wirkten und eher psychologisch bedeutsam waren."[277]

Viel L.R.S. in diesem Absatz, von *Agenda 2010* bis zur *Abwrackprämie* und *Kurzarbeit*. Ist Lesern oder Leserinnen tatsächlich der jeweilige Sachverhalt der mit diesen Etiketten gemeint zu sein scheint, tatsächlich noch bekannt? Die *Hartzreformen* oder *Agenda 2010* mit erheblichen Kürzungen im Sozialbereich auf der einen Seite und die extrem teure Subventionierung der deutschen Automobilindustrie in Milliardenhöhe auf der anderen. Die *Abwrackprämie* wurde in der Regel für völlig intakte Autos gezahlt, die überhaupt keine Wracks waren. Etikettierungen und Euphemismen werden verbunden mit der anscheinend guten Nachricht, dass es bald keine Arbeitslosen mehr gibt, wenn die *Sozialromantiker* nicht dazwischenfunken.

> „Dass Deutschland auch in Hinblick auf den Arbeitsmarkt gestärkt aus der Krise hervorgeht, liegt indes keineswegs nur an der Politik. Auch die beachtliche Stärke der hiesigen Wirtschaft, die Lohnzurückhaltung der vergangenen Jahre und die stoische Ruhe der heimischen Konsumenten selbst in den zurückliegenden stürmischen Zeiten haben den Beschäftigungsaufschwung ermöglicht."[278]

---

[277] Ebenda.

Also nicht nur die Politik, sondern auch die starke Wirtschaft, die niedrigen Löhne sowie die stoischen Konsumenten sind die Helden des Tages. Und Siems freut sich:

> *„Das Durchbrechen der Drei-Millionen-Grenze ist ein schöner Erfolg, zumal die Rekordmarke von fünf Millionen Jobsuchenden vor einem halben Jahrzehnt die Republik erschüttert hatte. Erstmals seit langem scheint Vollbeschäftigung auch hierzulande wieder ein erreichbares Ziel zu sein. Um dahin zu kommen, dürfen sich die Politiker allerdings nicht mit dem Erreichten zufrieden geben oder gar Reformen zurücknehmen.*
>
> *Wer – wie nicht nur die SPD und die Gewerkschaften – die Rente mit 67 infrage stellt, den Ausbau der Hartz-IV-Leistungen fordert oder flächendeckende Mindestlöhne verlangt, will das Rad der Geschichte zurückdrehen. Dabei lohnen sich alle Anstrengungen, um die Vision von der Vollbeschäftigung Wirklichkeit werden zu lassen. Die Sorgenkinder der Arbeitsagenturen sind die Langzeitarbeitslosen. Damit auch sie eine Chance haben, muss der Arbeitsmarkt noch flexibler werden. Dies aber wollen die Sozialromantiker mit allen Mitteln verhindern.“*[279]

Wer „die Rente mit 67 infrage stellt, den Ausbau der Hartz-IV-Leistungen fordert oder flächendeckende Mindestlöhne verlangt, will das Rad der Geschichte zurückdrehen." Auch hier begegnet uns wieder das Selbstverständnis auf der richtigen Seite der Geschichte zu stehen, die derzeitige politische und wirtschaftliche Entwicklung als alternativlos zu sehen.

Der Artikel sieht offensichtlich das Ziel der Vollbeschäftigung als erstrebenswert an, das ist an sich sehr sozial und in der Tat anzuvisieren. Die soziale Komponente, die in einem Wirtschaftswunder eigentlich im Mittelpunkt stehen sollte, die Wirtschaft ist für die Menschen da, nicht umgekehrt, wird hier ignoriert. Niedrige Löhne werden begrüßt, der Arbeitsmarkt muss weiter *flexibilisier*t werden. *Flexibilisierung* stellt dabei einen Euphemismus dar, welcher Ausweitung der Arbeitszeiten, Abbau von *Lohnnebenkosten*, d.h. ein weiterer Abbau des Anteils von Unternehmen an der Finanzierung des Sozialstaates mit der Folge des Abbaus sozialer Leistungen, u.Ä. meint. Die *ausgabenfreudige Konjunkturpolitik*, eine sehr euphemistische Paraphrase, meint die

---

[278] Ebenda
[279] http://www.welt.de/debatte/kommentare/article10575637/Sozialromantik-verhindert-die-Vollbeschaeftigung.html, 28.10.10

ansonsten doch von den neoliberalen Gazetten abgelehnte Subventionierung der Automobilindustrie mittels *Abwrackprämie.*

Für die von Siems vertretene Position werden also Euphemismen und positiv konnotierte Paraphrasen verwendet. Diese Etikettierung unterstützt die Aussage des Textes deutlich, negative Erscheinungen dieser Reformen müsste sich der Leser aktiv in Erinnerung bringen. Die erfolgreiche Wirkung setzt dagegen keinerlei intellektuelle Anstrengung voraus.

Die Grundidentität, eigentlich der unbeirrbare Glaube an Marktwirtschaft tritt hier offen zutage, Differenzierungen treten nicht auf, höchstens, dass dem SPD-Kanzler Schröder ein Anteil am Erfolg zugeschrieben wird. Das kommt aber nicht zur Wirkung, da die SPD „am liebsten" nichts mehr von „Schröders „Agenda 2010" wissen wolle. Scheindifferenzierungen suggerieren eine sachliche Argumentation.

## 3. Sarrazin und die Integrationsdebatte

Während Helmut Schmidt im Laufe der Zeit nahezu einen Heiligenstatus in Deutschland zugeschrieben bekam, ging ein anderer Mann einen gegenläufigen Weg: Thilo Sarrazin, ehemaliger Finanzsenator von Berlin, ehemaliger Bundesbanker. Seine teilweise provokanten bis beleidigenden Thesen über verschiedene kontrovers zu diskutierende Themen stießen in der breiten Öffentlichkeit, stark durch die Medien, v.a. *Boulevardmedien,* begleitet, auf ein beachtliches Echo mit einer enormen Bandbreite der Beurteilung. Äußerungen wie zum Beispiel dergestalt, dass ALG II-Bezieher Kosten sparen könnten, indem sie zu Hause einen Pullover tragen oder kalt duschen, polarisierten die mediale Öffentlichkeit. Zwischen *Klartextpolitiker* und *Volksverhetzer* war alles zu finden. Als 2010 dann sein Sachbuch „Deutschland schafft sich ab. Wie wir unser Land aufs Spiel setzen." erschien war die Aufregung groß. Bei Facebook wurde zum Beispiel dazu aufgerufen, „Widerstand zu organisieren". Einige Thesen sind dann auch wirklich grenzwertig, u.a. seine Geschichtsbilder:

> *„Die Aufhebung der Binnengrenzen in staatlichen Organisationen hatte aber immer die Abgrenzung nach außen zur Voraussetzung, und das staatliche Großgebilde war umso stabiler und überdauerte umso länger, je besser die Sicherung der Außengrenzen gelang. Diese dienten nicht nur dem Schutz vor militärischen Einfällen, sondern auch der Zuwanderungskontrolle. Ungesteuerte Zuwanderung konnte zu jeder Zeit staatliche Gebilde gefährden und die Stabilität einer Gesellschaft unterminieren. Das chinesische Kaiserreich hatte deshalb seine Chinesische Mauer, die Römer hatten ihren Limes. "[280]*

Zuwanderung ist also schlecht. Die anstürmenden Mongolen, vor denen die Chinesische Mauer schützen sollte, mit heutigen Zuwanderern gleich zu setzen, ist schon bemerkenswert unpassend. Deutschland heute hat aber nicht nur zu viele, sondern eben auch die falschen Zuwanderer:

> *„Die deutsche Einwanderungspolitik der letzten Jahrzehnte hat nicht die Leistungsträger fremder Völker angelockt, sondern vornehmlich Landbewohner aus eher archaischen Gesellschaften, die in ihren Heimatländern am unteren Ende der*

---

[280] Sarrazin 2010, S.256.

*sozialen Rangskala wie auch der Bildungsskala angesiedelt sind."[281]*

Interessant ist nebenbei die Lexik. Sarrazin spricht hier tatsächlich von *Einwanderungspolitik,* ansonsten aber eigentlich kaum von *Einwanderern.* Auch im letzten Zitat wird der Zusammenhang zwischen der als verfehlt angesehenen *Einwanderungspolitik* und dem Ziel, Leistungsträger anzulocken, deutlich. Wer einwandert, scheint sich zu integrieren, die *Zuwanderer* kommen dazu und sind über. Sie sind nach Sarrazin keine Leistungsträger.

Aber es gilt noch mehr Lehren aus der Geschichte zu ziehen:

> *„Der Zusammenbruch [des Römischen Reiches] kam nicht von innen, sondern wurde von außen angestoßen, allerdings unterstützt durch interne Tendenzen – vor allem durch die Dekadenz und Geburtenarmut der ehemals führenden Schichten".[282]*

Sarrazin zieht, ähnlich wie Westerwelle, Parallelen zwischen spätrömischer Dekadenz und der jetzigen Situation. Diese Allusion bezieht sich allerdings v.a. auf den Geburtenrückgang ehemals führender Schichten. Es sind also nicht nur die dummen Zuwanderer das Problem, sondern auch die geringen Geburtenquoten der Oberschicht.

Sarrazin formuliert hier sehr neutral, inhaltlich kaum belastbare Aussagen werden pseudowissenschaftlich formuliert, womit eine Art Gegenstrategie zur L.R.S. verfolgt zu werden scheint. Er verlässt zentrale Grundidentitäten der L.R.S., dies spiegelt sich auch sprachlich wieder. Die dahinter stehenden Inhalte dominieren aber die sprachliche Ausgestaltung, zum Beispiel manifestiert in der Frage, wieso für Sarrazin die geringen Geburtenraten der Oberschicht von Bedeutung sind:

> *„Wenn es richtig ist, dass Bevölkerungsgruppen mit unterschiedlicher Intelligenz eine unterschiedliche Fruchtbarkeit haben, dann hat eine unterschiedliche Fruchtbarkeit Auswirkungen auf das durchschnittliche Intelligenzniveau der Bevölkerung".[283]*

Sarrazin meint damit, die dummen Unterschichten würden sich zu stark fortpflanzen, die klugen Oberschichten zu wenig, dadurch, Intelligenz sei

---

[281] Sarrazin 2010, S.58.
[282] Sarrazin 2010, S.27.
[283] Sarrazin 2010, S.93.

ja erblich, gebe es mehr Dumme und der Gesellschaft fehlten die Leistungsträger. Hinzu kommen noch die dummen ausländischen Landeier...

Dass solche Thesen einen Aufschrei bei den, wie auch Sarrazin sie nennt, Gutmenschen[284] verursachten, ist nicht überraschend. Politisch korrekt im Sinne der bereits an anderer Stelle ausgeführten Grundidentität ist das nicht. Gleichzeitig werden diejenigen, deren moralisches Empfinden und deren rationale Argumente Sarrazins Ansichten als indiskutabel entlarven, mit dem Stigmawort *Gutmensch* desavouiert. Dieses Lexem ist dann aber deutlich L.R.S. Es verkürzt *gute Menschen* zu einem Wort und kehrt die Bedeutung um [285]. *Gutmenschen* sind eben im semantischen Verständnis der L.R.S. nicht gut oder moralisch, sondern argumentieren nur in diesem Sinne, um unsinnige, manipulative, anmaßende oder wie auch immer geartete unvertretbare Ansichten durchzusetzen, entgegen gesundem Menschenverstand. Das Lexem entfaltet eine erstaunliche Wirkungskraft und ist deutlich pejorativer konnotiert als etwa *Idealist*. Menschen, die diesen Neologismus verwenden, vermeiden dadurch, sich mit komplexen Argumentationen auseinanderzusetzen. Selbst hoch moralischen und in einer auf den Grundrechten des Grundgesetzes basierenden Gesellschaft eigentlich selbstverständlichen Argumentationen kann damit effektiv begegnet werden, ohne inhaltlich aussagekräftig diskutieren zu müssen. Genau genommen beinhaltet das Lexem „Gutmensch" eben jenen Vorwurf, sich manipulativer Taktiken zu bedienen, derer man sich mit der Verwendung dieses Stigmawortes selbst bedient.

Sarrazin ahnt offenbar und auch zu Recht beim Schreiben des Buches, dass seine Thesen politisch nicht korrekt und im Übrigen sachlich auch Unsinn sind. Die Einwanderungspolitik des 20. Jahrhundert hat der BRD Leistungsträger erbracht, Deutschland ist mit dem Römischen Reich kaum zu vergleichen, es sei denn, man betone allein die Unterschiede. Die italienischen Gastarbeiter aus den Siebzigern sind keine mongolischen Horden unter Dschingis Khan. Dass zuletzt Gesellschaftsschichten pauschal als genetisch bedingt unintelligent attribuiert werden, gibt allerdings Anlass zur Annahme, dass dies Gegenreaktionen hervorruft.

*Bei der 2010 geplanten Umbenennung der Kieler Frenssenstraße wurde der Autor, der sich in der Bürgerversammlung für diese ausgesprochen hatte, als „Gutmensch" tituliert, der anderen Menschen, nämlich den Anwohnern besagter Straße, seinen*

---

[284] Sarrazin 2010, S.10.
[285] Sememumkehrung

*Willen aufdrängen wolle. Dass Frenssen in der NS-Zeit massiv ideologisch und aktiv die Vernichtungspolitik unterstützt hat, dass es kein einzige Argument für die Ehrung dieses ehemals berühmten Schriftstellers gibt, blieb dabei ausgeblendet.*

Vereinfachungen, Verkürzungen und Fehldarstellungen sind im Kontext einer globalisierten und komplexeren Welt nicht nur naheliegend, sondern erstens fast folgerichtig und in der argumentativen Wirkung sehr effizient, eben im Erscheinungsbild eines asymmetrischen Diskurses. Im Rahmen dieses Kapitels soll es daher weniger um Sarrazins Thesen, sondern vielmehr um die öffentliche Rezeption gehen. Profilierungsüchtige Ignoranten gibt es zuhauf, deren Bücher dürften aufgestapelt den Berliner Fernsehturm übertreffen. Spannend und lehrreich ist angesichts des erstaunlichen Erfolges des Buches weiterhin die Frage, welche Themen von Sarrazins Buch in der Öffentlichkeit wahrgenommen wurden und inwiefern sich diese sprachlich in der L.R.S. manifestieren. Sarrazin selbst entzieht sich wie gesagt wohl bewusst den Prinzipien unserer Gesellschaft und damit auch den konstituierenden Merkmalen der L.R.S., aus welchen Gründen auch immer. Verkaufsfördernd ist es für sein Buch allemal, hebt er sich doch stark kontrastiv von der uniformen P.C.-Rhetorik der L.R.S.-Akteure ab.

Wie im Buchtitel deutlich wird, befürchtet Sarrazin einen Zerfall und eine Abschaffung Deutschlands. Er thematisiert, um diese Befürchtung als reale Gefahr zu belegen, v.a. vier Problembereiche. Grob zusammengefasst sind das:

    a. Die Ausländerfrage resp. Integrationsdebatte
    b. Die demographische Entwicklung Deutschlands
    c. Sozialisation und Bildung Jugendlicher
    d. Sozialisation und Leistungsanreize Erwachsener

Und wie es so ist, wenn alte Männer Bücher schreiben, es ist nicht alles falsch. Allein, Neues kommt kaum dabei heraus und vieles ist fragwürdig. Bei Sarrazin trifft dies besonders deutlich zu. Langweilig ist das Ganze obendrein oder kennen Sie jemanden, der das Buch wirklich vollständig gelesen hat?

Die Kritik richtet sich aber v.a. auf zwei Aspekte oder grundlegende Argumentationsansätze seiner Arbeit. Erstens argumentiert er an vielen Stellen sozialdarwinistisch und belegt dies mit fragwürdigen Thesen zur Vererbungslehre. Zweitens unterstellt er dem größten Teil der hier lebenden Ausländer einen geringeren Leistungswillen, eine geringere (vererbte) Intelligenz und eine mangelnde Integrationsbereitschaft. Die Argumentationen sind in der Regel monokausal bis unsinnig:

*„Erklärt wird die durchschnittliche höhere Intelligenz der Juden mit dem außerordentlichen Selektionsdruck, dem sie sich im christlichen Abendland ausgesetzt sahen. Herkömmliche Handwerksberufe wie auch die Landwirtschaft waren ihnen lange versperrt, umgekehrt waren die Christen lange im Geld- und Finanzwesen durch das Zinsverbot behindert. [...] Eine über Jahrhunderte betriebene Familien- und Heiratspolitik, die dem intellektuellen Element überdurchschnittliche Fortpflanzungschancen gab, führte allmählich zur Ausbildung der überdurchschnittlichen Intelligenz."* [286]

Die Juden sind also genetisch schlauer geworden, Unterschichten und Zuwanderer jüngerer Zeiten gehen laut Sarrazin den entgegengesetzten Weg[287], folgerichtig ergibt die genetische Auslese Folgendes:

*„Aus der Oberschicht und der oberen Mittelschicht stammen in Deutschland die meisten Hochbegabten."* [288]

Wissenschaftlich ist nicht belegbar, dass dies genetische Gründe hat. Ungleiche Einkommensverteilung und die damit verbundenen unterschiedlichen Bildungschancen werden ausgeblendet. Dies nimmt die Öffentlichkeit aber kaum wahr, v.a. diskutiert wird aber die Integration von Migranten.

In der ersten Reaktion wird Sarrazin scharf verurteilt, dann aber erfährt er zunehmend Zuspruch und so erwuchs v.a. eine intensive Beschäftigung mit der Migrationspolitik. Andere Schwachpunkte des Buches traten in den Hintergrund, die Öffentlichkeit fokussierte auf die tatsächlich erfolgte Herabsetzung der Migranten. Dabei ist bemerkenswert, dass dieser argumentativ besonders schwache Punkt des Buches, Diskussionen evozierte, die durchaus im Sinne Sarrazins waren und sind.

Dass Angela Merkel im Nachklang dieser Debatte „Multikulti" für „absolut gescheitert"[289] erklärte, haben wir schon ausgeführt. Die Bild, d.h. der Bildredakteur Hugo Müller-Vogg, kommentierte dies folgender Maßen:

*„Bye-bye, Multikulti*

---

[286] Sarrazin 2010, S.95f.
[287] Vgl. Sarrazin 2010, S.95ff., S.99, S.177 und S. 348.
[288] Sarrazin 2010, S.99.
[289] Bild 18.10.2010, S.2.

*Viele hatten sich lange an der Wunschvorstellung von einer heilen Multikulti-Welt berauscht.*
*Da waren Zuwanderer-Kinder, die eine unverständliche Mischung aus Muttersprache und Deutsch sprachen, besonders süß.*
*Da galt jeder Immigrant als Bereicherung.*
*Und Quartiere, in den Zuwanderer ganz unter sich blieben, wurden als Bollwerke gegen eine „Zwangsgermanisierung" gefeiert.*
*Doch „Multikulti" ist gescheitert, „absolut gescheitert", was Angela Merkel als erster Kanzler überhaupt so deutlich sagt.*
*Denn in einem Land mit Menschen aus unzähligen Nationen geht es nicht ohne eine gemeinsame Grundlage. Diese besteht vor allem aus der deutschen Sprache und dem Grundgesetz.*
*Wer kein Deutsch spricht, kann sich hier nicht integrieren. Wer unsere Gesetze missachtet, der ist keine „Bereicherung", sondern eine Gefahr.*
*Der türkische Präsident Gül sieht die deutsche Wirklichkeit nüchterner als mancher deutscher Gutmensch.*
*Er fordert seine Landsleute auf, Deutsch zu lernen. [...]*

Müller-Vogg behauptet etwas, was wohl kaum jemals Realität war. Wo waren denn die vielen Menschen, von denen Vogg behauptet, dass sie sich an einer „heilen Multi-Kulti-Welt berauscht" hätten, die es doch angeblich nie gegeben haben soll? Wer soll denn eine unverständliche Mischung aus Muttersprache und Deutsch „besonders süß" gefunden haben? Hier finden sich inhaltliche Parallelen zu Stigmawörtern wie *Gutmensch* oder *Sozialromantiker*.
Müller-Voggs Ansatz kann man kaum als realistische Diktion kategorisieren, es steigert gemeine Diktion deutlich.
Nebenbei bemerkt, betitelt Müller-Vogg die Kanzlerin als Kanzler. Die allgemeine Lexikalisierung der feminisierten Amtsbezeichnung scheint sich bei der Bild noch nicht vollständig durchgesetzt zu haben. Wenn Multi-Kulti nichts bringt, vielleicht auch nicht die Frauenbewegung.
Ernsthaft betrachtet, ist der Bild-Kommentar eine bedenkliche Stimmungsmache an der Grenze deutscher Regelungen zur Pressefreiheit, widerspricht doch dieser argumentative Ansatz dem Grundgesetz, welches jedwede Benachteiligung oder Diskriminierung aufgrund der ethnischen Herkunft verwirft. Von diesem Grundsatz, diesem Grundrecht entfernen sich die Sarrazins und Müller-Voggs dieser Republik. Übrigens auch die Hohmanns mit dem Inkriminieren von Atheisten. Wo findet sich hier L.R.S.?

Vermutlich ironisierend ist zunächst die Überschrift zu betrachten: „Bye-bye, Multikulti". Anglizismen sind im gegenwärtigen Sprachgebrauch allgegenwärtig, hier ist die laxe und umgangssprachliche, vielleicht sogar ironisierende Abschiedsformel auffallend. *Multikulti* ist L.R.S. – fast schon im Sinne der Orwell'schen Newspeak. Der Begriff erhält durch die Verkürzung und dem Binnenwortreim eine Konnotation, welche den bezeichneten Gegenstand einen abstrusen Charakter verleiht.

Dann belehnt Müller-Vogg seine eigene Position politisch korrekt, etwa *Zuwanderer-Kinder* oder *Immigrant*. Die Gegenposition wird aber mit Begriffen belegt, welche in der L.R.S. als stigmatisiert gelten, z.B.: *„Zwangsgermanisierung"* oder *Bollwerke*.

P.C. dient Müller-Vogg zur sprachlichen Verstärkung und Verschleierung der eigenen Position, die Gegenseite wird u.a. auch dadurch stigmatisiert, indem dieser sprachlich inakzeptable Formulierungen, in diesem Fall tendenziell L.T.I., in den Mund gelegt werden.

Müller-Vogg vertritt hier nicht nur seine Meinung, auch er stigmatisiert alle, die nicht seiner Meinung sind. Der türkische Präsident kennt seine Pappenheimer, die sollen mal Deutsch lernen. Dass alle Türkischstämmigen hier als „Landsleute" des türkischen Staatsoberhauptes betrachtet werden, zeigt die tiefe Distanz Müller-Voggs zu den Türken und Türkisch-Stämmigen im Land. Viele davon haben einen deutschen Pass. Und am Ende darf die Gutmensch-Kampfformel nicht fehlen.

Welche Erkenntnisse sind aus der Sarrazin-Debatte zu ziehen. Zunächst soll ebenfalls an dieser Stelle betont werden, dass auch hier sachliche Argumente weniger wirksam als sprachlich zielgerichtete Manipulationsversuche sind. Darüber hinaus scheint es in Deutschland eine große Gruppe von Menschen zu geben, welcher rassistischen, diskriminierenden und nationalistischen Ansichten offen gegenübersteht. Diesen wird ein hoher Realitätssinn zugeschrieben, die Gegenseite wird nicht mehr nur als idealistisch bezeichnet, sondern deutlich darüber hinausgehend stigmatisiert. Damit erfolgt aber eine allgemeine Desavouierung allgemeiner Grundwerte dieser Gesellschaft, was wiederum nicht kritisiert wird. Sarrazin wurde kritisiert ob der Tatsache, dass er inhaltlich und sprachlich gegen Grundidentitäten der L.R.S. verstoßen hat, was sprachlich auch erkennbar war. Wer sprachliche Normen einhält oder manipulativ einsetzt, wie Müller-Vogg, kann – auch unter dem Deckmantel der Pressefreiheit – Grundprinzipien von Menschenrechten und Gleichbehandlung argumentativ entgegentreten.

Sarrazins Beispiel wiederum zeigt, dass das Potential an Menschen, welche nationalistischen, rassistischen und sozialdarwinistischen Thesen aufgeschlossen gegenüber stehen, in Deutschland weiterhin hoch ist. Die Gründe liegen tief und sind komplex. Bezogen auf die L.R.S. führte der asymmetrische Diskurs um Sarrazin dazu, dass die zahlreichen Schwächen in den Ausführungen Sarrazins medial kaum aufgezeigt werden konnten, zumindest viele nicht überzeugen konnten.

Emotionale, Angst schürende, auf Vorurteilen und tlw. archaischen kollektiven Traumata zurückgehende Argumente, welche Instinkte ansprechen, sind effizient, medial transportabel und finden u.U. breite Resonanz. Viele durch P.C. eingedämmte öffentliche Entgleisungen können so wieder erfolgen und finden sogar gesellschaftliche Akzeptanz.

# VII. Schlussfolgerungen

Es wäre naiv zu glauben, dass nicht alle Parteien, Unternehmen, Verbände, Organisationen, welche bewusst um Masseneinfluss werben und professionell arbeiten, in welcher Form auch immer Sprache für ihre Zwecke einsetzen würden. Die sprachliche Diskreditierung des Konkurrenten, der zunehmend als Gegner begriffen wird, nimmt man dabei nicht nur in Kauf, sondern strebt sie bewusst an. Toleranz und gegenseitige Achtung mögen in der Sache und im Einzelfall vorhanden sein, die öffentliche Auseinandersetzung konzentriert sich in weit höherem Maße als früher auf die sprachliche Konfrontation, auf die Diskreditierung der politischen Konkurrenz und dem Werben um politischen Einfluss.

Früher existieren in beiden deutschen Staaten, in der DDR sicherlich ungleich extremer und undemokratischer, staatlich und von wenigen politischen Parteien kontrollierte Medien. Die Konfrontation in Zeiten des Kalten Krieges erfolgte auch mittels sprachlicher Mittel, viele Instrumente der L.R.S. sind hier entlehnt. Ideologische und politische Agitation fand aber in weit größerem Maße inhaltlich statt Man kontrollierte ja seine Seite, tlw. fand die Gegenseite gar keinen Zugang zu den eigenen Bürgern. Wer hat schon DDR-Fernsehen im Westen geschaut? Man konnte durch Selektion von Informationen, durch akzentuierte Berichterstattung usw. die gewünschten Effekte erzielen.
Mit der Pluralisierung der Medienlandschaft, dem Wegfall des staatlichen Informationsoligopols, das sich die etablierten Parteien der Alt-BRD geteilt haben, verändert sich die Situation grundlegend. Man hat viele Sender, neue politische Kräfte. Es kontrollieren nicht mehr drei Parteien alle Sender im Land. Um die Meinungsführerschaft medial zu behaupten, muss man unter derzeitigen gesellschaftlichen Bedingungen u.a. auch sprachlich dominieren. Die eigenen Fahnenwörter müssen medial verbreitet werden, die des Gegners möglichst in stigmatisierter Form oder gar nicht. Eigene politische Positionen sind mit Hochwertwörtern zu verbinden usw., die des Gegners mit Stigmawörtern. *Kopfpauschale* vs. *Gesundheitsprämie, Gemeinschaftsschule* vs. *Einheitsschule.*
In der medial bedingten Zuspitzung und Verknappung politischer Auseinandersetzung ist trotz einer größeren Bandbreite von Informationsquellen ein Abbau von wirklich umfassender Information festzuhalten. Die breite Bevölkerung informiert sich analog zur gesamten Beschleunigung von Lebensabläufen schneller und entkontextualisierter

als früher. Es existieren eine Fülle von Informationskanälen, welche in vielerlei Hinsicht unter ökonomischen Erfolgsdruck in der kapitalisierten oder zumindest *liberalisierten* Medienlandschaft nicht mehr nur Informationen an sich transportieren, sondern Infotainment verbreiten.

Hedonistische Freizeitkultur und Politikverdrossenheit einerseits sowie politisches Posing statt argumentativen Diskurses unter der politischen Konkurrenz andererseits verstärken einander. Der dadurch bedingte Transfer der Auseinandersetzung auf die lexikalische Ebene befördert eine rapide Zunahme von Meinungssprache, die für den Zuschauer und Leser in ihrer entkontextualisierten Form als solche kaum mehr erfassbar und kritisch zu reflektieren ist. Das vorgebliche Ende der Ideologien hat in der mulimedialisierten Welt (Printmedien, TV, Radio, Internet inkl. Blogs und Social Networks) paradoxer Weise zu einer Intensivierung der sprachlichen Manipulationsversuche geführt, die sich vielleicht gegenseitig oft aufheben, oft aber auch erfolgreich sind und in jedem Fall die allgemeine Desinformation verstärken.

Jeder Erfolg sprachlicher Manipulation führt zu einer Gegenreaktion der politischen Konkurrenz. Erfolg wird über mediale Präsenz und Öffentlichwirksamkeit definiert. Gleich Heinrich Mann in seinem Roman „Der Untertan" möchte man den Schauspieler zum repräsentativen Typus unserer Zeit erklären. Beliebigkeit wird zentrales Charaktermerkmal politischen Agierens. Das bedeutet, dass nicht der bessere Sachpolitiker oder derjenige, welche die progressiven Ideale vorantreibt und diese ihn umtreiben, an Einfluss gewinnen, sondern die Schauspieler. Arnold Schwarzenegger und Ronald Reagan brauchen wir in Deutschland nicht, Guido Westerwelle, Gerhard Schröder, Claudia Roth, Markus Söder und auch Angela Merkel, die Schweigsame, haben den Umweg über die Schauspielerei vermieden. Sie posen den Politiker, die Politikerin. Der eine im Big-Brother-Container, der andere weiß vor Gewerkschaftlern unter Tränen stotternd, wo er herkommt, und geht anschließend zu Gazprom usw. Wo sind die überzeugten Christdemokraten, Sozialdemokraten, Liberale und Öko-Aktivisten? Heutzutage tragen sie Schlipse und Schals in der richtigen parteipolitischen Farbe. Es scheint zu genügen. Inhalte sind nicht wichtig, nichts ist so wichtig, dass man mehr als 140 Zeichen benötigt. Und die Kompetenz, welche politische Führungskräfte benötigen, um politische Führungskräfte zu werden, benötigen sie eigentlich nicht, um die Arbeit zu erledigen, sobald sie in politischer Verantwortung sind.

Politische Macht ist immer zeitlich begrenzt, zurzeit ist politischer Wechsel in Deutschland innerhalb des politischen Systems geradezu ritualisiert und zwar unabhängig von den Inhalten. Natürlich gibt es noch programmatische Unterschiede zwischen den Parteien. Diese sind aber erstens gering und zweitens unerheblich für den Machtwechsel. Nicht die inhaltlichen Alternativen, sondern die bessere Präsentation wirkt sich wahlentscheidend aus. Gerhard Schröder stolpert im Gegensatz zu Edmund Stoiber nicht, wenn er in Gummistiefeln die Elbeflut begutachtet. Also gewinnt der Niedersachse und der Bayer verliert die Wahl, für welche die Stiefel erst gespornt worden sind. Merkels Raute ist erfolgreicher als Steinbrücks Stinkefinger. Wahlkämpfe werden personalisiert und inhaltlich entleert. Ein nicht zu unterschätzendes Problem der Inhaltslosigkeit liegt dabei in der Wirkung auf die Bevölkerung.

Es lösen sich alte Gegensätze auf, vermeintliche ideologische Gräben verschwinden. Mit dem proklamierten Ende der Ideologien scheint das Ende der Geschichte erreicht, zumindest bezüglich der Weiterentwicklung der BRD. Wer sich aber nicht weiterentwickelt, bekommt jedoch wirklich ein Problem, nur ein anderes, als Westerwelle meint. Denn Ungerechtigkeiten im Land und in der Welt werden auf Dauer nicht hingenommen, man kann Veränderungen gestalten oder diese verselbstständigen sich und überrollen das Alte.

Die L.R.S. lässt Grundidentitäten und Tabus erkennen, welche das Land in ihrer Entwicklung hemmen. Alles muss Mitte sein, Links und Rechts sowie alles Radikale scheinen verwerflich. Die Linke passt sich mit der Zeit hier ein, die früheren Linksrevoluzzer wollen letztlich auch nur mitspielen. Das Ganze hat bedenkliche Folgewirkungen.

Es gibt weder soziologisch, noch politisch eine Mitte, es handelt sich hier um eine ideologische Konstruktion, um die soziale Zerrissenheit der Gesellschaft nicht wahrnehmen zu müssen bzw. um diese zu erklären. Darüber hinaus kann man damit politische Gegner stigmatisieren, erst die PDS, jetzt die Linke. Die symbolistischen Diktionen „Links" und „Rechts" führen aber die Bevölkerung in die Irre, da sie vom Wesentlichen, den Programmen und Inhalten ablenken. So erscheint vielen die NPD als *Rechte* und die „Linke" als *Linke* im Sinne der Radikalismusdebatte als vergleichbar. Massiv vorkommender parallelistischer Sprachgebrauch desorientiert hier.

Gleichzeitig führt die Grundidentität des Antiradikalismus dazu, dass zentrale Politikfelder von der Union und der SPD kaum unterschiedlich betrachtet und bearbeitet werden. Die neoliberale Wirtschaftspolitik der Regierung Schröder wurde teilweise massiv von der CDU unterstützt. Die alten Kategorien versagen, da die bisherigen Volksparteien sich in ihrer pragmatisch genannten, de facto aber entprogrammatisierten Politik stark angenähert haben. Die stark konservativen Kräfte toben sich dafür im Wirtschaftsliberalismus, die stark sozialistischen Kräfte, die sich selbst als *Linke* bezeichnen, eher in der „Linkspartei" aus. Aber auch die Linke hat im Kern ein sozialdemokratisches Programm. Alles strebt zur vermeintlichen Mitte, weil alle politisch Verantwortlichen die Masse der Bevölkerung und somit die Macht erobern möchte. Wer sich dem Verdacht des Radikalismus aussetzt, droht stigmatisiert zu werden. Um dem zu entgehen, nivellieren sich die unterschiedlichen politischen Programme der Parteien und in der Folge die Ansichten der breiten Bevölkerung in einem Konglomerat nichtssagender Kompromissprogrammatiken. Dies wird dadurch befördert, dass inhaltliche Kontroversen kaum noch vertiefend, meist verkürzt sowie entkontextualisiert den einzelnen Bürger, die Bürgerin erreichen. Dann sind diese aber schon dem Meinungsführerdiktat der Medien unterlegen. Die Schweigespirale gerät zum zentralen konstitutiven Element der Meinungsfindung in der Bundesrepublik.

Pluralismus und Demokratie sind zentrale Hochwertwörter der L.R.S. Inhaltsbefreit degenerieren die realen Verhältnisse, die damit beschrieben werden, zur Groteske. Statt Partizipation und aktive Volksherrschaft leben weite Teile der Gesellschaft eine tief internalisierte Abneigung gegen Normen und Politik aus, lehnen Vorbilder und Wehrdienst ab, letzterer wird prompt auch abgeschafft. Die politische Klasse kann ihr Glasperlenspiel weiterspielen, die Demokraten für die Sache geraten immer deutlicher in die Defensive. Statt Politik leben die Menschen Hedonismus, es wütet ein unnatürlicher Jugendwahn, alle müssen sonnengebräunt sein, auch im Winter. Ein Lebensstil boomt, welcher auf sexualisierten Freiheitsinstinkten beruht, und so durchlebt die deutsche Gesellschaft zunehmend eine nachhaltige Wertedesorientierung bei gleichzeitigem massenhaften sozialen Abstieg.
Doch auch, wenn die politischen Protagonisten korrekt handeln, durch die Medien werden Personen und Handlungen etikettiert, letztere nicht als sachlich begründete Aktion wahrgenommen und somit der Bevölkerung wiederum Beliebigkeit suggeriert. Westerwelle gebe sich nur staatsmännisch, Wagenknecht ahme nur Luxemburg nach, sogar mittels ihrer Frisur, Steinmeier sei in der Rolle des Oppositionsführers angekommen, Steinbrück gebe den Bundeskanzler. Alles mediale Konstrukte, die Medien wollen ihrerseits, im Sinne der medialen Darstellungslogik Auflage, Zuschauerquoten usw. steigern. Also muss man was bieten. Wenn Schwarz-Gelb, der Begriff ist an sich bereits Etikett, eine Bankenabgabe im März 2010 in die Gesetzgebung einspeist, dann wird vermutet, dass dies geschieht, um vor der Landtagswahl in NRW Erfolge zu präsentieren. Das Ganze geht einher mit verkürzter und entkontextualisierter Information. Sachinhalte werden metaphorisiert,

„Finanzspritzen" und „Kopfpauschalen" suggerieren Information, verdrängen diese aber in Wirklichkeit. Was verbirgt sich denn hinter dem Wachstumsbeschleunigungsgesetz? Erbschaftssteuererleichterungen für Reiche, 20 € Kindergeld für Arme, höhere Steuererleichterungen für reiche Eltern und 7% Mehrwertsteuer für Hoteliers, während das Schulessen weiterhin 19% Mehrwertsteuer unterliegt. Das Fahnenwort „Wachstumsbeschleunigungsgesetz" flattert glanzvoll oder beschmutzt im Wind, je nachdem welche politische Öffentlichkeitsarbeit, die der Regierung oder der Opposition erfolgreicher war, die Inhalte treten spätestens einen Tag nach der Erstmeldung zurück. Emotionalisierung[290] ersetzt Argumentation.

L.R.S. spiegelt das Bild einer desinformierten und orientierungslosen Bevölkerung. Meinungsfreiheit herrscht, aber nicht der freie Zugang zu den Medien. Jeder kann seine Meinung äußern, aber nicht jeder und nicht jede wird wahrgenommen. Das ist entscheidend.

Hinzu kommt, dass die mediale Präsentationslogik den Bedürfnissen eines geordneten demokratischen Verfahrens entgegensteht[291]. Wie Meyer schreibt: „Es herrscht das Gesetz der spannungsreichen theatralischen Inszenierung."[292]

Deshalb setzen sich nicht die besten politischen Konzepte durch, sondern diejenigen, welche als besser angesehen werden, wobei komplexe Ansätze oft wenig Chancen haben. Letztlich dominieren dadurch monostringente Politikansätze, die den komplexen Anforderungen der Realität oft aber kaum genügen. Mediendemokratie hat somit ein systemisches Problem, das sich in seiner Natur i.e.S. undemokratisch manifestiert.

In einer entscheidenden Frage ist in der L.R.S. aber eine massive Ideologisierung festzuhalten, in der Doktrin vom schlanken Staat. Marktversagen wird in der alltäglichen Politik ignoriert, dem Markt trotz mannigfaltiger Krisen weiterhin per se Überlegenheit zugeschrieben, selbst nach der Finanzkrise von 2007 resp. anschließender Wirtschaftskrise.

Andererseits treten patriarchale, autoritäre sowie rassistische Elemente, welche die LTI oder die LIP, die Sprache des NS-Staates oder des Kaiserreiches, stark geprägt haben, zurück. Sie werden im Sinne von Political Correctness oft nur extrinsisch unterdrückt und brechen auch oft genug noch hervor, wie bei Hohmann zu sehen ist. Hier ringt die demokratische Gesellschaft wie schon seit über 100 Jahren weiter um die Umsetzung der Grundrechte. Z.B. erfahren Homosexuelle im alltäglichen

---

[290] Vgl. Efing 2005, S.222ff.
[291] Vgl. Meyer 2002, S.7ff.
[292] Ebenda, S.7.

Leben weiterhin Diskriminierung, auch wenn diese normativ in unserem Staat tabuisiert ist.

Doch was hilft es, auf der Galerie zu sitzen und zu weinen, ohne es zu wissen?[293] Es geht darum, manipulative Strukturen zu erfassen und offen zu legen. Öffentliche Auseinandersetzung ist möglich. Es gibt viele Kanäle, welche die aufgeklärte kritische Bevölkerung nutzen kann, welche Sie nutzen können, um die Mitbürgerinnen und Mitbürger auf dem langen Weg zur wahren Demokratie mitzunehmen. Es wird sich einiges ändern müssen, zuallererst wir, dann sowie dadurch die Strukturen.

Reden Sie miteinander über Sprache, die L.R.S. zeigt die Schwächen unserer Zeit auf. Sprachliche Popanze wie die alte und die *neue Mitte* können auf der Metaebene in ihrer Struktur bloßgestellt werden, ihre antidemokratische Wirkung aufgezeigt werden. Schimpft jemand über den „linken Zeitgeist", dann sprechen Sie ihn an.

Das Grundgesetz ist an der Seite der Demokraten und in Deutschland bejaht weiterhin die übergroße Mehrheit die Demokratie[294] an sich, kritisiert wird lediglich ihre Degeneration. Niemand der in diesem Buch kritisierten Politikerinnen und Politiker möchte wahrscheinlich die Demokratie abschaffen[295], davon kann man getrost ausgehen. Es sind unbewusste und systemimmanent verursachte Fehlhandlungen. Selbst, wenn aktiv manipuliert wird, erfasst der Akteur nicht die langfristigen Folgen. Diese sind, wie beschrieben, außerhalb seines Horizontes. Die L.R.S. zeigt die Schwächen auf.

Man wird durch sprachpolitische Aktionen, vergleichbar mit dem „Gendern" von Sprache", nicht die Welt retten, aber anhand des politischen Sprachgebrauchs der zweiten gesamtdeutschen Republik kann man erkennen, was mit unserer Gesellschaft gerade geschieht. Je mehr das erkennen, desto leichter wird es fallen, die zunehmende Selbstblockade von Demokratie zu überwinden.

---

[293] Kafkas Parabel „Auf der Galerie" liest sich unter dem Blickwinkel dieser Arbeit ganz neu.
[294] Auch wenn es hier im Sinne ideologischer Bedeutungskonkurrenz unterschiedliche Auffassungen gibt, was unter Demokratie überhaupt zu verstehen ist.
[295] Rechtsextreme sind hierbei nicht mitgemeint.

Anhang

## A) Lexiksammlung

Die folgende Sammlung umfasst oft verwendete bis selten oder sogar nur einmalig belegte Begriffe. Sie dient in erster Linie der Veranschaulichung und Konkretisierung typischer Merkmale der L.R.S. und besitzt keinen Anspruch auf Vollständigkeit.

| L.R.S. | Relevantes Merkmal | Bemerkungen |
|---|---|---|
| Abweichler | pejorativ konnotierte Metapher | Das demokratische Recht auf Unabhängigkeit in der politischen Entscheidung von Abgeordneten wird mit dieser Bezeichnung als nicht existent und bei Inanspruchnahme als verwerflich gekennzeichnet. Bei der Nichtwahl von Heide Simonis zur Ministerpräsidentin von Schleswig-Holstein durch einen nicht bekannten Abgeordneten im März 2005 gab es eine Vielzahl entsprechender Bezeichnungen, viele waren deutlich abwertender, teilweise beleidigend. Die Ministerpräsidentin selbst sprach von einem „hinterhältigen Dolchstoß". (→ Dolchstoß) |
| Abwicklung | Metapher, Euphemismus | Der Begriff umfasst in seiner Bedeutung den Ablauf alle Vorgänge, welche bei der Schließung eines Unternehmens u.Ä. vonnöten sind und ablaufen. Die semantische Nähe zu → *Seilschaften* hält der Verfasser für zufällig, eine Erwähnung war es ihm aber wert. |
| Abwrackprämie | Neologismus | Im Zuge der Finanz- und Wirtschaftskrise subventionierte die Bundesregierung 2009 beim Kauf eines Neuwagen die Verschrottung von alten Autos, sofern sie verschrottet wurden, mit 2500 €. → *Umweltprämie* |

| Achse des Bösen | Stigmawort | Deutsche Übersetzung für *Axis of Evil*. Am 29.01.02 prägte US-Präsident Bush jun. diesen Begriff, wobei er die *Schurkenstaaten* Nordkorea, Irak, Iran, Libyen, Syrien und Kuba dieser Achse zuordnete. Der Begriff ist eine Allusion auf Churchills Begriff der *Achsenmächte (Axis Powers)* aus dem Zweiten Weltkrieg, womit die Kriegsgegner Deutschland und Italien gemeint waren, sowie auf Reagans *Empire of Evil,* womit in Zeiten des Kalten Krieges die Sowjetunion gemeint war. Auffällig ist die starke Simplifizierung und Emotionalisierung des Sprachgebrauchs. Die benannten Staaten bilden weder ein Bündnis, noch sind sie gesellschaftlich und politisch gleichsetzbar, sieht man von oberflächlichen Ähnlichkeiten ab. Gleichzeitig erscheint der Begriff religiös konnotiert. Die US-Regierung scheint bereits früh von diesem Begriff abgerückt zu sein, Außenministerin Rice sprach anlässlich ihres Amtsantritts von *Vorposten der Tyrannei.* |
|---|---|---|
| Agenda 2010 | Fahnenwort | Leitbegriff für die Reformvorschläge der SPD-geführten Bundesregierung 2003. Zu beachten ist, dass auch hier ein lateinisch stämmiges englisches Fremdwort benutzt wird, um Modernität zu symbolisieren. Die Jahreszahl suggeriert einen zeitlichen Rahmen. |
| Agenda Arbeit | Fahnenwort | Wahlkampf-Slogan der CDU, anlässlich der Kür der Kanzlerkandidatin Merkel. Interessant ist, dass es sich um ein antipodisches Fahnenwort zur SPD-Kampagne (konkurrierender Sprachgebrauch) handelt. Letztere wurde aber durch die Unions-Mehrheit im Bundesrat mitgetragen. Die Agenda 2010 setzt sich ausdrücklich das Ziel, Arbeit zu schaffen. Mit der konkreteren Bezeichnung stigmatisiert die CDU die SPD-Reformen als unnütz. Die hinter dem Programm stehenden Maßnahmen sind zum Zeitpunkt der Publizierung des Namens noch unklar, werden auch später nicht konkretisiert. In der großen Koalition (2005-2009) werden beide Fahnenwörter nicht mehr benutzt. |
| Agenda Sozial | Fahnenwort | Wahlkampf-Slogan der PDS, anlässlich der Kür des alten, neuen Spitzenkandidaten der PDS Gysi; im konkurrierenden Sprachgebrauch zur → Agenda 2010 |

| | | |
|---|---|---|
| Altkanzler | Euphemismus | Die Bezeichnung impliziert, dass der Würdenträger immer noch ein Amt inne hat, vgl. dazu die pejorative Entsprechung „Ex-Kanzler". Bei vielen Gelegenheiten werden die ehemaligen Amtsträger auch noch mit dem früheren Titel, sachlich falsch, angesprochen. Ähnliches gilt auch bei ehemaligen Bundespräsidenten. Der Hang demokratische Ämter, welche eine Person nicht mehr inne hat, weiterhin diesen zuzuordnen, entstammt mindestens der LIP, dürfte seine Wurzeln aber in der mittelalterlichen Ständeordnung finden. |
| Angebots-optimierung | Euphemismus | Bezeichnung für den Abbau von Stationen bei der Deutschen Bahn AG, erreichte bei der Wahl zum „Unwort des Jahres 2003" Platz 2. |
| angebotsorientiert | desorientierendes Kompositum | Eigentlich müsste es anbieterorientiert heißen, ähnliches Kompositumsschema wie bei → Arbeitgeber... |
| Arbeitgeber | Fahnenwort, desorientierendes Kompositum | In Abgrenzung zu Kapitalist (Stigmawort der marxistischen Arbeiterbewegung), euphemistisch, kein eigener Eintrag in Brockhaus 1906, allerdings bereits 1849 erwähnt. Vgl. → Arbeitnehmerbewegung, ansonsten: Euphemismus, um pejorative Begriffe wie „Ausbeuter" und „Kapitalist" sowie euphemistische Begriffe wie „Unternehmer" zu vermeiden. |
| Arbeitnehmer | Fahnenwort in Antagonie zu Arbeiter und Angestellter, Euphemismus, Sememumkehrung | Kein Eintrag im Duden Herkunftswörterbuch, als Hyperonym von Arbeiter und Angestellter gemeint. Der A. gibt doch eigentlich Arbeit, der Begriff dient der Werterhöhung, da Arbeit und Arbeiter als Stigmawörter verstanden werden, aber nicht im alten Sinn von mühseliger Plage, sondern (vgl. Duden HWB) in Zeiten der Arbeiterbewegung, allein die Zusammenfassung von Arbeiter und Angestellte in eine Kategorie spielt eine Rolle, die Verkehrung der Bedeutung ist ebenso beachtenswert. Wichtig ist auch, dass hier zusammengefasst wird, ansonsten scheut die L.R.S. keine Mühen, um etwas ausführlich darzustellen: Schülerinnen und Schüler |
| Arbeitnehmer-bewegung | Fahnenwort in Antagonie zu Arbeiter-bewegung | Ersetzt Arbeiterbewegung, 1906 kein Eintrag oder Stichwort, als Wort im gesamten Brockhaus 1906 nicht vorhanden; im Brockhaus 2004 als Stichwort bei der katholischen Arbeitnehmerbewegung |

| | | |
|---|---|---|
| Assessment | Anglizismus | Steht für Prüfung, mündliche Prüfung, soll näheren Praxisbezug beinhalten. Wirkt modern, impliziert ein moderneres Bildungswesen, z.B. heißt die Lehrerabschlussprüfung (die Lehrerinnenprüfung auch) ab 2004 in Schleswig-Holstein Assessment; vgl. auch Portfolio |
| Ausbildungspakt | Kompositum, Neologismus | Ab 2002 gab es verstärkte Rufe, v.a. aus Gewerkschaftskreisen, nach einer Ausbildungsplatzabgabe, d.h. Betriebe, die nicht ausbildeten, sollten durch diese Abgabe an den Kosten für die Berufsausbildung beteiligt werden, von denen sie ja auch profitieren, wenn sie Fachkräfte benötigen. Also handelt es sich hier um einen Versuch externe Kosten zu internalisieren und somit die Marktmechanismen nachhaltig auszuweiten. Der Widerstand der Unternehmensverbände war nicht überraschend, woraufhin die rot-grüne Bundesregierung mit der deutschen Industrie, Handwerk etc. einen Ausbildungspakt schloss, eine freiwillige Selbstverpflichtung, die im Prinzip nie eingehalten wurde, da vor allem die Bundesregierung mit außerbetrieblichen Ausbildungsplätzen aushalf. Das Denotat ist ein seltsames Fahnenwort, da Pakt pejorativ (Pakt mit dem Teufel) wirkt und zur Zeit des Kalten Krieges („Warschauer Pakt" statt „Warschauer Vertrag") auch bewusst so verwendet worden ist. Diese pejorative Konnotation scheint sich zu verlieren, da auch → Nordatlantikpakt zunehmend für NATO verwendet wird, was teilweise auch ein Zeichen für eine Distanz zur staatlichen Ebene sein kann. |
| Bachelor | Anglizismus | Beispiel für den Trend englischer Titel im deutschen Fernsehen, vorzugsweise bei privaten Sendern. In diesem Fall eine Sendung bei RTL im Jahre 2003ff.. |
| Bauer | pejorativ | Allgemein wird euphemistisch vom Landwirt gesprochen, Abgrenzung vom Tagelöhner?, auch für Nichtbauern verwendet bei unangemessenem Verhalten, vgl. „proll" |
| Berliner Republik | Fahnenwort, positiv konnotiert | Aufgekommen nach dem Umzug der Bundesregierung nach Berlin, dient der Abgrenzung zur ursprünglichen BRD, verkündet einen Neuanfang, lässt aber auch die föderale Struktur der Bundesrepublik unberücksichtigt. |

| | | |
|---|---|---|
| Big Brother | Entkontextualisierung | Angesichts Orwells „1984" schamloser Name für eine Fernsehsendung, in der Menschen in Aussicht eines möglichen Gewinns einer relativ hohen Geldsumme sich einsperren und überwachen lassen. |
| Blockade | Stigma | Stimmt die Gegenseite, aus welchen Gründen auch immer nicht zu, wird sie als *Blockierer* (Lafontaine und SPD mit ihrer Bundesratsmehrheit bis 1998/ CDU mit ihrer Bundesratsmehrheit ab 2002) und der Vorgang als *Blockade*. Oft auch von Wirtschaftsliberalen verwendet um aus ihrer Sicht unmäßige Eingriffe des Staates zu kennzeichnen, vgl. *Wettbewerbs- und Privatisierungsblockaden* (Wirtschaftsrat der CDU 2001) |
| Bonner Republik | Denotat | Meint den Zeitraum 1949 –1990, teilweise auch bis 1999, vor 1990 selten aus westdeutscher Sicht bezeichnet. |
| BRD | tlw. weiterhin tabuisierte Abk. | Wird als Abkürzung vermieden, im Duden ursprünglich als nichtamtliche Abkürzung für die „Bundesrepublik Deutschland" verwendet |
| brutalstmögliche Aufklärung | Neologismus (Attribut), Hyperbel, Sememverschiebung | Der hessische Ministerpräsident Koch prägte maßgeblich diesen Begriff zur Zeit der hessischen CDU-Spendenaffäre 2000/2001, der Begriff soll den Willen der CDU veranschaulichen, alles zur Aufdeckung der Machenschaften (Schwarzgeld wurde als angebliche jüdische Erbschaften tituliert) zu unternehmen. Auffällig und innovativ ist die Kombination eines Adjektivs im Superlativ als Bestimmungswort mit einem Adjektiv als Grundwort, parallel zu größtmöglich. Der Sprache wird durch grammatische Verfremdung besonderes Gewicht verliehen, der Gegenstand und damit mögliche Kritik soll dadurch in den Hintergrund gerückt werden. |

| | | |
|---|---|---|
| bürgerliche Partei | Fahnenwort | Gemeint sind CDU/CSU, FDP, teilweise auch andere Parteien, z.B. in Hamburg die Stattpartei. Diese Bezeichnung stammt aus der vom Klassenkampf geprägten Zeit der Wilhelminischen Ära und steht in Antagonie zu den linken und Arbeiterparteien SPD, B´90/ Die Grünen und PDS. Die Bezeichnung meint eigentlich Bürgertum-Partei (also eigentlich bourgeoise Partei) und ist falsch, da keine der Parteien mehr den Anspruch erhebt Arbeiterpartei zu sein, viele Mitglieder des Bürgertums wählen „linke" Parteien, B´90 war eine Bürgerrechtsbewegung mit bürgerlichem Hintergrund. Andererseits erheben CDU/ CSU vielmehr den Anspruch Volkspartei zu sein. Daher dient dieser Begriff einer Abwertung des politischen Gegners, vgl. Konservative. |
| Bundesagentur für Arbeit | Fahnenwort, ökonomischer Sprachgebrauch | Ein Zeichen für den Marktwahn und den Glauben an die Wirksamkeit der L.R.S. „Bundesanstalt" verdeutlichte korrekt, dass es sich um eine Behörde handelte, was aber Ineffizienz suggerierte, ein Zeichen für das tiefe Misstrauen in die Leistungsfähigkeit des eigenen Verwaltungsapparates. Die neoliberale Ideologie erfasst alle Lebensbereiche. Folgerichtig ist der Leiter der ehemaligen Anstalt nun Vorstandsvorsitzender. |
| Bundeskanzlerin | Neologismus, Feminisierung, Political Correctness | Im Bundestagswahlkampf 2005 erstmals verbreitet mit der Kandidatur der späteren Kanzlerin Merkel aufgetreten. Die Gesellschaft für deutsche Sprache kürte am 16.12.05 das Wort zum Wort des Jahres 2005. Auffällig ist, dass der Amtssitz der Bundeskanzlerin weiterhin Bundeskanzleramt genannt wird, der politisch korrekte Sprachgebrauch also noch nicht öffentlich internalisiert ist, sondern aufgesetzt und initiiert bleibt, mindestens aber als umständlich empfunden wird. |

| Bundesländer, alte | Fahnenwort, Entkontextualisierung | Bezeichnung für die zehn Bundesländer, welche am 02.10.1990 Teil der BRD gewesen sind. Berlin wird oft, sachlich falsch, aber politisch bewusst, dazugezählt. Ostberlin wird in dieser Frage ausgeklammert, auf jeden Fall aber nicht als neues Bundesland tituliert. Angesichts der hohen ostdeutschen Sensibilität kurz nach dem Beitritt der DDR diente die Bezeichnung wohl der wertneutralen Beschreibung, selbst die geographische Bezeichnung „ostdeutsche Bundesländer" setzte sich nicht durch. Dass die ostdeutschen Bundesländer neu in der BRD waren, war allgemein bekannt, die Länder selbst hatte sich zeitgleich zu den westdeutschen Ländern in den 40er Jahren neu gebildet oder wieder gebildet, sind allerdings in der DDR zwischenzeitlich (1952-1990) abgeschafft worden. |
|---|---|---|
| Chefsache | umgangssprachlich, desorientierende Trivialisierung | Wird verwendet, um einen bestimmtes Thema als vorrangig zu kennzeichnen, v.a. bei Vorhaben der Bundespolitik, z.B. Chefsache „Aufbau Ost" oder „Arbeitslosigkeit wird zur Chefsache", ein für eine repräsentative Demokratie bemerkenswert autoritäres Sprachspiel. |
| DelegierteR | Ideologisiertes Graphem, Political Correctness | Soll für Frauen und Männer stehen, dieses Beispiel aus einem Juso-Anschreiben (Kieler Verband) von März 2004 reiht sich in die folgende Aufzählung ein: LeserInnen, StudentInnen... |
| Dolchstoß | Metapher | Eigentlich LIS (Sprache des Zweiten Reiches), u.a. von Hindenburg, Ludendorff usw. geprägt. Simonis wählte diese Metapher, um dem Abgeordneten, welcher ihr 2004 bei der Wahl zur Ministerpräsidentin Schleswig-Holsteins die Gefolgschaft versagte, hinterhältiges Verhalten vorzuwerfen. |
| Ehemalige DDR | Stigma, pauschal und tlw. falsch verwendet | Verwendet für das heutige Ostdeutschland, inkorrekt und ideologisch geprägt für die DDR der Jahre 1949 – 1990, Ersatzbezeichnung für „sogenannte DDR" u.Ä.; ein Beispiel für die falsche Verwendung: „Angela Merkel ist in der ehemaligen DDR aufgewachsen." (Sie lebte von 1970 bis 1990 in der DDR, danach auf dem Gebiet der ehemaligen DDR, wenn man so will.) |

| | | |
|---|---|---|
| Einheitsschule | Stigmawort, Allusion | Gegenbezeichnung (konkurrierender Sprachgebrauch) der FDP und CDU im schleswig-holsteinischen Landtagswahlkampf 2005 zur „Gemeinschaftsschule", auch als Anspielung auf das Schulsystem in der DDR, woran in der Tat das von Rot/ Grün angestrebte Schulsystem oberflächlich erinnert, vgl. → Gemeinschaftsschule |
| Elfter März | Synekdoche, Allusion | Die Terrorangriffe in Spanien 2004 wurden ebenfalls, wenngleich mit weniger Erfolg, in der folgenden Zeit mit dem Datum betitelt. Gleichzeitig wurden dadurch Assoziationen an die Terroranschläge 2001 in den USA geweckt. Dennoch assoziiert wenige Jahre nach den Anschlägen mit dem 11.März in Deutschland kaum noch jemand etwas, der elfte September war wegen der medialen Wirksamkeit, der kollektiven Traumatisierung und dem größeren Umfang an Opfern, Schäden und Folgen wirksamer. |
| Elfter September | Synekdoche | Die Terrorangriffe in den USA am 11.09.01 wurden in den darauffolgenden Jahren vor allem mit dem Datum, ohne Jahresangabe, zum Ausdruck gebracht. Dies führte einerseits zu einer Mystifizierung des Geschehens, gleichzeitig aber auch zum Verdrängen der realen Ereignisse und somit emotionalen Vertiefung der erlebten und internalisierten Erfahrung. Das Grauen blieb unausgesprochen, weshalb die Wirkung des Datums dauerhaft emotionalisiert und dramatisiert wurde.[296] Vgl. elfter März und zwanzigster Juli. |
| Ex-Kanzler | Pejorativ | Fokussiert neben der Tatsache, dass der Bezeichnete einmal Kanzler gewesen ist, auf die Tatsache, dass er dieses Amt nicht mehr ausübt, pejoratives Synonym zu Altkanzler. |
| Facility Manager | Euphemismus, Anglisierung | Bezeichnung für Hausmeister, Versuch der begrifflichen Aufwertung, bei gleichzeitiger Stigmatisierung der ursprünglichen Bezeichnung |
| Finanzkrise | Euphemismus | Vermeidung des Lexems „Wirtschaftskrise", semantisch ist eine Konzentration der Krise auf den Finanzsektor gemeint. |
| Flyer | Funktionslose Entlehnung | Der deutsche Begriff „Flugblatt" hat kein semantisches Defizit, wirkt aber archaisch. |

---

[296] J.R. Rowling hat einen ähnlichen Effekt in ihrer „Harry Potter"-Reihe verdeutlicht. Der Schurke heißt dort Voldemort, die Menschen nennen ihn aber aus Angst „Du-weißt-schon-wer".

| Friedensmacht | Fahnenwort | Ein SPD-Wahlkampfslogan des Jahres 2004 lautete „Friedensmacht Europa". Die SU und die DDR bezeichneten einst das sozialistische Lager ebenso. Interessant ist, dass diese Tatsache schon so verblasst ist, dass man auf propagandistische Lexik der DDR/SU zurückgriff, obgleich man diese ansonsten sehr konsequent vermeidet, sogar beim Begriff → Sozialismus. |
|---|---|---|
| Gauck-Behörde/ Birthler-Behörde | Personalisierung | Nichtoffizielle Benennung der Behörde zur Aufarbeitung der Verbrechen des Ministeriums für Staatsicherheit der DDR, jeweils nach den Behördenleitern benannt. Interessant ist, dass mit der Leitungsübergabe an Roland Jahn diese Tradition nicht fortgesetzt wird. |
| Gay | Euphemismus, | Kodierte Bezeichnung für Homosexuelle, oft in spätabendlicher Fernsehwerbung, Synekdoche, verkürzt eindeutig, deutet an, vermeidet aber auch die eigentliche Bezeichnung |
| Gebäudemanager | Euphemismus, ökonomisch beeinflusstes Kompositum | Auch „Facilitymanager". Offizielle Bezeichnung, umgangssprachlich kaum gebräuchlich, für Hausmeister. Zum einen der Versuch, der komplexeren Arbeitswelt des Hausmeisters einen adäquateren Begriff zuzuordnen, zum anderen aber auch bezeichnend, da „Hausmeister" als nicht adäquat, also abwertend verstanden wird. Eindeutig der Wirtschaftssprache entlehnt. |
| Geiz ist geil. | Alliteration | Werbeslogan von Saturn (Saturn übrigens ist der Gott des Geizes in der römischen Mythologie, für die breite Bevölkerung unbewusstes Symbol und unbekannte Allusion). Auffällig ist die Sememveränderung, da die Werbung ja zum Kaufen auffordert, was Geiz verhindern müsste. Geiz und geizen stehen hier also für Einsparung durch einen niedrigeren Preis. Die erotisierende Wortwahl (geil) wirkt kaum noch im ursprünglichen Sinn, sondern wirkt eher dynamisch und jugendlich. |

| Gemeinschafts-schule | Kompositum, Fahnenwort | Im Landtagswahlkampf 2005 in Schleswig-Holstein verwendeter vermeintlicher Neologismus zur Bezeichnung einer neuen Schulform. Ursprünglich nannte die SPD dieses System „Schule für alle", was aber aus sprachökonomischen Gründen dem wahrscheinlich grünen Denotat gewichen ist. Interessant ist zum einen, dass die Nationalsozialisten „deutsche Gemeinschaftsschulen" eingerichtet haben, diesen Begriff also geprägt haben, was offensichtlich niemandem bekannt oder gestört hatte. Zum anderen kann sich der Autor sehr gut an die sprachlich sensibilisierte Debatte innerhalb der SPD zu Bezeichnungen innerhalb dieses neuen Schulsystems erinnern, in der u.a. für die 11. und 12. Klasse der Begriff Oberschule wegen Anlehnung an den Begriff in der DDR (Polytechnische bzw. Erweiterte Oberschule) abgelehnt wurde[297]. |
|---|---|---|
| Gesundheitsreform | Fahnenwort, positiv konnotiert | Bezeichnung für den Umbau des Systems der Krankenversorgung und Krankenversicherung, vgl. Reform. Es wird also bewusst auf den Begriff „krank" verzichtet. |
| Global Player | Anglizismus, Entkontex-tualisierung | Bezeichnung für weltumspannend agierende Konzerne und Betriebe, Anlehnung an Spieltheorie, tlw. euphemistisch, zumindest in Kontrast zu Konzern, Weltkonzern, international agierendes Unternehmen; sprachliche Hedonisierung der Realität: Die Verantwortung und Macht eines solchen Riesenunternehmens wird semantisch ausgeblendet. |
| Grüner New Deal | Fahnenwort, Kombination von Anglizismus und Parteinamen, Zitat | Allusion an den New Deal von Roosevelt, wobei das dahinter stehende inhaltliche Konzept nicht neu ist. Letztlich wird durch die Allusion ein ungewöhnlicher wirtschaftspolitischer Ansatz suggeriert. Letztlich handelt es sich um den Versuch der Inanspruchnahme eines Alleinstellungsmerkmals, was sich inhaltlich kaum belegen und belasten lässt. |

---

[297] Beachtlich ist auch, dass gerade die SPD dieses Denotat zum ersten Mal geprägt hat, als sie in der Weimarer Republik, deutsche Oberschulen als Konkurrenz zu latein- und griechisch- orientierten Gymnasien etablierte, also eine damals hochmoderne Schulform, was eher für diesen Begriff sprechen müsste. Die Stigmatisierung durch die DDR wirkte aber wohl nachhaltig.

| Gutmensch | Stigmawort | Das Lexem verkürzt *gute Menschen* zu einem Wort und kehrt die Bedeutung um. *Gutmenschen* sind eben im semantischen Verständnis der L.R.S. nicht gut oder moralisch, sondern argumentieren nur in diesem Sinne, um unsinnige, manipulative, anmaßende oder wie auch immer geartete unvertretbare Ansichten durchzusetzen, gegen gesunden Menschenverstand. |
|---|---|---|
| Hartz IV | Fahnenwort | Wort des Jahres 2004, Benennung nach dem Leiter der von der Bundesregierung eingesetzten Expertenkommission zum Abbau der Arbeitslosigkeit. |
| Hassprediger | Metapher, Stigma | Bezeichnung für islamistische Prediger, z.B. für den sogenannten Kalifen von Köln Kaplan der 2005 abgeschoben wurde. Diese Bezeichnung fand auch Eingang in das Zuwanderungsgesetz von 2004. Im Wahlkampf 2005 bedachte die SPD den zur PDS/ Linkspartei gewechselten O. Lafontaine mit diesem Begriff. Damit wird der politische Gegner in deutlich konnotativer Weise stigmatisiert, was aber auch Rückschlüsse auf die eigene Befindlichkeit zum ehemaligen Vorsitzenden der SPD aufzeigt. |
| Haushaltsloch | Metapher | Bezeichnung für mangelnde Deckung von öffentlichen Haushalten in der Bundesrepublik (Haushaltsdefizit), dient der Veranschaulichung, gibt den Sachverhalt jedoch meist falsch wieder, da die Verschuldung in der Regel die Investitionen nicht übersteigt und daher die Lage nicht so dramatisch ist, wie H. impliziert. |
| Heuschrecke | Stigmawort | Pejorative Bezeichnung für Kapitalisten, als Finanzinvestoren, von Müntefering im Landtagswahlkampf 2005 in Nordrheinwestfalen geprägt. Auffällig ist, dass seine Rede, eigentlich eine Systemkritik , durch diese Bezeichnung zur Kritik an einzelnem Fehlverhalten umgedeutet worden ist, wohl als Abschwächung der Kritik. Die metaphorische Allusion auf eine biblische Plage und der Rückgriff auf biologischen Wortschatz, wie er seit der NS-Zeit eher vermieden worden ist, ist auffällig. Vgl. auch → Kartoffelkäferkoalition. |

| Holocaust | Anglizismus | Aus dem Amerikanischen übernommen, synonym für Shoa verwendet, bezeichnet die verbrecherische Vernichtung der Juden seitens Deutschlands unter den Nationalsozialisten. Zu beachten ist die häufige Verwendung seit den neunziger Jahren. Das Lexem betont das unermessliche Leid der jüdischen Bevölkerung Europas, verdrängt aber auch die anderen Millionen Opfer, etwa den ebenso furchtbaren Völkermord an den Bürgern Leningrads während der deutschen Blockade ab 1941 oder grundsätzlich die immensen Verlusten an Menschen seitens der SU (20-27 Millionen). |
|---|---|---|
| Investitionsstau | Euphemismus, Entsemantisierung | Der Begriff impliziert einen natürlichen Vorgang, obgleich er bedrohlich wirkt, wird doch die Ursache verklärt. Es stauen sich auch nicht die Investitionen selbst, sondern die noch zu tätigen Ausgaben |
| Jamaika-Koalition | Neologismus | Bewusster von der ARD am Wahlsonntag zur Bundestagswahl 2005, 18.09.05, kreierter Neologismus zur Kennzeichnung einer möglichen Koalition zwischen Union, Grüne und FDP in Anlehnung an die Nationalfarben Jamaikas. Die in der Fahne damit verbundenen symbolischen Bedeutungen, Schwarz verweist symbolisch in der benannten Flagge auf die schwere und dunkle Vergangenheit des Landes, werden nicht beachtet. Es geht wieder um ein mediales Fahnenwort, dass übrigens von den möglichen Protagonisten (Fischer in der ARD am 19.08.05) eher mit Verwunderung angenommen wird. In der Regel ist anfangs bei Politikern von „sogenannter" J. die Rede, mit der Etablierung eines solchen Bündnisses im Saarland nach der Landtagswahl 2009 fällt das Attribut zunehmend weg, die allgemeine Lexikalisierung scheint endgültig einzusetzen. |
| Job | Lehnwort, dabei Sememverschiebung | Ersatz für Arbeit bzw. Arbeitsplatz, Reduktion auf die lohnmotivierte Tätigkeit, die bloße Existenzerhaltung; z.B.: Zehntausende Arbeitslose suchen in diesem Jahr in Kiel einen Job. |

| | | |
|---|---|---|
| Jobbörse | Sinnverzerrendes Kompositum | Verwendet für Veranstaltungen und Aktionen, bei welchen Berufe vorgestellt oder Arbeit vermittelt wird; signifikanter Hinweis auf die Dominanz von Anglizismen und kapitalistischen i.e.S. Wertevorstellungen in der Arbeitswelt |
| Kartoffelkäfer-Koalition | Stigmawort | In Anlehnung an das Stigmawort „Heuschrecke" prägte Schily im Anschluss an die Niederlage in NRW und der darauffolgenden Ausrufung von Bundestagsneuwahlen diese Metapher für die schwarz-gelbe Koalition. Der Symbolgehalt der Farben wird zunehmend durch metaphorische Verstärkung zur Verunglimpfung politischer Gegner benutzt. Auch hier wieder der Bezug auf biologischen Wortschatz, wieder ein Bezug auf eine Massenplage und einen Ernteschädling, im Gegensatz zur Heuschreckenmetapher aber nicht lexikalisiert. |
| Kids | Semantisch funktionslose Entlehnung | Selten im Singular, steht nicht im Fremdwörterbuch „Der kleine Duden", oft in der Umgangssprache und im Bemühen modern (also „in") zu wirken. |
| Klassenkampf | Stigmawort | In der ideologisierten L.R.S. zum Unwort erklärt. Soziale Unterschiede dürfen nichts mit Herkunft zu tun haben, egal, was Studien und Berichte, u.a. PISA und Shell, auch belegen. Aus Vermögensdisparitäten sich ergebene Verteilungskämpfe werden anders benannt. Vgl. Sozialneid |
| Konservative | Stigmawort | Die sogenannten linken Parteien benutzen diesen Begriff zur Abwertung des selbst ernannten „bürgerlichen" Lagers, da dieser diesen Begriff eher als Gesamtbezeichnung meidet. Lediglich der Begriff „nationalkonservativ" tritt phasenweise wieder in Erscheinung (vgl. „Hohmann-Affäre" 2003). |
| Kult | Inflationärer Wortgebrauch | Etwas ist anbetungswürdig, eigentlich wird es bereits angebetet. Teilweise bereits in der Werbung eingesetzter Begriff, um den Wert eines oft wenig nachhaltigen Gegenstandes erhöht erscheinen zu lassen. Kaum noch Zusammenhang mit der ursprünglichen Bedeutung. |
| Landwirt | Euphemistisch, in Vermeidung des Begriffs „Bauer" | Im Spiegel vom 29.12.03 ist von Bauern zu Zeiten Friedrichs des Großen (Hohenzollern) die Rede, bezogen auf die heutige Zeit wird aber der Begriff Landwirt verwendet, mit der Vermeidung des Begriffs „Bauer" wird dieser stigmatisiert |

| | | |
|---|---|---|
| Leistungsempfänger | Kompositum | Bezeichnung für sämtliche Empfänger von Sozialleistungen, unabhängig von der Tatsache, ob es eine Versicherungsleistung oder eine staatliche Zuwendung ist, welche dem Betreffenden zugutekommt. Der Betreffende erhält etwas, wofür er grundsätzlich dankbar sein sollte, da es etwas Positives ist, wenn man etwas bekommt. Eine Leistung beschreibt ungenau, aber sehr positiv, was gegeben wird. Man bekommt etwas, ist aber selbst passiv. Die Wirkung und Aussage ähnelt der des Begriffs „Arbeitnehmer" (→Arbeitnehmer) |
| link | Politische Motivation bei Wortbildung | ursprünglich politisch motivierte Abwertung, verblasst, inzwischen politisch neutral lexikalisiert. |
| Links | Etikettwort | Bereits seit der Französischen Revolution in Benutzung und dann traditionell in ganz Europa verwendet. Die inhaltliche Aussage wird verkürzt und entkontextualisiert. Bemerkenswert ist die Umbenennung der PDS in Linkspartei, da hier mit dem Parteinamen versucht wird, das Attribut *links* als Fahnenwort zu besetzen. „links" dient auch zur Vermeidung teilweise stigmatisierter Begriffe wie sozialistisch oder kommunistisch. |
| Linkspartei | Kompositum, Etikettwort | Der Versuch einer sozialistischen und gesamtdeutschen Volkspartei begann 2005 mit der Umbenennung der PDS in Linkspartei, auch um der WASG, der westlichen SPD-Abspaltung die Vereinigung mit der politisch ausgegrenzten Rechtsnachfolgerin der SED im Westen zu erleichtern. Ein Versuch, der in Ostdeutschland auf Widerstand innerhalb der dort nur dünn besetzten Reihen der WASG stieß, so dass diese bei Landtagswahlen in Mecklenburg-Vorpommern und Berlin u.a. auch gegen die Linkspartei mit einer eigenen Liste angetreten ist. Der Begriff ist ein idealtypisches Fahnenwort, das gleichzeitig den Anspruch erhebt alleiniger Träger der sozialistischen Bewegung zu sein, d.h. die SPD und Bündnis `90/ Die Grünen sind demnach nicht links. |

| | | |
|---|---|---|
| Luftkissen-zerdrücktag | Entintellek-tualisierung, medialer, nichtlexikalisierter Neologismus | Kein typisch oder häufig verwandtes Wort, nur ein Beispiel für die Entintellektualisierung deutscher Medienkultur, wie sie tagtäglich zu verfolgen ist. Der Privathörfunksender „Deltaradio" erklärte öffentlich den gesamten 27. Januar 2004 (60. Jahrestag der Befreiung von Auschwitz) zum „Luftkissenzerdrücktag". Bemerkenswert ist auch, dass diese Aktion von niemandem medial hörbar kritisiert worden ist. Dieser mediale Kurzzeitneologismus soll auch gar nicht lexikalisiert werden. |
| Marktwirtschaft | Fahnenwort, Euphemismus | Dieser Begriff setzte sich erst in der zweiten Hälfte des 20. Jahrhunderts durch und ersetzte zum Teil – in der DDR natürlich nicht - das stigmatisierte Lexem *Kapitalismus*. Da das Bestimmungswort „Markt" positive Assoziationen weckt, das ganze Kompositum auch deutschstämmig ist, also nicht den distanzierenden Charakter eines Fremdwortes aufweist, war es gut geeignet, ein antagonistisches Fahnenwort zu „Sozialismus" zu bieten. „Kapitalismus" war hierfür, gerade in Zeiten des Kalten Krieges, ungeeignet. Marktwirtschaft wird meist mit dem Attribut „sozial" verwandt, was grundsätzlich aufzeigt, dass die ursprüngliche positive Wirkung des Begriffes nicht mehr oder nie getragen hat. In letzter Zeit (seit 2000) gibt es im Zuge der Globalisierung verstärkt die Bildung von Neologismen, z.B. „New Economy", um das in der Verbindung *soziale Marktwirtschaft* doch bei einigen inzwischen anrüchig gewordene Fahnenwort zu ersetzen, zumal es Versuche der Stigmatisierung gibt, vgl. „radikale Marktwirtschaft". |
| Marktwirtschaft, radikale | Stigmawort | Vgl. Marktwirtschaft. Das Attribut „radikal" versucht den Begriff und damit die politischen Ansätze neoliberaler Politiker grundsätzlich zu stigmatisieren. |
| Marktwirtschaft, soziale | Fahnenwort | Vgl. Marktwirtschaft. |
| Meck-Pomm | umgangssprachliche Abkürzung | Verkürzung, pejorative Allusion an „Mc Donalds" und Pommes Frites |

| | | |
|---|---|---|
| Mitteldeutschland | National-istischer Archaismus | Laut Brockhaus die geographische Bezeichnung für den „mittleren Abschnitt der deutschen Mittelgebirgsschwelle"(Brockhaus 2004), umfasst daher ungefähr die Bundesländer Sachsen, Thüringen und Sachsen-Anhalt. Politisch nicht ohne Brisanz, da nach der Vertreibung und Besetzung der deutschen Ostgebiete durch die ihrerseits durch die SU ebenfalls vertriebenen Polen das alte Ostdeutschland nicht mehr existiert, somit das alte Mitteldeutschland nun Ostdeutschland ist. Die Verwendung von *Mitteldeutschland* implizierte daher ursprünglich einen Anspruch auf die Ostgebiete, der politisch nicht erhoben wird, und zeigt zugleich die pejorative Konnotation der Bezeichnung *Ostdeutschland*. |
| Nazi | pejorative Verkürzung | aus der Weimarer Zeit, heute eher in Verbindung mit Neonazi; impliziert aber die Ablehnung des nationalsozialistischen Anspruchs eben auch sozialistisch zu sein. |
| Negativwachstum | Euphemismus | Bezeichnung für den Rückgang des BIP. |
| neoklassisch | Hochwertwort | I.w.S. statt kapitalistisch, parallelistisch zu *Klassiker* in der DDR (Marx, Engels, Lenin). |
| neoliberal | Sememverschiebung | Eigendenotat für die neoklassischen Wirtschaftstheoretiker, Befürworter einer möglichst freien Marktwirtschaft |
| Bundesländer, neue; neue Länder | Fahnenwort, Entkontex-tualisierung | Bezeichnung für die Länder Thüringen, Mecklenburg-Vorpommern, Brandenburg, Sachsen und Sachsen-Anhalt, welche am 03.10.1990 der Bundesrepublik beitraten. Ostberlin, ebenfalls Teil der DDR, wird nicht unter diesen Begriff erfasst. Anzumerken wäre, dass diese Länder nicht neu sind, sondern 1946 zeitgleich zu den alten Ländern entstanden sind. Manche, z.B. Sachsen, bestehen als Name und als politische Einheit tausende bzw. hunderte Jahre, vgl. alte Bundesländer |

| | | |
|---|---|---|
| Neue Mitte | Fahnenwort | Eingesetzt im Bundestagswahlkampf 1998 und darüber hinaus verwandt für die neue Sozialdemokratie, ähnlich dem englischen Begriff „New Labour", d.h. ein vorrangiger neoliberaler Kurs in der sozialdemokratischen Politik. In den Bundestagswahlkämpfen 2002 und 2005 kaum bzw. nicht mehr verwendet, nach 2005 gar nicht. Interessant ist, dass die PDS und die WASG in Abgrenzung von der SPD ihren Zusammenschluss → Die Linke genannt haben. |
| Nordatlantikpakt | verblasst pejorativ | Häufig für NATO verwendet, ursprünglich durch das Grundwort pejorativ, inzwischen häufiger zu finden, eventuell ein Zeichen für eine zunehmende Distanz zur staatlichen Ebene. Vgl. →Ausbildungspakt. |
| Nullrunde | Metapher, euphemistisch | Bei Tarifverhandlungen verwandt, wenn keine Lohnerhöhung vereinbart worden ist, tlw. auch, wenn eine Lohnerhöhung dem Inflationsausgleich entspricht. Bei einer gleichbleibenden Lohnhöhe handelt es sich aber um eine „Minusrunde", da die Inflation das Einkommen der Arbeiter und Angestellten –meist moderat - entwertet. Die Metapher verweist mit dem Bildgehalt auf ein Spiel, was die Ernsthaftigkeit der Tarifverhandlungen und das eigentliche Problem einer ausbleibenden Lohnerhöhung relativiert. |
| Player | Anglizismus | Bezeichung für „Spieler", z.B. bei Videospiele, auch deutschsprachige, siehe aber „Global Player" |
| Populismus | Stigmawort, negativ konnotiert | Eigentlich bedeutet P. „Volksnähe", das Wort wird gern auch zur Bezeichnung von Rechtsextremen, also „Rechtspopulisten" bezeichnet, alles Kennzeichen für ein tiefes Misstrauen gegenüber der Bevölkerung |
| populistisch | pejorativ | vgl. islamistisch, nationalistisch, terroristisch, extremistisch, kommunistisch, sozialistisch |

| Portfolio | Lehnwort, Sememverschiebung | ursprünglich und noch aktuell aus bzw. in der Börsensprache, steht dort für eine Kapitalanlage, die aus verschiedenen Wertpapieren besteht, wird nach der neuen Lehrerausbildung in Schleswig-Holstein 2004 für das Sammelsurium abgelegter Kurse und Arbeiten benutzt, ähnliche Begriffsverwendung in Konzepten zur Gemeinschaftsschule. Es wird hieran deutlich, wie weit die Ökonomisierung der Sprache fortgeschritten ist, Bildung ist Kapital, von dem man langfristig Rendite erwartet. |
|---|---|---|
| Preiskampf | Militaristisches Kompositum | Umgangssprachliche Formulierung für die marktwirtschaftliche Preisfindung unter Konkurrenz, analoge Beispiele für die begriffliche Anlehnung an militärischen Sprachgebrauch gibt es zahlreich: „Millionenschlacht", „Rabattschlacht", „Handelskrieg". |
| Projekt | Fahnenwort/ Stigmawort | In der negativisierenden medialen Berichterstattung wurde Rot/Grün kaum als „Projekt" bezeichnet, solange es Bestand hatte, erst nach dem Scheitern wurde dies benutzt, analog zum „Projekt EU", welches erst nach den gescheiterten Verfassungsratifizierungen in Frankreich und Niederlanden 2005 als Begriff auftauchte. |
| Prolet | pejorativ | Alltagssprache, damit werden auch Nicht-Arbeiter beschimpft, vgl. → proll, altes Überbleibsel der Klassengesellschaft oder neues Indiz für deren Revitalisierung. |
| Proll | pejorativ | allgemein für unangemessenes Verhalten, sprachliches Relikt der Klassenkämpfe aus dem 19. / 20. Jahrhundert, ev. ein Indiz für erneute Abgrenzungstendenzen des Mittelstandes. |

| Promi | Abkürzung, Sememverschiebung | Durch die Verkürzung des Begriffs Prominente(r) wird das komplizierte Lehnwort vereinfacht und der medialen Sprache und teilweise Jugendsprache angepasst. Gerade in Jugendsendungen bzw. im alltäglichen Sprachgebrauch sind klar strukturierte Sätze und einfacher Wortschatz dominierend, nichtenglische Fremdwörter unüblich oder eben verkürzt vorzufinden. Prominent ist übrigens heute jeder, der in den Medien präsent ist. Was früher tendenziell ein Zeichen von Leistung und daraus resultierender Bekanntheit war, kann heute auch ein Bewohner des Big-Brother-Containers ein Promi sein. Zu erinnern ist, dass Daniel Küblböck („Deutschland sucht den Superstar") in einer ZDF-Umfrage nach dem besten Deutschen auf Platz 17 gewählt wurde, weit vor Schiller, Heine, Schröder... |
|---|---|---|
| Public Viewing | Anglizismus, Scheinentlehnung | Während der Fußball-Weltmeisterschaft 2006 in Deutschland aufgekommener Begriff für das schon vorher vorkommende, aber nicht so fanatisch betriebene kollektive Fußball-Gucken per Großleinwand. Fast schon erwartbar, dass hier ein englischer Begriff verwendet wird, es handelt sich aber nicht um eine Begriffsentlehnung, sondern um einen Neologismus; ein ähnlicher Vorgang wie bei *Handy*. |
| Qualitätsmanagement | Hochwertwort | Bezeichnung für das Konzept und die Gesamtheit qualitätssichernder Maßnahmen |

| Radikalismus | pejorativ konnotiert, Sememverschiebung | „Bezeichnung für Theorien oder auf sie bezogene politisch-soziale Bewegungen, die bestehende Verhältnisse grundsätzlich verändern wollen. Im 19.Jahrhundert nannten sich zunächst die entschiedenen Verfechter demokratischer Vorstellungen gegen Absolutismus und Aristokratie Radikale. Nach dem Aufkommen der Arbeiterbewegung wurde diese Bezeichnung mit negativer Akzentuierung auf die Verfechter des Sozialismus übertragen." (Brockhaus 2014). In jüngerer Zeit auch *Linksradikalismus, Linksextremismus, Rechtsradikalismus, Rechtsextremismus,* hierbei keine Unterscheidung zwischen *Extremismus* und *Radikalismus,* gern zur Diskreditierung der PDS/ Linkspartei verwendet. Selbst die SPD, welche ihrerseits im Kaiserreich mit diesem Begriff diskreditiert worden ist, verwendet diese Bezeichnung in der politischen Auseinandersetzung zu Herabsetzung der Linkspartei. Durch den Parallelismus werden NPD und Linkssozialisten gleichgestellt, trotz erheblicher programmatischer und wesensbezogener Unterschiede, wie in Fragen der Toleranz gegenüber Andersdenkenden, Akzeptanz der gesellschaftlichen Ordnung der BRD, Gewaltbereitschaft usw. |
|---|---|---|
| Raumpflegerin | Euphemismus | Die Bezeichnung soll die pejorative Konnotation des Begriffs „Putzfrau" aufheben, symbolisiert aber, für wie minderwertig körperlich betonte Arbeit angesehen wird. vgl. „Gebäudemanager". |
| Realpolitik | Hochwertwort | Offensichtlich eine Unterscheidung zwischen der Programmatik der einzelnen Parteien und ihrer realen Umsetzung. Ideale seien schön, nur eben nicht erreichbar. Das Hochwertwort für die Politik im Sinne des „keine Experimente", teilweise fast schon ein Fahnenwort, dabei fast paradox. |
| Reform | Pauschal und irreführend verwandt, sememverschiebend. | Eigentlich: Verbesserung des Bestehenden (Brockhaus 2004), teilweise für jegliche Änderung, damit Implizieren der eigenen Reformtätigkeit, z.B. Steuerreform: Senkung der Steuern, keine qualitative Umgestaltung) |
| Regulierungswut | Stigmawort | Bezeichnung für als übertrieben angesehene Eingriffe des Staates in den Wirtschaftsablauf |

| Rentenklau | umgangssprachliches Kompositum, Neologismus | Nicht allgemein lexikalisiert, aber ein gutes Beispiel für die Trivialisierung, Effektorientierung und Emotionalisierung der L.R.S.. Inhaltlich ging es dabei um eine Nullrunde bei der Rentenentwicklung, faktisch wird hier bis zur Lüge vereinfacht, nur um eine wirksame Schlagzeile zu produzieren. |
| --- | --- | --- |
| Rot/ Grün | Inzwischen verblasstes Stigmawort | In den achtziger Jahren als Stigmawort von den politischen Konkurrenzparteien CDU/ CSU und FDP verwandt, Anlehnung an „rote Gefahr" und „grüne Chaoten", inzwischen ist die Stigmatisierung verblasst und als Denotat lexikalisiert. |
| rot-dunkelrote Koalition | Metapher | Bezeichnung für eine Koalition zwischen PDS und SPD, keine reine Farbzuordnung, auch pejorativ konnotiert, wie auch Rot-Grün als Stigmawort kreiert worden ist, wobei die Stigmatisierung hier inzwischen verblasst ist. Schwarz-Gelb wurde erst ab 2003 verwendet, tlw. von der SPD und den Grünen um das Stigmawort → *Rot-Grün* zu entkräften. Interessant ist, dass die farbliche Zuordnung alle Parteien berührt, die nominalisierte Farbe als Metonymie für die FDP aber nicht verwendet wird. Man spricht von den *Roten*, den *Schwarzen*, den *Grünen* sowieso, aber nicht von den *Gelben*! |
| Schock | inflationär und pauschalisierend | Oft benutzt, vor allem um Aufmerksamkeit medial zu erzeugen, z.B.: Preisschock, Gebührenschock |
| Schülerinnen und Schüler | ideologisierte Phrase, Political Correctness | Es gibt hierzu viele analoge Beispiele. Die deutsche Sprache ist nach zwei Jahrtausenden Patriarchat natürlich eine patriarchische Sprache. Die Bemühungen der Frauenbewegung um die Gleichberechtigung der Frau in der Gesellschaft schlagen sich deshalb auch linguistisch nieder. Es gibt hierfür unzählige Beispiele, genannt seien: KollegInnen (für beide Geschlechter), frau (als Ersatz für das Indefinitpronomen „man") vgl. auch" DelegierteR |

| | | |
|---|---|---|
| Schurkenstaat | Stigmawort | Deutsche Übersetzung des von der US-Regierung unter Bush jun. geprägten Begriffs „Rogue State", obgleich auch schon Clinton ihn mitunter verwendet hatte. Das Sem des irrational handelnden Einzeltäters geht bei der deutschen Übersetzung verloren, dennoch hat sich dieser in der deutschen Medienlandschaft wegen fehlender Alternativen durchgesetzt, oft aber in Anführungszeichen gesetzt. Der Begriff bezeichnet Staaten mit angeblich terroristischem, diktatorischem oder anderweitig zu verachtendem Hintergrund und ist ein bezeichnendes Beispiel für Propaganda, zumal klare Definitionskriterien nicht deutlich werden. Vgl. auch Achse des Bösen. |
| Senior | Euphemismus | Siehe Altersheim, interessant: Senior heißt Älter", selbst in der lateinischen Übersetzung besteht aus der semantischen Struktur heraus eigentlich eine stärkere Stigmatisierung, siehe Seniorenheim |
| Seniorenheim | Euphemismus | Statt „Altersheim", keine eindeutige Benennung der Funktion der Einrichtung, durch die Tabuisierung erfolgt im Prinzip eine Stigmatisierung des Begriffs „Alter" und der „Alten". Dieser Euphemismus war schon im geteilten Deutschland (West) üblich. Der DDR-Begriff lautete "Feierabendheim". In beiden Fällen ein Euphemismus, welcher die Distanz der Gesellschaft zu den Alten offenbart. Dass „alt" als negative Eigenschaft begriffen wird, verdeutlicht den Jugendwahn der Berliner Republik. Siehe → Senior |
| Skandal | pauschale und inflationäre Verwendung | sehr häufig verwendet, vor allem um Zuschauer- und Leserinteresse zu wecken |

| | | |
|---|---|---|
| Sonderwirtschafts-zone | Kompositum | Ein 2004 u.a. von v. Dohnanyi geprägter Neologismus, der sich aufgrund inhaltlicher politischer Entscheidungen erübrigt hatte. Der Begriff bezeichnet die fünf ostdeutschen Bundesländer, welche z.B. steuerliche Sonderkonditionen zum Zwecke der Wirtschaftsförderung erhalten sollten, unklar blieb der Einbezug von Berlin. Interessant ist die wahrscheinlich unbeabsichtigte Allusion beim Grundwort, da die DDR in der alten BRD – in Aberkennung der Eigenstaatlichkeit – pejorativ oft *Ostzone, Sowjetzone, Zone* u.Ä. genannt wurde. Das Bestimmungswort „Sonder-" erscheint auch unglücklich sowie unpassend. |
| Sozi | pejorative Verkürzung | aus der LIS oder LTI, bewusste Abwertung, durch die Verkürzung wird der programmatische Ausdruck des Wortes „Sozialist" entfernt, meint Sozialdemokraten, der Unterschied zu Sozialisten wird nicht deutlich, auch daher abwertend, inzwischen verblasst die Pejoration, vgl. auch → Nazi |
| Soziale Demokratie | Fahnenwort | Im Bundestagswahlkampf 2005 verstärkt aufgetreten und ab da zentrales Fahnenwort der SPD, aber wenig lexikalisiert, löst das vom politischen Gegner und durch die historische Entwicklung stigmatisierte Fahnenwort Sozialismus ab, mit allerdings erheblichen Verschiebungen bezüglich der programmatischen Ausrichtung der deutschen Sozialdemokratie. |
| Sozialismus, realexistierender Sozialismus | Fahnenwort/ Stigmawort | Je nach Kontext und politischer Orientierung des Autors wird „Sozialismus" als Fahnenwort oder Stigmawort verwendet. „Realexistierender S." ist dagegen eindeutig pejorativ und antithetisch zu Demokratie. Oft wird „Sozialismus" ebenfalls als Stigmawort empfunden, sogar von Sozialdemokraten. |
| Sozialneid | Fahnenwort | Das antipodische Fahnenwort zu Klassengegensätze bzw. Klassenkampf. Eine sprachliche Verunglimpfung von Engagement für soziale Gerechtigkeit. |
| Sozialstaat | Fahnenwort | Positiv konnotierte Bezeichnung für die soziale Absicherung der Menschen durch den Staat, im Zuge der Entwicklung der sozialen Marktwirtschaft entstanden, auch in Ablehnung zum Versorgungsstaat DDR. |

| Spardisziplin | Semem-verschiebung | Bezeichnung für den politischen Willen und die wirkliche Durchsetzung von Einsparungen. Es wird nichts angespart, sondern v.a. werden Leistungen gestrichen, oft auch in sensiblen Bereichen. Dieser Begriff dient dazu, die Bevölkerung von der Notwendigkeit der Einsparungen zu überzeugen, welche oft als alternativlos dargestellt werden (realistische Diktion). Teilweise tritt dieser Begriff auch in Kombination mit dem Attribut „eisern" auf, vielleicht eine Allusion an den eisernen Kanzler Bismarck. Vgl. auch *Sparpaket*. |
|---|---|---|
| Sparen/ Sparkurs | Euphemismus | Mit sparen" umschreibt man in der Politik, unerheblich auf welcher Ebene, nunmehr das Kürzen von Leistungen |
| Sparpaket | Euphemismus, Sememver-schiebung | Bezeichnung für ein Bündel von Maßnahmen, Einsparungen, Kürzungen und Leistungsstreichungen meist in öffentlichen Haushalten. Es ist euphemistisch, mit einem Paket verbinden sich positive Erwartungen, ebenso mit Sparen, was hier ja Einsparen oder Kürzen bedeutet. Dieser Begriff dient dazu die Bevölkerung über Kürzungen zu informieren und dabei den Widerstand möglichst gering zu halten. Vgl. auch *Spardisziplin*. |
| staatlicher Dirigismus | Stigmawort | Von Wirtschaftsliberalen verwendetes Stigmawort für jedwedes Konzept staatlicher Einflussnahme in das Wirtschaftsgeschehen/ tlw. aber auch in Abgrenzung zur sozialen Marktwirtschaft. Vgl. *New Economy* |
| Stagflation | Neologismus | Kombination aus Stagnation und Inflation, beides wird negativ beurteilt und in diesem Begriff mit einer eingängigen, einprägsamen und verstärkenden Wirkung versehen |
| Standort (Deutschland) | Sememver-schiebung (Ökono-misierung) | Gemeint ist Deutschland, ein Indiz für die zunehmende Fokussierung der medialen Öffentlichkeit auf ökonomische Fragestellungen, selbst wenn der jeweilige inhaltliche Kontext mit wirtschaftlichen Prozessen in keinem Zusammenhang steht. |
| super | Pauschale Simplifizierung | Aus dem Lateinischen, bereits seit dem 16. Jahrhundert meist als Präfix üblich, z.B. „superklug", erst in der zweiten Hälfte des zwanzigsten Jahrhunderts unter amerikanisch-englischem Einfluss nun auch allein stehend modisch geworden. |

| Superstar | Inflationäre Komparation, Semverlust | Weiterführung: Megastar, Megasuperstar, aber auch die Show: Superstars sind keine |
|---|---|---|
| Terrorist | Pauschale Verwendung | Es werden Palästinenser, Al Kaida-Terroristen, tschetschenische Rebellen, afghanische Taliban, die PKK und auch deutsche Politiker so bezeichnet (Glos zu Fischer und Trittin: „Ex-Terroristen"; aol-news 10.02.04). Dadurch treten die eigentlichen Ursachen und Motive zurück, es kommt zur pauschalen Verurteilung und zur Legitimation des eigenen Vorgehens gegen (möglicher Weise auch gerechten) Widerstand, z.B. Tschetschenien. |
| toxische Wertpapiere | Metapher | In der Wirtschaftskrise 2009 bezüglich verschiedener Spekulationspapiere entstandener Neologismus. Bezug zur Naturwissenschaft, menschliches Versagen für das Zustandekommen solcher Wertvernichtung wird ausgeblendet, nicht lexikalisiert. |
| Umweltprämie | Sememverschiebung | Analog zur →Abwrackprämie Neologismus der Autofirmen für Werbung (z.B. Dacia) zur Bezeichnung von Preisnachlässen. Der Begriff soll suggerieren, dass etwas Positives für die Umwelt getan wird, da neue Autos als umweltfreundlicher gelten. Tatsächlich ist es fragwürdig, ob die Verschrottung neun Jahre alter Autos in der Umweltbilanz positiv ausfällt, da die Produktion eines Neuwagens resp. der damit verbundenen Emission von $CO_2$ energieintensiv ist. Real ist die Wirkung massiv umweltschädlich. |
| UN | Verwendung der englischen Abkürzung, Bezeichnungse xotismus | Abkürzung für United Nations, man verwendet die englische Abkürzung, aber die deutsche Übersetzung beim Benutzen des vollständigen Namens der Institution, auch in Zusammensetzungen, z.B.: UN-Mission, nicht VN-Mission. Der Begriff ist darüber hinaus deutsch phonetisiert. |
| Unternehmer | Stark positiv konnotiert | Jemand, der etwas unternimmt. Der Begriff impliziert die Passivität abhängig Beschäftiger |
| VER.DI | ungrammatisch e Abkürzung | Suggestion von Modernität, Assoziation an Internetformative |

| | | |
|---|---|---|
| Wiedervereinigung | Fahnenwort, Sememver- schiebung | Bezeichnung für den Beitritt (juristisch exakter Begriff) der DDR, natürlich inklusive Ostberlins und genau genommen auch Westberlins, zu Bundesrepublik Deutschland. DDR und BRD waren nie vereint gewesen. Die Bezeichnung soll daher einen gleichberechtigten Zusammenschluss implizieren sowie die Zusammenschluss der Nation verdeutlichen, was eine positive Konnotation mit einschließt. |
| Wohlfahrtsstaat | Stigmawort | Ganz deutlich pejorativ, v.a. wegen des konnotativen Charakters des Bestimmungsworts Wohlfahrt-, da dies an Abhängigkeit von Spenden, an Armut, an Unselbstständigkeit erinnert. Dieses Stigmawort attackiert das Fahnenwort *Sozialstaat*. Der umfassende Sozialstaat wird abgelehnt und als übertrieben, unnötig und sogar gefährlich dargestellt. |
| Zwangspfand | Stigmawort | Nach der Einführung des Pfandes auf Einwegverpackungen wurde maßgeblich auf Betreiben der Industrie und des Handels dieser stigmatisierende Begriff kolportiert, mit gewissem Erfolg. Inzwischen wohl nicht mehr lexikalisiert. |
| Zwanzigster Juli | Synekdoche | Bezeichnung für die Militärs, welche 1944, am 20. Juli, ein Attentat und in der Folge einen Putschversuch durchgeführt haben. Die Synekdoche führt zu einer Überhöhung dieser Männer, behindert Kritik, zumal es immer wieder Stimmen in der Öffentlichkeit gibt, diesen Begriff als Oberbegriff für den Widerstand insgesamt anzusehen (Arentin). Oft in Paraphrasen auftauchend: *Die Männer des Z.J.; Die Enkel des Z.J.* |

## B) Literaturliste

Bär, Jochen A. (Hg.): Von „aufmüpfig" bis „Teuro". Die „Wörter der Jahre" 1971 bis 2002. Mannheim, Leipzig, Wien, Zürich 2003.

Behringer: Kulturgeschichte des Klimas. München 2007.

Böke, Karin; Liedtke, Frank; Wengeler, Martin: Politische Leitvokabeln der Adenauer-Ära. Berlin, New York 1996.

Braun, Peter: Tendenzen in der deutschen Gegenwartssprache. Sprachvarietäten. Stuttgart, Berlin, Köln 1998.

Brockhaus Enzyklopädie in zwanzig Bänden. Wiesbaden 1966.

Der Brockhaus. Multimedial 2004 (DVD-ROM), o.A. 2004.

Der kleine Duden „Fremdwörterbuch", bearb. von der Dudenred. Mannheim, Wien, Zürich 1983.

Dieckmann, Walther: Deutsch: politisch – politische Sprache im Gefüge des Deutschen. In: Sprache und Politik. Deutsch im demokratischen Staat. hrsg. von Jörg Kilian, Mannheim, Leipzig, Wien, Zürich 2005, S.11-S.30.

Duden „Etymologie". Herkunftswörterbuch der deutschen Sprache. Hrsg. Vom Wiss. Rat der
Dudenredaktion. Mannheim, Wien, Zürich 1989.

Ebenhausen, Friedrich Arnold: Anschläge. Politische Plakate in Deutschland 1900 - 1970. München 1972.

Efing, Christian: Rhetorik in der Demokratie. In: Sprache und Politik. Deutsch im demokratischen Staat. hrsg. von Jörg Kilian, Mannheim, Leipzig, Wien, Zürich 2005, S.222 – 240.

Eppler, Erhard: Der Politik aufs Maul geschaut. Kleines Wörterbuch zum öffentlichen Sprachgebrauch. Bonn 2009.

Forster, Iris: Lexikalische Verführer – euphemistischer Wortschatz und Wortgebrauch in der politischen Sprache. In: Sprache und Politik. Deutsch im demokratischen Staat. hrsg. von Jörg Kilian, Mannheim, Leipzig, Wien, Zürich 2005, S.195 – 209.

Glück, Helmut; Sauer, Wolfgang Werner: Gegenwartsdeutsch. Stuttgart, Weimar 1997.

Grünert, Horst: Deutsche Sprachgeschichte und politische Geschichte in ihrer Verflechtung. In: Werner Besch (Hg.): Sprachgeschichte. Ein Handbuch zur Geschichte der deutschen Sprache und ihrer Erforschung. Berlin, New York. 1984, S.29 – 37.

Gondermann, Thomas: Ein gewisser Antisemitismus. Rudolf Augstein und die Juden. In: Geistige Brandstiftung, hrsg. von Johannes Klotz und Gerd Wiegel a.a.O., S.233 – 261.

Guentherodt, I./ Hellinger, M./ u.a.: Richtlinien zur Vermeidung des Sexistischen Sprachgebrauchs. In: Linguistische Berichte, 69/ 1980.

Heinemann, Wolfgang; Viehweger, Dieter: Textlinguistik. Tübingen 1991.

Hellinger, Marlies; Bierbach, Christine: Eine Sprache für beide Geschlechter. Richtlinien für einen nicht-sexistischen Sprachgebrauch. Bonn 1993.

Hermanns, Fritz: Dimensionen der Bedeutung I. Ein Überblick. In: Lexikologie. Ein internationales Handbuch zur Natur und Struktur von Wörtern und Wortschätzen. 1. Halbband. hrsg. von Alan D. Cruse u.a. Berlin, New York 2002, S. 343 – 350.

Janich, Nina: Werbesprache. Ein Arbeitsbuch. Tübingen 2003.

Januschek, Franz: Arbeit an der Wortbedeutung: demokratisch? Termini, Leerformeln, semantische Kompromisse und die unsichtbare Hand. In: Sprache und Politik. Deutsch im demokratischen Staat. hrsg. von Jörg Kilian, Mannheim, Leipzig, Wien, Zürich 2005, S.161 – S.176.

Kilian, Jörg: Sprache und Politik. Deutsch im demokratischen Staat. Mannheim, Leipzig, Wien, Zürich 2005.

Klein, Josef: „Grundwortschatz" der Demokratie. In: Sprache und Politik. Deutsch im demokratischen Staat. hrsg. von Jörg Kilian, Mannheim, Leipzig, Wien, Zürich 2005, S.128-S.140.

Klemperer, Viktor: LTI. Notizbuch eines Philologen. Leipzig 1987.

Klotz, Johannes; Wiegel, Gerd (Hg.): Geistige Brandstiftung. Die neue Sprache der Berliner Republik. Berlin 2001.

Köhler, Kai: Die poetische Nation. Zu Martin Walsers Friedenspreisrede und seinen neueren Romanen. In: Geistige Brandstiftung, hrsg. von Johannes Klotz und Gerd Wiegel a.a.O., S.101 – 154.

Kuhn, Fritz: „Begriffe besetzen". Anmerkungen zu einer Metapher aus der Welt der Machbarkeit. In: Begriffe besetzen. Strategien des Sprachgebrauchs in der Politik, hrsg. von Frank Lietke u.a. Opladen 1991, S. 90 – 111.

Leinfellner, Elisabeth: Der Euphemismus in der politischen Sprache. Berlin 1971.

Luchtenberg, Sigrid: Euphemismen im heutigen Deutsch. Mit einem Beitrag zu Deutsch als Fremdsprache. Frankfurt am Main, Bern, New York 1985.

March, Ulrich: Das Ende des klassischen Staates. Frankfurt am Main 2002.

Mayer, Caroline: Öffentlicher Sprachgebrauch und Political Correctness. Eine Analyse sprachreflexiver Argumente im politischen Wortstreit. Hamburg 2002.

Meyer, Thomas: Mediokratie – Auf dem Weg in eine andere Demokratie? Aus: Politik und Zeitgeschichte15-16, 2002, S.7 – 14.

Müller-Armack, Alfred: Wirtschaftslenkung und Marktwirtschaft. Hamburg 1947.

Schippan, Thea: Einführung in die Lexikologie der deutschen Gegenwartssprache. Leipzig 1987.

Sick, Bastian. Der Dativ ist dem Genitiv sein Tod. Folge 2. Neues aus dem Irrgarten der deutschen Sprache. Köln 2005.

Stötzel, Georg; Eitz, Thorsten (Hg.): Zeitgeschichtliches Wörterbuch der deutschen Gegenwartssprache. Hildesheim, Zürich, New York 2003.

Wengeler, Martin: „Streit um Worte" und „Begriffe besetzen" als Indizien demokratischer Streitkultur. In: Sprache und Politik. Deutsch im demokratischen Staat. hrsg. von Jörg Kilian, Mannheim, Leipzig, Wien, Zürich 2005, S.177-S.194.

Westerwelle, Guido: Neuland. Die Zukunft des deutschen Liberalismus. München 1999.

Wieczorek, Thomas: Die Profitgeier. Wie unfähige Manager unser Land ruinieren. München 2010.

Wieczorek, Thomas: Die verblödete Republik. Wie uns Medien, Wirtschaft und Politik für dumm verkaufen. München 2009.

Wiegel, Gerd: Eine Rede und ihre Folgen. Die Debatte zur Walser-Rede. In: Geistige Brandstiftung, hrsg. von Johannes Klotz und Gerd Wiegel a.a.O., S.53 – 10.